सामान्य ज्ञान

2023

प्रोडक्शनः पुष्पेन्द्र शर्मा

मुद्रक : यंगआर्ट प्रिंटर्स, नई दिल्ली

प्रकाशक

डायमंड पॉवर लर्निंग

डायमंड पॉकेट बुक्स (प्रा.) लि. की इकाई
X-30, ओखला इंडस्ट्रियल एरिया,
फेज-II, नई दिल्ली-110020
फोन : 011– 40712200
वेबासाइट : www.diamondbook.in
ई-मेल : sales@dpb.in

DIAMOND POWER LEARNING

विषय-सूची

AF519959

नवीनतम् कौन, क्या?

❍ **राष्ट्रपति**	श्रीमती द्रौपदी मुर्मू (15वीं)
❍ **उप-राष्ट्रपति**	श्री जगदीप धनखड़ (14वें)
❍ **प्रधानमन्त्री**	श्री नरेन्द्र मोदी (15वें)

केंद्रीय मंत्रिमंडल

- कार्मिक, जनशिकायत एवं पेंशन परमाणु ऊर्जा विभाग अंतरिक्ष विभाग एवं सभी प्रमुख नीतिगत मामले एवं वे सभी विभाग जो किसी अन्य मंत्री को आबंटित न किया गया हो। **– श्री नरेन्द्र मोदी प्रधानमंत्री एवं प्रभारी**

कैबिनेट मन्त्री

मंत्रालय **मंत्री**

- ♦ गृह और सहकारिता – **अमित शाह**
- ♦ रक्षा – **राजनाथ सिंह**
- ♦ वित्त और कॉर्पोरेट मामले – **निर्मला सीतारमण**
- ♦ सड़क परिवहन और राजमार्ग **–नितिन जयराम गडकरी**
- ♦ कृषि और किसान कल्याण **–नरेंद्र सिंह तोमर**
- ♦ विदेश **–डॉ सुब्रह्मण्यम जयशंकर**
- ♦ जनजातीय मामले **–अर्जुन मुंडा**
- ♦ महिला एवं बाल विकास, अल्पसंख्यक कल्याण (अतिरिक्त प्रभार) **–स्मृति जुबिन ईरानी**
- ♦ वाणिज्य और उद्योग, उपभोक्ता मामले, खाद्य और सार्वजनिक वितरण, कपड़ा **–पीयूष गोयल**
- ♦ शिक्षा, कौशल विकास और उद्यमिता – **धर्मेंद्र प्रधान**
- ♦ संसदीय कार्य, कोयला और खान **–प्रल्हाद जोशी**
- ♦ सूक्ष्म, लघु और मध्यम उद्यम**–नारायण तातु राणे**
- ♦ बंदरगाह, नौवहन और जलमार्ग, एवं आयुष **–सर्बानंद सोनोवाल**
- ♦ सामाजिक न्याय और अधिकारिता **–डॉ वीरेंद्र कुमार**
- ♦ ग्रामीण विकास और पंचायती राज – **गिरिराज सिंह**
- ♦ नागरिक उड्डयन, इस्पात मंत्रालय(अतिरिक्त प्रभार) **–ज्योतिरादित्य एम. सिंधिया**
- ♦ रेल एवं संचार; इलेक्ट्रॉनिक्स एवं सूचना प्रौद्योगिकी **–अश्विनी वैष्णव**
- ♦ खाद्य प्रसंस्करण उद्योग **–पाशुपति कुमार पारस**
- ♦ जल शक्ति **–गजेंद्र सिंह शेखावत**
- ♦ कानून और न्याय **– किरेन रिजिजू**
- ♦ बिजली; और नवीन एवं नवीकरणीय ऊर्जा **–राज कुमार सिंह**
- ♦ पेट्रोलियम और प्राकृतिक गैस, आवासीय और शहरी मामले **–हरदीप सिंह पुरी**
- ♦ स्वास्थ्य और परिवार कल्याण मंत्री रसायन एवं उर्वरक **–मनसुख मंडाविया**
- ♦ पर्यावरण, वन और जलवायु परिवर्तन, श्रम और रोजगार **–भूपेंद्र यादव**
- ♦ भारी उद्योग **–महेंद्र नाथ पाण्डेय**
- ♦ मत्स्य पालन, पशुपालन और डेयरी**–पुरुषोत्तम रूपाला**
- ♦ संस्कृति, पर्यटन; और पूर्वोत्तर क्षेत्र के विकास **–जी. किशन रेड्डी**
- ♦ सूचना और प्रसारण, युवा मामले और खेल **–अनुराग सिंह ठाकुर**

राज्यमन्त्री (स्वतन्त्र प्रभार)

मंत्रालय **मंत्री**

- ♦ सांख्यिकी और कार्यक्रम कार्यान्वयन मंत्रालय, योजना मंत्रालय, कॉर्पोरेट मामलों के मंत्रालय **– राव इंद्रजीत सिंह**

- विज्ञान और प्रौद्योगिकी मंत्रालय, पृथ्वी विज्ञान मंत्रालय, ,प्रधान मंत्री कार्यालय, कार्मिक, लोक शिकायत और पेंशन मंत्रालय,परमाणु ऊर्जा विभाग,अंतरिक्ष विभाग – **डॉ जितेंद्र सिंह**

राज्य मन्त्री

मंत्रालय	मंत्री

- बंदरगाह, जहाजरानी और जलमार्ग, पर्यटन – **श्रीपाद येसो नायको**
- इस्पात, ग्रामीण विकास –**फग्गनसिंह कुलस्ते**
- जल शक्ति, खाद्य प्रसंस्करण उद्योग – **प्रहलाद सिंह पटेल**
- उपभोक्ता मामले, खाद्य और सार्वजनिक वितरण मंत्रालय, पर्यावरण, वन और जलवायु परिवर्तन मंत्रालय –**अश्विनी कुमार चौबे**
- संसदीय कार्य मंत्रालय और संस्कृति मंत्रालय –**अर्जुन राम मेघवाल**
- सड़क परिवहन और राजमार्ग मंत्रालय, नागरिक उड्डयन मंत्रालय –**जनरल (सेवानिवृत्त) वी. के. सिंह**
- विद्युत मंत्रालय, भारी उद्योग मंत्रालय –**कृष्ण पाल**
- रेल मंत्रालय, कोयला मंत्रालय, खान मंत्रालय –**दानवे रावसाहेब दादाराव**
- सामाजिक न्याय और अधिकारिता मंत्रालय –**रामदास अठावले**
- उपभोक्ता मामले, खाद्य और सार्वजनिक वितरण मंत्रालय, ग्रामीण विकास मंत्रालय – **साध्वी निरंजन ज्योति**
- मत्स्य पालन, पशुपालन और डेयरी मंत्रालय – **संजीव कुमार बाल्यान**
- गृह मंत्रालय – **नित्यानंद राय**
- वित्त मंत्रालय – **पंकज चौधरी**
- वाणिज्य और उद्योग मंत्रालय – **अनुप्रिया सिंह पटेल**
- कानून और न्याय मंत्रालय – **एस. पी. सिंह बघेल**
- कौशल विकास और उद्यमिता मंत्रालय, इलेक्ट्रॉनिक्स और सूचना प्रौद्योगिकी मंत्रालय – **राजीव चंद्रशेखर**
- कृषि और किसान कल्याण मंत्रालय – **शोभा करंदलाजे**
- सूक्ष्म, लघु और मध्यम उद्यम मंत्रालय – **भानु प्रताप सिंह वर्मा**
- कपड़ा मंत्रालय में राज्य मंत्री रेल मंत्रालय –**दर्शन विक्रम जरदोशी**
- विदेश मंत्रालय, संसदीय कार्य मंत्रालय – **वी. मुरलीधरन**
- विदेश मंत्रालय,संस्कृति मंत्रालय – **मीनाक्षी लेखी**
- वाणिज्य और उद्योग मंत्रालय – **सोम परकाशी**
- जनजातीय मामलों के मंत्रालय – **रेणुका सिंह सरुता**
- पेट्रोलियम और प्राकृतिक गैस मंत्रालय, श्रम और रोजगार मंत्रालय – **रामेश्वर तेलीक**
- कृषि और किसान कल्याण मंत्रालय – **कैलाश चौधरी**
- शिक्षा मंत्रालय – **अन्नपूर्णा देवी**
- सामाजिक न्याय और अधिकारिता मंत्रालय – **ए. नारायणस्वामी**
- आवास और शहरी मामलों के मंत्रालय – **कौशल किशोर**
- रक्षा मंत्रालय पर्यटन मंत्रालय – **अजय भट्ट**
- उत्तर पूर्वी क्षेत्र के विकास मंत्रालय , सहकारिता मंत्रालय – **बी एल वर्मा**
- गृह मंत्रालय – **अजय कुमार**
- संचार मंत्रालय – **देवुसिंह चौहान**
- नवीन और नवीकरणीय ऊर्जा मंत्रालय , रसायन और उर्वरक मंत्रालय –**भगवंत खुबा**
- पंचायती राज मंत्रालय –**कपिल मोरेश्वर पाटिल**
- सामाजिक न्याय और अधिकारिता मंत्रालय – **प्रतिमा भौमिकी**
- शिक्षा मंत्रालय – **सुभाष सरकार**
- वित्त मंत्रालय – **भागवत किशनराव कराडी**
- विदेश और शिक्षा मंत्रालय – **राजकुमार रंजन सिंह**
- स्वास्थ्य और परिवार कल्याण मंत्रालय – **भारती प्रवीण पवार**
- जनजातीय मामलों के मंत्रालय, जल शक्ति मंत्रालय – **बिश्वेश्वर टुडु**
- बंदरगाह, जहाजरानी और जलमार्ग मंत्रालय – **शांतनु ठाकुर**
- महिला और बाल विकास मंत्रालय, आयुष मंत्रालय – **मुंजापारा महेंद्रभाई**
- अल्पसंख्यक मामलों के मंत्रालय –

जॉन बारला

- ♦ मत्स्य पालन, पशुपालन और डेयरी मंत्रालय, सूचना और प्रसारण मंत्रालय – **डॉ. एल. मुरुगनी**
- ♦ गृह मंत्रालय , युवा मामले और खेल मंत्रालय – **निसिथ प्रमाणिकि**

भारत के उच्चाधिकारी

पद	व्यक्ति

- मुख्य न्यायाधीश, सर्वोच्च न्यायालय –**जस्टिस डी.वाई चंद्रचूड**
- लोकसभा अध्यक्ष –**ओम बिड़ला**
- नियन्त्रक एवं महालेखा परीक्षक–**गिरीश चंद्र मुरमू**
- मुख्य चुनाव आयुक्त –**राजीव कुमार**
- अध्यक्ष, संघ लोक सेवा आयोग –**मनोज सोनी**
- ♦ कैबिनेट सचिव –**राजीव गौबा**
- वायु सेनाध्यक्ष –**विवेक राम चौधरी**
- नौसेनाध्यक्ष –**आर. हरि कुमार**
- थल सेनाध्यक्ष –**जनरल मनोज पांडे**
- अध्यक्ष, अल्पसंख्यक आयोग –**इकबाल सिंह लालपुरा**
- चीफ, सी.बी.आई. –**सुबोध कुमार जयसवाल**
- एयर इंडिया, चेयरमैन– **एन. चन्द्रशेखरन**
- गवर्नर, भारतीय रिजर्व बैंक –**शक्तिकान्त दास**
- अध्यक्ष, विश्वविद्यालय अनुदान आयोग –**प्रो. एम. जगदीश कुमार**
- अध्यक्ष, रेलवे बोर्ड –**विनय कुमार त्रिपाठी**
- निदेशक, गुप्तचर ब्यूरो –**तपन कुमार** डेका
- अध्यक्ष, फिक्की –**संजीव मेहता**
- अध्यक्ष, भारतीय अन्तरिक्ष अनुसंधान संगठन –**एस. सोमनाथ**
- अध्यक्ष, केन्द्रीय प्रत्यक्ष कर बोर्ड –**नितिन गुप्ता**
- अध्यक्ष, 15वाँ वित्त आयोग -**एन.के. सिंह**
- रॉ चीफ –**सामंत कुमार गोयल**
- सी.डी.एस.–**जनरल अनिल चौहान (Ret.)**

राष्ट्रीयकृत बैंकों के प्रमुख

बैंक	प्रबन्ध निदेशक

- भारतीय स्टेट बैंक- **दिनेश कुमार खारा (अध्यक्ष)**
- पीएनबी - **अतुल कुमार गोयल**
- बैंक ऑफ बड़ौदा - **संजीव चड्ढा**
- केनरा बैंक - **लिंगम वेंकट प्रभाकर**
- यूनियन बैंक - **राजकिरन राय**
- बैंक ऑफ इंडिया - **अतनु कुमार दास**
- इंडियन बैंक - **शांति लाल जैन**
- सेंट्रल बैंक ऑफ इंडिया - **मातम वेंकट राव**
- इंडियन ओवरसीज बैंक - **पार्थ प्रीतम सेनगुप्ता**
- यूको बैंक - **श्री सोमा शंकर प्रसाद**
- बैंक ऑफ महाराष्ट्र - **एएस राजीव**
- पंजाब एंड सिंध बैंक - **एस. कृष्णन**

निजी बैंकों के प्रमुख

बैंक	प्रबन्ध निदेशक

- एक्सिस बैंक - **अमिताभ चौधरी**
- बंधन बैंक - **चंद्र शेखर घोष**
- कैथोलिक सीरियन बैंक- **सी. वी.आर. राजेंद्रन**
- सिटी यूनियन बैंक - **डॉ. एन. कामकोडी**
- धनलक्ष्मी बैंक - **जे के शिवन**
- फेडरल बैंक - **श्याम श्रीनिवासन**
- एचडीएफसी बैंक - **शशिधर जगदीशन**
- आईसीआईसीआई बैंक - **संदीप बक्शी**
- आईडीएफसी बैंक - **वी. वैद्यनाथन**
- इंडसइंड बैंक - **सुमंत कथपालिया**
- जम्मू और कश्मीर बैंक - **बलदेव प्रकाश**
- कर्नाटक बैंक - **महाबलेश्वर एम. एस.**
- करूर वैश्य बैंक - **पी. आर. शेषाद्री**
- कोटक महिंद्रा बैंक - **उदय कोटक**
- लक्ष्मी विलास बैंक -**सुब्रमण्यम सुंदर**
- नैनीताल बैंक - **दिनेश पंत**
- आरबीएल बैंक - **आर. सुब्रमण्यकुमार**
- यस बैंक- **प्रशांत कुमार**
- दक्षिण भारतीय बैंक - **मुरली रामकृष्णन**

प्रमुख महारत्न कंपनियों के निदेशक

कम्पनी	प्रबन्ध निदेशक/अध्यक्ष
• भारत हैवी इलेक्ट्रिकल्स लिमिटेड (भेल)	–नलिन सिंघल
• कोल इंडिया लिमिटेड (सीआईएल)	–प्रमोद अग्रवाल
• गैस अथॉरिटी ऑफ इंडिया लिमिटेड (गेल)	–एम.वी अय्यर
• इंडियन ऑयल कॉर्पोरेशन लिमिटेड (आईओसीएल)	–श्रीकांत माधव वैद्य
• ऑयल एण्ड नेचुरल गैस कॉर्पोरेशन (ओएनजीसी)	–राजेश कुमार श्रीवास्तव
• स्टील अथॉरिटी ऑफ इंडिया लिमिटेड (सेल)	–सोमा मंडल
• नेशनल थर्मल पॉवर कॉर्पोरेशन (एनटीपीसी)	–गुरदीप सिंह
• भारत पेट्रोलियम कॉर्पोरेशन लिमिटेड (बीपीसीएल)	–अरूण कुमार सिंह

राज्यों के राज्यपाल एवं मुख्यमन्त्री

राज्य	मुख्यमंत्री	राज्यपाल
आंध्र प्रदेश	वाईएस जगन मोहन रेड्डी	बिस्वा भूषण हरिचंदन
अरूणाचल प्रदेश	पेमा खांडू	ब्रिगेडियर बी.डी मिश्रा (सेवानिवृत्त)
असम	हिमंत बिस्वा सरमा	प्रोफेसर श्री जगदीश मुखी
बिहार	नीतीश कुमार	फागू चौहान
छत्तीसगढ़	भूपेश बघेल	अनुसुइया उइके
गोवा	प्रमोद सावंत	पी.एस. श्रीधरन पिल्लई
गुजरात	भूपेंद्र भाई पटेल	आचार्य देव व्रत
हरियाणा	मनोहर लाल खट्टर	बंडारू दत्तात्रेय
हिमाचल प्रदेश	जयराम ठाकुर	राजेंद्र विश्वनाथ अर्लेकर
झारखंड	हेमंत सोरेन	रमेश बैस
कर्नाटक	बसवराज बोम्मई	थावरचंद गहलोत
केरल	पिनाराई विजयन	आरिफ मोहम्मद खान
मध्य प्रदेश	शिवराज सिंह चौहान	मंगूभाई छगनभाई पटेल
महाराष्ट्र	एकनाथ शिंदे	भगत सिंह कोश्यारी
मणिपुर	एन बीरेन सिंह	ला. गणेशन
मेघालय	कोनराड संगमा	ब्रिगेडियर बी.डी मिश्रा (अति. प्रभार)
मिजोरम	पीयू जोरामथांगा	डॉ. कंभमपति हरिबाबू
नागालैंड	नेफ्यू रियो	प्रोफेसर जगदीश मुखी (अति. प्रभार)
ओडिशा	नवीन पटनायक	प्रोफेसर गणेशी लाल
पंजाब	भगवंत मान	बनवारी लाल पुरोहित

राजस्थान	अशोक गहलोत	कलराज मिश्र
सिक्किम	प्रेम सिंह तमांग	गंगा प्रसाद
तमिलनाडु	एम. के. स्टालिन	आर. एन. रवि
तेलंगाना	के.चंद्रशेखर राव	डॉ. तमिलिसाई सौंदराराजन
त्रिपुरा	माणिक साहा	सत्यदेव नारायण आर्य
उत्तर प्रदेश	आदित्यनाथ योगी	श्रीमती आनंदीबेन पटेल
उत्तराखंड	पुष्कर सिंह धामी	लेफ्टिनेंट जनरल गुरमीत सिंह
पश्चिमी बंगाल	ममता बनर्जी	ला. गणेशन (अति. प्रभार)

केन्द्रशासित प्रदेश

- अण्डमान और निकोबार द्वीपसमूह –देवेन्द्र कुमार जोशी (लेफ्टिनेंट गवर्नर)
- चण्डीगढ़ –श्री बनवारी लाल पुरोहित (प्रशासक)
- दादर और नगर हवेली एवं दमन और दीव –प्रफुल्ल खोडा पटेल (प्रशासक)
- दिल्ली –विनय कुमार सक्सेना (लेफ्टिनेंट गवर्नर)
- पुदुच्चेरी –तमिलिसाई सौंदरराजन (लेफ्टिनेंट गवर्नर)
- लक्षद्वीप –प्रफुल्ल खोडा पटेल (प्रशासक)
- जम्मू-कश्मीर –मनोज सिन्हा(लेफ्टिनेंट गवर्नर)
- लद्दाख –राधाकृष्णन माथुर (लेफ्टिनेंट गवर्नर)

भारत के विभिन्न सेना/पुलिस विभागों के प्रमुख

सेना/पुलिस विभाग	प्रमुख	समयावधि
सी.डी.एस.	जनरल अनिल चौहान (**Ret.**)	सितम्बर2022 -वर्तमान
वायुसेना	विवेक राम चौधरी	सितम्बर 2021 -वर्तमान
भारतीय नौसेना	आर. हरि कुमार	नवंबर 2021 -वर्तमान
थल सेना	लेफ्टिनेंट जनरल मनोज पांडे	मई 2022 -वर्तमान
सीमा सुरक्षा बल (BSF)	पंकज कुमार सिंह	सितम्बर 2021 -वर्तमान
भारत तिब्बत सीमा पुलिस (ITBP)	अनीश दयाल सिंह	अक्टूबर 2022 -वर्तमान
केन्द्रीय रिजर्व पुलिस बल (CRPF)	सुजाय लाल थाउसेन	अगस्त 2022 -वर्तमान
केन्द्रीय औद्योगिक सुरक्षा बल (CISF)	शील वर्धन सिंह	नवंबर 2021 -वर्तमान
असम राइफल	प्रदीप चंद्र नायर	मई 2022 -वर्तमान
सशस्त्र सीमा बल	अनीश दयाल सिंह (अति. प्रभार)	अक्टूबर 2022 -वर्तमान
राष्ट्रीय सुरक्षा गार्ड (NSG)	M.A. गणपति	मार्च 2021 -वर्तमान

अंतर्राष्ट्रीय संस्थाओं/संगठनों के प्रमुख

प्रमुख	संस्था	प्रमुख	संस्था
एंटोनियो गुटेरेस (पुर्तगाल)	• महासचिव, संयुक्त राष्ट्र संघ (UNO)	गेर्ड मुल्लर (जर्मनी)	• महानिदेशक, संयुक्त राष्ट्र औद्योगिक विकास संगठन (UNIDO)
अब्दुल्ला साहिद (मालदीव)	• अध्यक्ष, संयुक्त राष्ट्र महासभा (UNGA)	कैथरिन रस्सेल (अमेरिका)	• महानिदेशक, संयुक्त राष्ट्र आपात बाल कोष (UNICEF)
राफेल मेरिनो ग्रोस्सी (अर्जे.)	• महानिदेशक, अंतर्राष्ट्रीय परमाणु ऊर्जा अभिकरण (IAEA)	जोआन ई. डोनोग्यू (अमेरिका)	• अध्यक्ष, अंतर्राष्ट्रीय न्यायालय (ICJ)
गिल्बर्ट एफ. हौंगबो (टोगो)	• महानिदेशक, अंतर्राष्ट्रीय श्रम संगठन (ILO)	अचीम स्टेनर (जर्मनी)	• प्रशासक, संयुक्त राष्ट्र विकास कार्यक्रम (UNDP)
क्यू डोंग्यू (चीन)	• महानिदेशक, संयुक्त राष्ट्र खाद्य एवं कृषि संगठन (FAO)	फेडेरिको विलेगास (अर्जे.)	• अध्यक्ष, संयुक्त राष्ट्र मानवाधिकार परिषद् (UNHRC)
ऑड्री अजूले (फ्रांस)	• महानिदेशक, संयुक्त राष्ट्र शैक्षिक, वैज्ञानिक एवं सांस्कृतिक संगठन	फिलिप्पो ग्रांडी (इटली)	• आयुक्त, संयुक्त राष्ट्र शरणार्थी उच्चायोग (UNHCR)
सेबस्टियन कोए (ब्रिटेन)	• अध्यक्ष (IAAF)	मैकी साल (सेनेगल)	• अध्यक्ष, अफ्रीकी संघ (AU)
टेड्रोस एडान्हम (इथोपिया)	• महानिदेशक, विश्व स्वास्थ्य संगठन (WHO)	दातो लिम जॉक होई (ब्रूनेई)	• महासचिव, आसियान (ASEAN)
क्रिस्टेलिना जियॉर्जिएना (बुल्गारिया)	• प्रबंध निदेशक, अंतर्राष्ट्रीय मुद्रा कोष (IMF)	हैथम अल–घैस (कुवैत)	• महासचिव, तेल निर्यातक देशों का संगठन (OPEC)
डेविड मल्पस (अमेरिका)	• अध्यक्ष, विश्व बैंक (World Bank)	एसाला रुवान वीराकून (श्री लंका)	• महासचिव, दक्षेस (SAARC)
न्गोजी ओकोंजो-इवेलो (नाइजीरिया)	• महानिदेशक, वर्ल्ड ट्रेड ऑर्गनाइजेशन (WTO)	रावी फतौह (फिलिस्तीन)	• अध्यक्ष, फिलिस्तीन मुक्ति संगठन (PLO)
रेबेका ग्रिन स्पैन (कोस्टा रिका)	• महासचिव, अंकटाड (UNCTAD)	हिसेन ब्राहिम ताहा (चाडी)	• महासचिव, ऑर्गनाइजेशन ऑफ इस्लामिक कोऑपरेशन (OIC)

विभिन्न समितियां व उनसे संबंधित क्षेत्र

नाम	संबंधित क्षेत्र
• स्वामीनाथन समिति	- जनसंख्या नीति
• जानकीरमन समिति	- प्रतिभूति लेन-देन
• दाँतवाला समिति	- बेरोजगारी आंकलन
• रेखा समिति	- प्रत्यक्ष कर
• सरकारिया समिति	- केंद्रराज्य संबंध
• गोस्वामी समिति	- औद्योगिक रुगणता
• महालनोबिस समिति	- राष्ट्रीय अन्य
• रंगराजन समिति	- भुगतान संतुलन
• राजा चेलैया समिति	- कर सुधार
• मल्होत्रा समिति	- बीमा क्षेत्र सुधार

- खुसरो समिति - कृषि साख प्रणाली
- गोइफोरिया समिति - प्राइमरी (शहरी) को-ऑपरेटिव बैंकों में ग्राहक सेवा सुधार
- भूरेलाल समिति - मोटर वाहन कर में वृद्धि
- नरसिंहम समिति - बैंकिंग सुधार
- भण्डारी समिति - आर० आर० बी० का नवीनीकरण
- सच्चर समिति-भारत में मुस्लिमों की सामाजिक, आर्थिक व शैक्षणिक स्थिति के अध्ययन हेतु
- सुरेश तेंदुलकर समिति- गरीबी का आंकलन
- एस० तारापोर समिति - पूँजी खाते में रुपये की परिवर्तनशीलता

- आबिद हुसैन समिति - लघु उद्योग
- डॉ० किरीट एस० पारिख समिति - डीजल, पेट्रोल व एलपीजी उत्पादों की कीमत
- वी० एस० व्यास समिति-कृषि और संबद्ध क्षेत्र से संबंधित
- महाजन समिति (1997) - चीनी उद्योग
- अभिजीत सेन समिति (2002) - दीर्घाविधि अनाज समिति
- बेसल समिति - बैंकिंग पर्यवेक्षण
- अजीत कुमार समिति - सेना के वेतनों की विसंगतियां
- सी० बी० भावे समिति - कंपनी सूचना
- केलकर समिति - कर संरचना सुधार
- कुमार मंगलम बिरला रिपोर्ट-निगमित प्रशासन
- जी० वी० रामकृष्णन समिति- विनिवेश
- जे० जे० ईरानी समिति-कंपनी कानून में सुधार
- मालेगाम समिति - प्राथमिक पूँजी बाजार
- चन्द्रशेखर समिति - उद्यम पूँजी
- दीपक पारिख समिति-यूनिट ट्रस्ट ऑफ इंडिया
- न्यायमूर्ति वर्मा समिति-दंड विधि में संशोधन

भारत के राष्ट्रपति

डॉ. राजेन्द्र प्रसाद	1950-1962
डॉ. एस राधाकृष्णन	1962-1967
डॉ. जाकिर हुसैन	1967-1969
वी. वी गिरि	1969-1969
जस्टिस मो. हिदायतुल्लाह (कार्य.)	1969-1969
वी. वी गिरि	1969-1974
फखरुद्दीन अली अहमद	1974-1977
बी. डी जत्ती (कार्यकारी)	1977-1977
नीलम संजीव रेड्डी	1977-1982
ज्ञानी जैल सिंह	1982-1987
आर वेन्कटरमण	1987-1992
डॉ. शंकर दयाल शर्मा	1992-1997
के आर नारायणन	1997-2002
डॉ ए पी जे अब्दुल कलाम	2002-2007
श्रीमति प्रतिभा देवी सिंह पाटिल	2007-2012
प्रणब मुखर्जी	2012-2017
रामनाथ कोविन्द	2017-2022
द्रौपदी मुर्मू	2022-वर्तमान

भारत के प्रधानमंत्री

जवाहरलाल नेहरू	1947-1964
गुलजारीलाल नंदा	1964-1964
लाल बहादुर शास्त्री	1964-1966
गुलजारीलाल नंदा	1966-1966
इंदिरा गांधी	1966-1977
मोरारजी देसाई	1977-1979
चौधरी चरण सिंह	1979-1980
इंदिरा गांधी	1980-1984
राजीव गांधी	1984-1989
वी. पी. सिंह	1989-1990
चन्द्रशेखर	1990-1991
पी. वी. नरसिम्हा राव	1991-1996
अटल बिहारी वाजपेयी	1996-1996
एच. डी. देवगौड़ा	1996-1997
आई. के गुजराल	1997-1998
अटल बिहारी वाजपेयी	1998-1999
अटल बिहारी वाजपेयी	1999-2004
डॉ मनमोहन सिंह	2004-2014
नरेन्द्र मोदी	2014-वर्तमान

भारत के उपराष्ट्रपति

डॉ. सर्वपल्ली राधाकृष्णन	1952-1962
डॉ. जाकिर हुसैन	1962-1967
वी. वी. गिरि	1967-1969
गोपाल स्वरूप पाठक	1969-1974
बी. डी. जत्ती	1974-1979
न्यायमूर्ति मो. हिदायतुल्ला	1979-1984
आर. वेंकटरमण	1984-1987
डा. शंकर दयाल शर्मा	1987-1992
के. आर नारायणन	1992-1997
कृष्ण कांत	1997-2002
भैरों सिंह शेखावत	2002-2007
मो. हामिद अंसारी	2007-2017
एम. वेंकैया नायडू	2017-2022
जगदीप धनखड़	2022- वर्तमान

भारत के उच्च न्यायालय

क्र. संख्या	न्यायालय का नाम	स्थापना
1.	कलकत्ता	1862
2.	बॉम्बे	1862
3.	मद्रास	1862
4.	इलाहाबाद	1866
5.	कर्नाटक	1884
6.	पटना	1916
7.	मध्य प्रदेश	1936
8.	जम्मू और कश्मीर	1943
9.	पंजाब और हरियाणा	1919
10.	गुवाहटी	1948
11.	उड़ीसा	1948
12.	राजस्थान	1949
13.	आन्ध्र प्रदेश*	2019
14.	केरल	1956
15.	गुजरात	1960
16.	दिल्ली	1966
17.	हिमाचल प्रदेश	1971
18.	सिक्किम	1975
19.	छत्तीसगढ़	2000
20.	उत्तराखण्ड	2000
21	झारखण्ड	2000
22.	मणिपुर	2013
23.	मेघालय	2013
24.	त्रिपुरा	2013
25.	तेलंगाना#	1954

*(तेलंगाना उच्च न्यायालय के गठन के बाद)

#(पूर्व में आंध्र प्रदेश उच्च न्यायालय से जाना जाता है।)

राज्यसभा में स्थानों का आवंटन (चौथी अनुसूची)

राज्य	सदस्य	राज्य	सदस्य
आन्ध्र प्रदेश	11	राजस्थान	10
असम	7	उत्तर प्रदेश	31
बिहार	16	पश्चिमी बंगाल	16
झारखण्ड	6	उत्तराखण्ड	3
गोवा	1	जम्मू कश्मीर	4
गुजरात	11	नागालैण्ड	1
हरियाणा	5	हिमाचल प्रदेश	3
केरल	9	मणिपुर	1
मध्य प्रदेश	11	त्रिपुरा	1
छत्तीसगढ़	5	मेघालय	1
तमिलनाडु	18	सिक्किम	1
महाराष्ट्र	19	मिजोरम	1
कर्नाटक	12	अरूणा. प्रदेश	1
ओडिशा	10	दिल्ली	3
पंजाब	7	पुदुचेरी	1
मनो. सदस्य	12	तेलंगाना	7
		योग - 245	

लोक सभा में स्थानों का आवंटन

राज्य	स्थान	राज्य	स्थान
आन्ध्र प्रदेश	25	राजस्थान	25
अरूणा. प्रदेश	2	सिक्किम	1
असम	14	तमिलनाडु	39
उत्तराखण्ड	5	कर्नाटक	28
बिहार	40	केरल	20
गोवा	2	उत्तर प्रदेश	80
गुजरात	26	पश्चि. बंगाल	42
छत्तीसगढ़	11	मध्य प्रदेश	29
झारखण्ड	14	तेलंगाना	17
हरियाणा	10	संघ राज्य क्षेत्र	
हिमाचल प्रदेश	4	जम्मू कश्मीर	5
महाराष्ट्र	48	दिल्ली	7
मणिपुर	2	अंडमान नि.	1
मेघालय	2	चंडीगढ़	1
मिजोरम	1	दादर ना. ह. एवं दमन दीव	2
नागालैंड	1		
ओडिशा	21	लक्षद्वीप	1
पंजाब	13	पुदुचेरी	1
त्रिपुरा	2	मनो. आंग्ल भा.	2
		लद्दाख	1
		योग - 545	

लोकसभा अध्यक्ष

जी० वी० मावलंकर	1952-1956
एम० ए० आयंगर	1956-1962
हुकुम सिंह	1962-1967
नीलम संजीव रेड्डी	1967-1969
गुरदयाल सिंह ढिल्लन	1969-1975
बली राम भगत	1976-1977
नीलम संजीव रेड्डी	1977-1977
के० एस० हेगड़े	1977-1980
बलराम जाखड़	1980-1989
रवि राय	1989-1991
शिवराज वी० पाटिल	1991-1996
पी० ए० संगमा	1996-1998
जी० एम० सी० बालयोगी	1998-2002
मनोहर जोशी	2002-2004
सोमनाथ चटर्जी	2004-2009
मीरा कुमार	2009-2014
सुमित्रा महाजन	2014-2019

ओम बिड़ला	जून 2019 - वर्तमान

नियंत्रण महालेखा परीक्षक

वी० नरहरी राव	1948-1954
ए० के चंदा	1954-1960
ए० के० राव	1960-1966
एस० रंगनाथन	1966-1972
ए० बख्शी	1972-1978
ज्ञान प्रकाश	1978-1984
टी० एन० चतुर्वेदी	1984-1990
सी० जी० सोमैया	1990-1996
वी० के शुंगलू	1996-2002
वी० एन० कॉल	2002-2008
विनोद राय	2008-2013
शशिकांत शर्मा	2013-2017
राजीव महर्षि	2017-2021
गिरीश चंद्र मुर्मू	2021-वर्तमान

भारत के महान्यायवादी

एम. सी सीतलवाड	1950-1963
सी. के दफ्तरी	1963-1968
निरन डे	1968-1977
एस. वी. गुप्ता	1977-1979
एल एन सिन्हा	1979-1983
के पारासरन	1983-1989
सोली जे सौराबजी	1989-1990
जी रामास्वामी	1990-1992
मिलन के बेनर्जी	1992-1996
अशोक के देसाई	1996-1998
सोली जे सौराबजी	1998-2004
मिलन के बेनर्जी	2004-2009
गुलाम ई वाहनवती	2009-2014
मुकुल रोहतगी	2014-2017
के. के. वेणुगोपाल	2017- 2022
आर. वेंकट रमणी	2022- वर्तमान

भारतीय रिजर्व बैंक के गवर्नर

सर ओसबोर्न स्मिथ	1935-1937
सर जेम्स टेलर	1937-1943
सर सी० डी० देशमुख	1943-1949
सर बेनेगल रामा राव	1949-1957
के० जी० अंबेगांवकर	1957-1957
एच० वी० आर० आयंगर	1957-1962
पी० सी० भट्टाचार्य	1962-1967
एल० के० झा	1967-1970
बी० एन० अदरकर	1970-1970
एस० जगन्नाथन	1970-1975
एन० सी० सेन गुप्ता	1975-1975
के० आर० पुरी	1975-1977
एम० नरसिंहम्न	1977-1977
डॉ० आई० पी० पटेल	1977-1982
डॉ० मनमोहन सिंह	1982-1985
ए० घोष	1985-1985
आर० एन० मल्होत्रा	1985-1990
एस० वेंकटरमन	1990-1992
डॉ० सी० रंगराजन	1992-1997
डॉ० बिमल जालान	1997-2003
डॉ० वाई० वी० रेड्डी	2003-2008
डॉ० डी० सुब्बाराव	2008-2013
रघुराम राजन	2013-2016
उजित पटेल	2016-2018
शक्तिकांत दास	2018 - वर्तमान

भारत के महत्वपूर्ण दिवस

15 जनवरी	सेना दिवस
25 जनवरी	पर्यटन दिवस
26 जनवरी	गणतंत्र दिवस
30 जनवरी	शोक दिवस
28 फरवरी	राष्ट्रीय विज्ञान दिवस
3 मार्च	राष्ट्रीय रक्षा दिवस
4 मार्च	राष्ट्रीय सुरक्षा दिवस
11 मई	राष्ट्रीय प्रौद्योगिकी दिवस
26 जुलाई	कारगिल विजय दिवस
9 अगस्त	भारत छोड़ो दिवस
15 अगस्त	स्वतंत्रता दिवस
20 अगस्त	सदभावना दिवस
29 अगस्त	राष्ट्रीय खेल दिवस
5 सितम्बर	शिक्षक दिवस
2 अक्टूबर	गांधी जयंती
8 अक्टूबर	भारतीय वायुसेना दिवस
10 अक्टूबर	राष्ट्रीय डाक दिवस
14 नवम्बर	बाल दिवस
26 नवम्बर	संविधान दिवस
4 दिसम्बर	नौसेना दिवस
7 दिसम्बर	सशस्त्र सेना ध्वज दिवस
18 दिसम्बर	अल्पसंख्यक अधिकार दिवस
23 दिसम्बर	किसान दिवस

भारत और राज्यों/संघीय क्षेत्रों का क्षेत्रफल, जनसंख्या एवं दशकीय वृद्धि दर

क्र. सं.	भारत/राज्य/ संधीय क्षेत्र	क्षेत्रफल वर्ग किमी.	कुल जनसंख्या 2011			दशकीय वृद्धि दर 2001-11
			व्यक्ति	पुरूष	महिला	
	भारत	3287469	1210569573	623121843	587447730	17.7
1.	जम्मू एवं कश्मीर	222236	12541302	6640662	5900640	23.6
2.	हिमाचल प्रदेश	55673	6864602	3481873	3382729	12.9
3.	पंजाब	50362	27743338	14639465	13103873	13.9
4.	चंडीगढ़	114	1055450	580663	474787	17.2
5.	उत्तराखंड	53483	10086292	5137773	4948519	18.8
6.	हरियाणा	44212	25351462	13494734	11856728	19.9
7.	रा.रा.क्षे.दिल्ली	1483	16787941	8987326	7800615	21.2
8.	राजस्थान	342239	68548437	35550997	32997440	21.3
9.	उत्तर प्रदेश	240928	199812341	104480510	95331831	20.2
10.	बिहार	94163	104099452	54278157	49821295	25.4
11.	सिक्किम	7096	610577	323070	287507	12.9
12.	अरुणाचल प्रदेश	83743	1383727	713912	669815	26.0
13.	नागालैंड	16579	1978502	1024649	953853	-0.6
14.	मणिपुर	22327	2570390	1290171	1280219	18.6
15.	मिजोरम	21081	1097206	555339	541867	23.18
16.	त्रिपुरा	10486	3673917	1874376	1799541	14.5
17.	मेघालय	22429	2966889	1491832	1475057	27.9
18.	असम	78438	31205576	15939443	15266133	17.1
19.	प. बंगाल	88752	91276115	46809027	44467088	13.8
20.	झारखंड	79716	32988134	16930315	16057819	22.4
21.	ओडिशा	155707	41974218	21212136	20762082	14.0
22.	छत्तीसगढ़	135192	25545198	12832895	12712303	22.6
23.	मध्य प्रदेश	308252	72626809	37612306	35014503	20.3
24.	गुजरात	196244	60439692	31491260	28948432	19.3
25.	दमन एवं दीप	111	243247	150301	92946	53.8
26.	दादरा एवं नगर हवेली	491	343709	193760	149949	55.9
27.	महाराष्ट्र	307713	112374333	58243056	54131277	16.0

28.	आंध्र प्रदेश	275045	84580777	42442146	42138631	11.0
29.	कर्नाटक	191791	61095297	30966657	30128640	15.6
30.	गोवा	3702	1458545	739140	719405	8.2
31.	लक्षद्वीप	30	64473	33123	31350	6.3
32.	केरल	38852	33406061	16027412	17378649	4.9
33.	तमिलनाडु	130060	72147030	36137975	36009055	15.6
34.	पुडुचेरी	490	1247953	612511	635442	28.1
35.	अंडमान एवं निकोबार	8249	380581	202871	177710	6.9

भारत और राज्यों/संघीय क्षेत्रों में जनघनत्व एवं लिंगानुपात

क्र. सं.	भारत/राज्य/संघीय क्षेत्र	जन घनत्व 2011	लिंगानुपात 2011	शिशु जनसंख्या 2011 (0-6 वर्ष)	कुल जनसंख्या में शिशु जनसंख्या का अनुपात (2011)	शिशु लिंगानुपात 2011
	भारत	382	943	164478150	13.6	919
1.	जम्मू एवं कश्मीर	124	889	2018905	16.1	862
2.	हिमाचल प्रदेश	123	972	777898	11.3	909
3.	पंजाब	551	895	3076219	11.1	846
4.	चंडीगढ़	9258	818	119434	11.3	880
5.	उत्तराखंड	189	963	1355814	13.4	890
6.	हरियाणा	573	879	3380721	13.3	834
7.	रा.रा.क्षे.दिल्ली	11320	868	2012454	12.0	871
8.	राजस्थान	200	928	10649504	15.5	888
9.	उत्तर प्रदेश	829	912	30791331	15.4	902
10.	बिहार	1106	918	19133964	18.4	935
11.	सिक्किम	86	890	64111	10.5	957
12.	अरुणाचल प्रदेश	17	938	212138	15.3	972
13.	नागालैंड	119	931	291071	14.7	943
14.	मणिपुर	115	992	338254	13.2	936
15.	मिजोरम	52	976	168531	15.4	970
16.	त्रिपुरा	350	960	458014	12.5	957
17.	मेघालय	132	989	568536	19.2	970

18.	असम	398	958	4638130	14.9	962
19.	प. बंगाल	1028	950	10581466	11.6	956
20.	झारखंड	414	949	5389495	16.3	948
21.	ओडिशा	270	979	5273194	12.6	941
22.	छत्तीसगढ़	189	991	3661689	14.3	969
23.	मध्य प्रदेश	236	931	10809395	14.9	918
24.	गुजरात	308	919	7777262	12.9	890
25.	दमन एवं दीव	2191	618	26934	11.1	904
26.	दादरा एवं नगर हवेली	700	774	50895	14.8	926
27.	महाराष्ट्र	365	929	13326517	11.9	894
*28.	आंध्र प्रदेश	308	993	9142802	10.8	939
29.	कर्नाटक	319	973	7161033	11.7	948
30.	गोवा	394	973	144611	9.9	942
31.	लक्षद्वीप	2149	947	7255	11.3	911
32.	केरल	860	1084	3472955	10.4	964
33.	तमिलनाडु	555	996	7423832	10.3	943
34.	पुडुचेरी	2547	1037	132858	10.6	967
35.	अंडमान एवं निकोबार	46	876	40878	10.7	968

* तेलंगाना राज्य का गठन 2 जून 2014 को हुआ था, अतः जनगणना 2011 के अनुसार सभी आँकड़े आन्ध्र प्रदेश के साथ जुड़े हैं।

ग्रामीण-नगरीय जनसंख्या एवं जनसंख्या प्रतिशत

क्र. सं.	भारत/राज्य/संघीय क्षेत्र	ग्रामीण जनसंख्या 2011	नगरीय जनसंख्या 2011	ग्रामीण जनसंख्या 2011%	नगरीय जनसंख्या 2011 %
	भारत	833463448	377106125	68.8	31.2
1.	जम्मू एवं कश्मीर	9108060	3433242	72.6	27.4
2.	हिमाचल प्रदेश	6176050	688552	90.0	10.0
3.	पंजाब	17344192	10399146	62.5	37.5
4.	चंडीगढ़	28991	1026459	2.7	97.3

5.	उत्तराखंड	7036954	3049338	69.8	30.2
6.	हरियाणा	16509359	8842103	65.1	34.9
7.	रा.रा.क्षे.दिल्ली	419042	16368899	2.5	97.5
8.	राजस्थान	51500352	17048085	75.1	24.9
9.	उत्तर प्रदेश	155317278	44495063	77.7	22.3
10.	बिहार	92341436	11758016	88.7	11.3
11.	सिक्किम	456999	153578	74.8	25.2
12.	अरुणाचल प्रदेश	1066358	317369	77.1	22.9
13.	नागालैंड	1407536	570966	71.1	28.9
14.	मणिपुर	1736236	834154	67.5	32.5
15.	मिजोरम	525435	571771	47.9	52.1
16.	त्रिपुरा	2712464	961453	73.8	26.2
17.	मेघालय	2371439	595450	79.9	20.1
18.	असम	26807034	4398542	85.9	14.1
19.	प. बंगाल	62183113	29093002	68.1	31.9
20.	झारखंड	25055073	7933061	76.0	24.0
21.	ओडिशा	34970562	7003656	83.3	16.7
22.	छत्तीसगढ़	19607961	5937237	76.8	23.2
23.	मध्य प्रदेश	52557404	20069405	72.4	27.6
24.	गुजरात	34694609	25745083	57.4	42.6
25.	दमन एवं दीव	60396	182851	24.8	75.2
26.	दादरा एवं नगर हवेली	183114	160595	53.3	46.7
27.	महाराष्ट्र	61556074	50818259	54.8	45.2
*28.	आंध्र प्रदेश	6361702	28219075	66.6	33.4
29.	कर्नाटक	37469335	2365962	61.3	38.7
30.	गोवा	551731	906814	37.8	62.2
31.	लक्षद्वीप	14141	50332	21.9	78.1
32.	केरल	17471135	15934926	52.3	47.7
33.	तमिलनाडु	37229590	34917440	51.6	48.4
34.	पुडुचेरी	395200	852753	31.7	68.3
35.	अंडमान एवं निकोबार	237093	143488	62.3	37.7

* तेलंगाना राज्य का गठन 2 जून 2014 को हुआ था, अतः जनगणना 2011 के अनुसार सभी आँकड़े आन्ध्र प्रदेश के साथ जुड़े हैं।

संघीय बजट 2022-23

संघीय बजट 2022-23 मुख्य तथ्य

- **व्यय** – 2022-23 में सरकार ने 39,44,909 करोड़ रुपए के व्यय का प्रस्ताव रखा है जोकि 2021-22 के संशोधित अनुमान से 4.6% अधिक है। 2021-22 में कुल व्यय बजट अनुमान से 8.2% अधिक अनुमानित है।
- **प्राप्तियां** – 2022-23 में प्राप्तियां (उधारियों के अतिरिक्त) 22,83,713 करोड़ रुपए होने की उम्मीद है जो 2021-22 के संशोधित अनुमानों से 4.8% अधिक है। 2021-22 में कुल प्राप्तियां (उधारियों के अतिरिक्त) बजट अनुमानों के मुकाबले 10.2% अधिक अनुमानित हैं।
- **जीडीपी** – 2022-23 में सरकार ने 11.1% की नॉमिनल जीडीपी वृद्धि दर (यानी वास्तविक वृद्धि जमा मुद्रास्फीति) का अनुमान लगाया है।
- **घाटा** – 2022-23 में राजस्व घाटा सकल घरेलू उत्पाद के 3.8% पर लक्षित है, जो 2021-22 में 4.7% के संशोधित अनुमान से कम है। 2022-23 में राजकोषीय घाटा सकल घरेलू उत्पाद के 6.4% पर लक्षित है, जो 2021-22 में सकल घरेलू उत्पाद के 6.9% के संशोधित अनुमान से कम है (जीडीपी के 6.8% के बजट अनुमान से कुछ अधिक)। 9,40,651 करोड़ रुपए का ब्याज व्यय राजस्व प्राप्तियों का 43% होने का अनुमान है।
- **अतिरिक्त बजटीय संसाधन** – कई वर्षों के बाद बजट ईबीआर या राष्ट्रीय लघु बचत कोष के लोन्स पर निर्भर नहीं है।
- **मंत्रालय के आबंटन** – 2022-23 में सर्वाधिक आबंटन वाले 13 प्रमुख मंत्रालयों में से संचार मंत्रालय (93%), सड़क परिवहन एवं राजमार्ग (52%), और जल शक्ति मंत्रालय (25%) के आबंटनों में सबसे ज्यादा वृद्धि हुई है।
- **राजकोषीय प्रबंधन** – एयर इंडिया की देनदारियों का निपटान करने के लिए 2021-22 में 51,971 करोड़ रुपए का बजट रखा गया है।
- **एमएसएमईज** – इमरजेंसी क्रेडिट लाइन गारंटी योजना (ईसीएलजीएस) को मार्च 2023 तक के लिए बढ़ा दिया गया है और इसका गारंटी कवर 50,000 करोड़ रुपए किया गया है। अब कुल पांच लाख करोड़ रुपए का गारंटी कवर है। दो लाख करोड़ रुपए के अतिरिक्त ऋण की सुविधा के लिए सूक्ष्म एवं लघु उद्योगों हेतु क्रेडिट गारंटी ट्रस्ट को नया रूप दिया गया है।
- **स्वास्थ्य एवं पोषण** – आयुष्मान भारत डिजिटल मिशन के अंतर्गत राष्ट्रीय डिजिटल हेल्थ इकोसिस्टम के लिए ओपन प्लेटफॉर्म बनाया जाएगा। इसमें स्वास्थ्य प्रदाताओं और स्वास्थ्य केंद्रों की डिजिटल रजिस्ट्रीज, यूनीक हेल्थ आइडेंटिटी, कंसेंट फ्रेमवर्क और स्वास्थ्य केंद्रों का यूनिवर्सल एक्सेस शामिल होगा। मेंटल हेल्थ की उत्तम दर्जे की काउंसिलिंग और केयर सर्विसेज देने के लिए एक नेशनल टेली मेंटल हेल्थ प्रोग्राम शुरू किया जाएगा।
- **नदियों को जोड़ना** – 44,605 करोड़ रुपए की अनुमानित लागत से केन-बेतवा लिंक प्रॉजेक्ट को लागू किया जाएगा। नदियों के पांच और लिंकिंग प्रॉजेक्ट्स को लागू किया जा रहा है।
- **श्रम और रोजगार** – डिजिटल इकोसिस्टम फॉर स्किलिंग एंड लाइवलीहुड (देश) स्टैक ई-पोर्टल को शुरू किया जाएगा। यह पोर्टल नागरिकों को कौशल सीखने, क्रेडेंशियल्स हासिल करने और उपयुक्त नौकरियां खोजने में मदद करेगा।
- **इंफ्रास्ट्रक्चर** – नेशनल इंफ्रास्ट्रक्चर पाइपलाइन में परिवहन और लॉजिस्टिक्स से जुड़े प्रॉजेक्ट्स को पीएम गतिशक्ति फ्रेमवर्क से जोड़ा जाएगा। इस फ्रेमवर्क को पिछले वर्ष शुरू किया गया था। पूर्वोत्तर में विकास परियोजनाओं को वित्त पोषित करने के लिए पूर्वोत्तर परिषद के जरिए प्राइम मिनिस्टर्स डेवलपमेंट इनीशिएटिव फॉर नॉर्थ ईस्ट (पीएम-डिवाइन) को लागू किया जाएगा। इसके अतिरिक्त निवेश को बढ़ावा देने के लिए राज्यों को 50 वर्ष के ब्याज मुक्त ऋणों के रूप में एक लाख करोड़ रुपए आबंटित किए जा रहे हैं।
- **सड़क मार्ग** – 2022-23 में एक्सप्रेसवेज के लिए पीएम गतिशक्ति मास्टर प्लान तैयार किया जाएगा। 2022-23 में राष्ट्रीय राजमार्गों के नेटवर्क को 25,000 किलोमीटर बढ़ाया जाएगा।
- **रेलवे** – स्थानीय व्यवसायों और आपूर्ति श्रृंखलाओं की मदद के लिए वन-स्टेशन-वन-प्रोडक्ट कॉन्सेप्ट को लागू

किया जाएगा। अगले तीन वर्षों के दौरान 400 नई वंदे भारत ट्रेनों का विकास और निर्माण किया जाएगा। इसके अतिरिक्त अगले तीन वर्षों के दौरान मल्टीमॉडल लॉजिस्टिक्स सुविधाओं के लिए 100 कार्गो टर्मिनल भी विकसित किए जाएंगे।

- **टेलीकॉम** – 2022-23 में 5जी मोबाइल सेवाओं के रोलआउट के लिए स्पेक्ट्रम की नीलामी की जाएगी। 5जी के लिए इकोसिस्टम बनाने हेतु डिजाइन आधारित मैन्यूफैक्चरिंग की एक योजना शुरू की जाएगी जोकि प्रोडक्शन लिंक्ड इनसेंटिव (पीएलआई) योजना का हिस्सा होगी।
- **ऊर्जा और पर्यावरण** – इलेक्ट्रिक वाहनों के लिए बैटरी स्वैपिंग नीति लागू की जाएगी। कोयला गैसीकरण करने और उद्योग के लिए कोयले को रसायनों में बदलने हेतु चार पायलट परियोजनाओं की स्थापना की जाएगी। ग्रीन इंफ्रास्ट्रक्चर के लिए संसाधन जुटाने हेतु 2022-23 में सोवरिन ग्रीन बॉन्ड्स जारी किए जाएंगे।

भारत वन स्थिति रिपोर्ट 2021

- 13 जनवरी, 2022 को केंद्रीय पर्यावरण, वन और जलवायु परिवर्तन मंत्री भूपेंद्र यादव ने 17वीं भारत वन स्थिति रिपोर्ट (17th India State of Forest Report), 2021 जारी की।

रिपोर्ट के प्रमुख तथ्य

- देश में कुल वन और वृक्षावरण (थ्वतमेज दक ज्तमम ब्वअमत) 8,09,537 वर्ग किमी. है, जो कि देश के कुल भौगोलिक क्षेत्र का 24.62 प्रतिशत है।
- देश में कुल वनावरण 7,13,789 वर्ग किमी. है, जो कि कुल भौगोलिक क्षेत्र का 21.71 प्रतिशत है।
- देश में वन और वृक्षावरण की स्थिति में वर्ष 2019 की तुलना में 2,261 वर्ग किमी. की वृद्धि (0.28 प्रतिशत) हुई है।
- इसमें से वनावरण में 1,540 (0.22 प्रतिशत) वर्ग किमी. और वृक्षावरण क्षेत्र में 721 वर्ग किमी. (0.76 प्रतिशत) की वृद्धि हुई है।
- **वनावरण में वृद्धि दिखाने वाले शीर्ष 5 राज्य हैं-**
  - 1.आंध्र प्रदेश (647 वर्ग किमी.)
  - 2.तेलंगाना (632 वर्ग किमी.)
  - 3.ओडिशा (537 वर्ग किमी.)
  - 4.कर्नाटक (155 वर्ग किमी.)
  - 5.झारखंड (110 वर्ग किमी.)
- **क्षेत्रफल की दृष्टि से सर्वाधिक वनावरण वाले राज्य हैं-**
  - 1.मध्य प्रदेश (77,492.60) (25.14 प्रतिशत) अरुणाचल प्रदेश (66,430. 67 वर्ग किमी.) (79.33 प्रतिशत)
  - 2.छत्तीसगढ़ (55, 716.60 वर्ग किमी.)(41.21 प्रतिशत)
  - 3.ओडिशा (52,155.95 वर्ग.किमी.) (33.50 प्रतिशत)
  - 4.महाराष्ट्र (50,797.76 वर्ग किमी.) (16.51 प्रतिशत)
- **सर्वाधिक वनावरण प्रतिशतता वाले 5 राज्य हैं-**
  - 1.मिजोरम (84.53 प्रतिशत)
  - 2.अरुणाचल प्रदेश (79.33 प्रतिशत)
  - 3.मेघालय (76.00 प्रतिशत)
  - 4.मणिपुर (74.34 प्रतिशत)
  - 5.नगालैंड (73.90 प्रतिशत)
- 17 राज्यों/केंद्रशासित प्रदेशों का 33 प्रतिशत से अधिक भौगोलिक क्षेत्र वन आच्छादित है।
- **इन राज्यों और केंद्रशासित प्रदेशों में शीर्ष 5 राज्य/केंद्रशासित प्रदेश हैं-**
  - लक्षद्वीप, मिजोरम, अंडमान एवं निकोबार द्वीप समूह, अरुणाचल प्रदेश और मेघालय में 75 प्रतिशत से अधिक वन क्षेत्र हैं।
- जबकि 12 राज्यों/केंद्रशासित प्रदेशों अर्थात मणिपुर, नगालैंड, त्रिपुरा, गोवा, केरल, सिक्किम, उत्तराखंड, छत्तीसगढ, दादरा एवं नगर हवेली और दमन एवं दीव, असम तथा ओडिशा में वन क्षेत्र 33 प्रतिशत से 75 प्रतिशत के बीच है।
- उत्तर प्रदेश में कुल वनावरण 14,817.89 वर्ग किमी. (6.15 प्रतिशत) है।
- देश में कुल मैंग्रोव कवर 4,992 वर्ग किमी. है, जो कि कुल भौगोलिक क्षेत्र का 0.15 प्रतिशत है।
- देश के सर्वाधिक मैंग्रोव आच्छादित 4 राज्य/संघीय क्षेत्र क्रमशः पश्चिम बंगाल (42.33 प्रतिशत), गुजरात (23.54 प्रतिशत), अंडमान निकोबार द्वीप समूह (12.34 प्रतिशत) तथा आंध्र प्रदेश (8.11 प्रतिशत) हैं।
- मैंग्रोव क्षेत्र में वृद्धि दिखाने वाले शीर्ष तीन राज्य ओडिशा (8 वर्ग किमी.), महाराष्ट्र (4 वर्ग किमी.) तथा कर्नाटक (3 वर्ग किमी.) हैं।
- देश के वनों में कुल कॉर्बन स्टॉक 7,204 मिलियन टन होने का अनुमान है और 2019 के अंतिम आकलन की तुलना में देश के कॉर्बन स्टॉक में 79.4 मिलियन टन की वृद्धि हुई है।
- कॉर्बन स्टॉक में वार्षिक वृद्धि 39.7 मिलियन टन है।

भारत एवं विश्व इतिहास

* इतिहास अंग्रेजी शब्द हिस्ट्री (History) का हिन्दी अनुवाद है। Hisotry शब्द यूनानी (Greek) भाषा के शब्द 'historia' से बना है जिसका अर्थ है 'inquiry' या 'जांच से मिली जानकारी' या 'विगत का अध्ययन'। यूनान (Greece) के पांचवी सदी ई. पू. के इतिहासकार **हेरोडोटस** को पाश्चात्य परंपरा में 'इतिहास का जनक' कहा गया है और उन्होंने अपने समकालीन **थुसीडाइड्स** के साथ मिलकर आधुनिक इतिहास की नींव रखी।

प्राचीन भारतीय इतिहास (2500 से 1750 ई.पू.)

* सिंधुघाटी सभ्यता प्रसिद्ध थी – **सुनियोजित शहर हेतु**
* सिंधुघाटी सभ्यता के लोगों का व्यवसाय था -**कृषि**
* सिंधुघाटीवासियों की मुख्य फसल थी - **जौ, गेहूँ**
* सिंधुघाटी सभ्यता का सर्वाधिक पूर्वी एवं पश्चिमी पुरास्थल है - **क्रमशः आलमगीरपुर (मरेठ, उत्तर प्रदेश) तथा सुतकागेंडोर (ब्लुचिस्तान)**
* हड़प्पा सभ्यता के बारे में सबसे पहले जानकारी दी -**चार्ल्स मैसन ने (1826 ई० में)**

नदियों के प्राचीन एवं नवीन नाम

प्राचीन नाम	आधुनिक नाम
वितस्ता	झेलम
असिक्नी	चिनाब
विपासा	व्यास
परूष्णी	रावी
शतुद्रि	सतलुज
कुभा	काबुल
क्रुमु	कुर्रम
गोमती	गोमल
दृषद्वती	घग्घर

सिंधु घाटी : तथ्य एक दृष्टि में

प्रमुख स्थल	संबंधित नदी	उत्खनन वर्ष	उत्खननकर्ता	स्थान
हड़प्पा	रावी	1921	दयाराम साहनी	मोंटगोमरी जिला (प. पंजाब, पाकिस्तान)
मोहनजोदड़ो	सिन्धु	1922	राखलदास बनर्जी	लरकाना जिला (सिंध प्रांत, पाकिस्तान)
सुत्कागेन्डोर	दास्त	1927	ऑरेल स्टाइन	बलूचिस्तान (पाकिस्तान)
चन्हूदड़ो	सिंधु	1931	गोपाल मजूमदार	सिंध प्रांत (पाकिस्तान)
कालीबंगा	घघ्घर	1954	बृजवासी लाल व बी. के. थापर	गंगानगर जिला (राजस्थान)
कोटदीजी	सिंधु	1953	फजल अहमद	खैरपुर (सिंध प्रांत)
रंगपुर	भादर	1953-54	रंगनाथ राव	काठियावाड़ जिला (गुजरात)
रोपड़	सतलज	1953-56	यज्ञदत्त शर्मा	रोपड़ (पंजाब)
लोथल	भोगवा	1957-58	रंगनाथ राव	अहमदाबाद (गुजरात)
आलमगीरपुर	हिन्डन	1958	यज्ञदत्त शर्मा	मेरठ (उ.प्र.)
बनावाली	रंगोई	1974	रवीन्द्र सिंह विष्ट	हिसार (हरियाणा)

हड़प्पा सभ्यता की अवधि

विद्वान	काल
सर जॉन मार्शल	3250-2750 ई. पू.
फेयर सर्विस	2000-1500 ई. पू.
आर.एस. शर्मा	2500-1800 ई. पू.
अर्नेस्ट मैके	2800-2500 ई. पू.
मार्टीमर व्हीलर	2500-1500 ई. पू.
माधोस्वरूप वत्स	3500-2700 ई. पू.
डेल्स	2900-1900 ई. पू.
सी.जे. गैड	2350-1700 ई. पू.
एन.सी.ई.आर.टी.	2500-1800 ई. पू.

* मोहनजोदड़ो एवं हड़प्पा की पुरातात्विक खुदाई के प्रभारी - **सर जॉन मार्शल**
* हड़प्पा की सभ्यता थी - **कांस्ययुगीन**
* सिंधुघाटी सभ्यता की लिपि - **चित्रात्मक**
* मिस् के राजा कहलाते थे - **फराओ**
* खरोष्ठी लिपि लिखी जाती थी **-दाएं से बाएं**
* स्वास्तिक चिह्न देन है- **सिंधु सभ्यता का**
* आदि मानव ने सर्वप्रथम सीखा था **- आग जलाना**
* आग का आविष्कार हुआ **-पुरापाषाण काल में**
* सबसे पहले पालतू बनाया गया था **-कुत्ते को**
* सिंधु घाटी सभ्यता थी-**आद्य ऐतिहासिक**
* हड़प्पा स्थित है-**रावी नदी के तट पर**
* सिंधु घाटी सभ्यता का प्रमुख बंदरगाह **- लोथल**
* हड़प्पा के लोग अनभिज्ञ थे- **लोहा से**
* सिंधु सभ्यता का सर्वमान्य काल था **- 2500 से 1750 ई० पू०**
* मोहनजोदड़ो है - **पाकिस्तान में**
* मोहनजोदड़ो की खोज की-**रखालदास ने**
* नर्तकी की कास्य मूर्ति मिली **- मोहनजोदड़ो से**
* सिंधुघाटी सभ्यता की सबसे बड़ी इमारत है - **मोहनजोदड़ो का अन्नागार**
* मोहनजोदड़ो में मिला प्रमुख स्मारक **- वृहत स्नानागार**
* मेसोपोटामिया (आधुनिक नाम-इराक) से आशय है **- दो नदियों की बीच की भूमि**
* हड़प्पा की खुदाई हुई - **दयाराम साहनी के नेतृत्व में (1921 में)**
* सिंधु घाटी के लोगों ने पूजा की **-मातृदेवी की**

प्रमुख धर्म, पूजा स्थल एवं पुस्तक

धर्म	पूजा स्थल	धार्मिक पुस्तक
यहूदी	सिनेगॉग	तोरह (ओल्ड टेस्टामेंट)
पारसी	अग्नि मंदिर	जेंद अवेस्ता
सिक्ख	गुरुद्वारा	गुरुग्रंथ साहिब
इस्लाम	मस्जिद	कुरान
ईसाई	चर्च	बाइबिल
हिन्दू	मंदिर	रामायण व गीता

वेद : उनके ब्राह्मण और उपवेद

वेद	वेदों के ब्राह्मण	उपदेव
ऋग्वेद	ऐतरेय एवं कौषितकी	आयुर्वेद
यजुर्वेद	शतपथ	धनुर्वेद
सामवेद	पंचविश	गंधर्ववेद
अथर्ववेद	गोपथ	शिल्पवेद

* पुराणों की संख्या (रचना-गुप्तकाल) है- **18**
* सबसे प्राचीन पुराण - **मत्स्यपुराण**
* पुराणों के रचयिता **- लोमहर्ष एवं उग्रश्रवा**
* वेदों व वेदांगों की संख्या **- क्रमशः 4 एवं 6**
* उपनिषदों की सख्या -**108 (प्रमाणिक-13)**
* पुराणों का अध्ययन करने वाला पहला मुसलमान था - **अलबरूनी**
* उपनिषद् विषय वस्तु है - **दर्शन का**
* ब्राह्मण संबंधित है - **कर्मकांड से**
* सबसे प्राचीनतम् वेद है **-ऋग्वेद (सूक्त-1028)**
* गद्य एवं पद्य वाला वेद है - **यजुर्वेद**
* शतपथ ब्राह्मण संबंधित है- **यजुर्वेद से**
* तंत्र-मंत्र संगृहीत वेद है - **अथर्ववेद**
* भारतीय संगीत का जनक है - **सामवेद**
* 'गायत्री मंत्र' लिया गया है- **ऋग्वेद से**
* 'गायत्री मंत्र' के रचनाकार - **विश्वामित्र**

भारतीय दर्शन की प्रमुख शाखाएं

दर्शन	संस्थापक
न्याय दर्शन	महर्षि गौतम
सांख्य दर्शन	महर्षि कपिल
मीमांसा दर्शन	महर्षि जैमिनी
योग दर्शन	महर्षि पतंजली
वेदांत दर्शन	महर्षि बदरायण
लिंगायत दर्शन	महर्षि वासवराज
वैशेविक दर्शन	महर्षि कणाद

* गायत्री मंत्र समर्पित है- **सूर्य देवता को**
* 'गोत्र' शब्द मिलता है - **अथर्ववेद में**
* भागवत धर्म के प्रवर्तक थे - **कृष्ण**
* भक्ति आंदोलन का प्रारंभ-**अल्वर संतों ने**
* आर्यों के जानकारी का स्रोत है- **ऋग्वेद**
* ऋग्वेद में सर्वाधिक बार वर्णित नदी- **सिंधु**
* ऋग्वेद में वर्णित सबसे पवित्र नदी का नाम - **सरस्वती**
* ऋग्वेद में वर्णित प्रमुख देवता हैं -**इन्द्र (पुरंदर)**
* ऋग्वेद में सबसे बाद निर्मित मंडल - **10वां**
* ऋग्वेद में पूर्णत: सोम को समर्पित मंडल - **नौवां**
* 'सत्यमेव जयते' लिया गया है - **मुण्डकोपनिषद् से**
* प्राचीन हिन्दू विधिक का लेखक है - **मनु**
* स्मृति ग्रंथों में सबसे प्राचीन है - **मनुस्मृति**
* पुस्तक 'मिताक्षरा' के लेखक हैं- **विज्ञानेश्वर**
* स्मृति ग्रंथों में सबसे प्राचीन है-**जय संहिता**
* महाभारत (रचना-वेदव्यास) के फारसी अनुवाद का शीर्षक है - **रज्मनामा**
* आर्यों का भारत आगमन - **1500 ई० पू० से पहले**
* आर्य पहले बसे-**पंजाब व अफगानिस्तान**
* ऋग्वैदिक आर्यों की भाषा - **संस्कृत**
* आर्य लोग भारत आए-**मध्य एशिया से**
* शून्यवाद के प्रतिपादक - **नागार्जुन**

गौतम बुद्ध और बौद्ध धर्म

* बुद्ध का जन्म - **लुम्बनी में (563 ई०पू०)**
* बुद्ध की मृत्यु हुई - **कुशीनगर में (483 ई० पू०)**
* बुद्ध की मृत्यु की घटना कहलाई - **महापरिनिर्वाण**
* बुद्ध के पहले गुरु - **अलारकलाम**
* बुद्ध द्वारा गृहत्याग की घटना कहलाई - **महाभिनिष्क्रमण**
* बुद्ध का प्रथम प्रवचन कहलाता है - **धर्मचक्रपरिवर्तन**
* बुद्ध ने सर्वप्रथम उपदेश दिया था -**सारनाथ में**
* बुद्ध ने उपदेश दिया - **पाली भाषा में**
* बुद्ध ने सर्वाधिक उपदेश दिए - **श्रावस्ती में**
* बौद्ध धर्म के त्रिरत्न हैं -**बुद्ध, धम्म और संघ**
* बौद्ध धर्म ग्रहण करने वाली पहली महिला - **बुद्ध की मौसी (गौतमी)**
* बुद्ध के पूर्वजन्म पर आधारित कथा है - **जातक**
* अजंता की गुफाओं में किस ग्रंथ का चित्रण है-**जातक (बौद्धों का पवित्र ग्रंथ)**
* बौद्ध धर्म का प्रमुख ग्रंथ - **पिटक (सुत्र विनय एवं अभिघम्भ पिटक)**
* बौद्ध धर्म का पूजा स्थल - **चैत्य मंडप**
* कबीर समकालीन थे-**सिकंदर लोदी के**
* 'बुद्धचरित' के लेखक - **अश्वघोष**
* आजीवक पंथ का प्रवर्तक है -**मक्खली गोशाल**
* हिजरी संवत् का प्रारंभ - **622 ई० में**
* सिखधर्म का प्रवर्तन हुआ -**1500 ई० (16वीं सदी)**
* इस्लाम के प्रर्वतक हजरत मुहम्मद साहब का जन्म हुआ- **570 ई० (मक्का में) में**
* जैन धर्म के प्रथम तीर्थंकर - **ऋषभदेव**
* कोणार्क के सूर्य मंदिर को बनवाया था - **नरसिंह देव ने (13वीं सदी में)**
* ब्लैक पैगोडा है-**कोणार्क के सूर्य मंदिर का नाम**

महावीर और जैन धर्म

* जैन धर्म के अंतिम (24वें) तीर्थंकर -**महा वीर**
* जैन तीर्थंकर की जीवनी का संकलन है - **कल्पसूत्र**
* महावीर का जन्म - **वैशाली में (540 ई. पू.) हुआ**
* महावीर की मृत्यु हुई - **पावापुरी में (468 ई० पू०)**
* महावीर **क्षत्रिय** राजघराने में पैदा हुए
* महावीर का प्रथम अनुयायी है - **जमाली (दामाद)**
* महावीर और बुद्ध दोनों ने उपदेश दिया - **मगध नरेश बिम्बिसार के शासनकाल में**
* जैनधर्म के त्रिरत्न हैं - **सम्यक दर्शन, सम्यक ज्ञान, सम्यक आचरण**
* जैनधर्म के दो सम्प्रदाय हैं - **श्वेताम्बर और दिगम्बर**
* जैनधर्म का चरम लक्ष्य है - **मोक्ष**
* जैन साहित्य को कहा जाता है - **आगम**
* ईसा मसीह का जन्म हुआ - **4 ई० पू० बेथलेहम**
* ईसा मसीह को सूली पर चढ़ाया गया - **33 ई० में (शुक्रवार को, रमन**

बौद्ध सभाएं

सभा	समय	स्थान	अध्यक्ष	शासनकाल
प्रथम बौद्ध संगीति	483 ई० पू०	राजगृह	महाकश्यप	अजातशत्रु
द्वितीय बौद्ध संगीति	383 ई० पू०	वैशाली	सबाकामी	कालाशोक
तृतीय बौद्ध संगीति	251 ई० पू०	पाटलिपुत्र	मोग्गलिपुत्त	अशोक
चतुर्थ बौद्ध संगीति	ई० की प्रथम शताब्दी	कुण्डलवन	वसुमित्र/अश्वघोष	कालाशोक

जैन संगीतियां

सभा	स्थान	अध्यक्ष	शासनकाल
प्रथम 322 ई.पू.	पाटलिपुत्र	स्थूलभद्र	चन्द्रगुप्त प्रथम
द्वितीय 512 ई.	वल्लभी (गुजरात)	देवर्धि क्षमाश्रवण	-

गवर्नर पोंटियस द्वारा)

मौर्यकालीन भारत (322 से 185 ई.पू)

* मगध की राजधानी-**गिरिब्रज (राजगृह)**
* सोलह महाजनपदों की सूची उपलब्ध है - **अंगुत्तरनिकाय में**
* शिशुनाग वंश का संस्थापक - **शिशुनाग**
* पाटलिपुत्र की स्थापना की- **उदयिन ने**
* पाटलिपुत्र बसा है - **गंगा-सोन के संगम पर**
* हर्यक वंश का संस्थापक - **बिम्बिसार**
* अमित्रघात के रूप में प्रसिद्ध - **बिन्दुसार**
* जनपद 'अवन्ति' की राजधानी थी-**उज्जैन**
* नंद वंश का अंतिम शासक था- **धनानंद**
* भारत पर आक्रमण (326 ई० पू०) करने वाला प्रथम विदेशी शासक-**सिकन्दर**
* सिकन्दर और पोरस (पंजाब) के मध्य का युद्ध कहलाता है - **हाइडेस्पीज (वितस्ता) का युद्ध**
* सिकन्दर की मृत्यु हुई - **323 ई० पू० (बेबीलोन)**
* मौर्यवंश का संस्थापक - **चंद्रगुप्त मौर्य**
* मौर्यवंश की जानकारी मिलती है - **अर्थशास्त्र विष्णुपुराण से**
* सुदर्शन झील का निर्माण कराया -**चंद्रगुप्त मौर्य ने**
* चंद्रगुप्त अनुयायी था - **जैनधर्म का**
* चंद्रगुप्त मौर्य के गुरु एवं महामंत्री थे - **चाणक्य**
* चाणक्य (विष्णुगुप्त या कौटिल्य) रचित 'अर्थशास्त्र' पुस्तक है-**प्रशासन के ऊपर**
* चंद्रगुप्त ने जैन धर्म की शिक्षा ली -**भद्रबाहु से**
* चंद्रगुप्त मौर्य के दरबार में आने वाला प्रसिद्ध यूनानी था - **मेगास्थनीज (पुस्तक-इंडिका)**
* चंद्रगुप्त मौर्य ने अपना अंतिम दिन (मृत्यु-298 ई० पू०) बिताया - **श्रवणबेलगोला (कर्नाटक) में**
* अपने जीवन के अंतिम दिनों में जैन धर्म को अपनाया था-**चंद्रगुप्त मौर्य ने**
* शिलालेख का प्रचलन प्रारंभ किया -**अशोक ने**
* अशोक ने 'धम्म' स्वीकार किया - **कलिंग युद्ध (261 ई० पू०) के बाद**
* अशोक ने बौद्ध धर्म के प्रचार के लिए श्रीलंका भेजा - **महेंद्र व संघमित्रा को**
* अशोक का राज्याभिषेक हुआ था -**269 ई० पू०में**
* अशोक का सबसे लंबा स्तंभ - **सातवाँ**
* अशोक का नाम 'अशोक' - **मॉस्की (आंध्र प्रदेश) एवं गुर्जरा (मध्य प्रदेश) अभिलेख में है**
* अशोक ने स्वयं को मगध का सम्राट बताया है - **भाब्रू (बैराट) स्तंभ लेख (जयपुर, राजस्थान) में**
* कलिंग युद्ध की विजय व क्षतियों का वर्णन है-**अशोक के शिलालेख-13 में**
* अशोक के अभिलेखों की खोज 1750 ई० में की थी - **पाद् टीफैन्थलर ने**
* अशोक के अभिलेख को सर्वप्रथम पढ़ा - **जेम्स प्रिंसेप ने (1837 ई० में)**
* अशोक की मृत्यु हुई-**232 ई० पू० में**
* हरिषेण का इलाहाबाद प्रशस्ति लेख जानकारी देता है - **समुद्रगुप्त की**

अशोक कालीन प्रांत व उनकी राजधानियां

उत्तरापथ	तक्षशिला
दक्षिणापथ	सुवर्णगिरी
अवन्ति	उज्जैन
मध्य क्षेत्र	पाटलिपुत्र
कलिंग	तोसली

सोलह महाजनपद

महाजनपद	राजधानी
अंग	चम्पा
काशी	वाराणसी
मगध	गिरिव्रज (राजगृह)
अवंती	उज्जयिनि/महिष्मती
वत्स	कोशाम्बी
गांधार	तक्षशिला
कंबोज	हाटक
कुरू	इन्द्रप्रस्थ
पांचाल	कांपिल्य
अश्मक	पोतन या पोटली
मल्ल	कुशीनारा
चेदि	शुक्तिमती
शूरसेन	मथुरा
मत्स्य	विराटनगर
वज्जि	विदेह या मिथिला
कौशल	श्रावस्ती/अयोध्या

* मौर्य वंश का अंतिम शासक – **वृहद्रथ**
* शुंग वंश का अंतिम शासक – **देवभूति**
* भारतीय सीमा में प्रवेश करने वाला प्रथम यवन शासक – **डेमिट्रियस प्रथम**
* डेमिट्रियस को पराजित किया था – **पुष्यमित्र शुंग ने**
* दशराज युद्ध (दस राजाओं का युद्ध) लड़ा गया – **परूष्णी नदी के तट पर**
* भारत में सबसे पहले सोने के सिक्के जारी किये – **हिन्द-यूनानियों ने**
* शुद्ध सोने के सिक्के चलाए-**कुषाणों ने**
* सर्वाधिक स्वर्ण मुद्राएं जारी हुईं **-गुप्त काल में**
* सीसे का सिक्का जारी किया था – **सातवाहनों ने**
* चांदी का सिक्का सर्वप्रथम चलाया – **चंद्रगुप्त द्वितीय (विक्रमादित्य) ने**
* कुषाण वंश का प्रसिद्ध शासक था – **कनिष्क**
* कनिष्क की प्रथम राजधानी थी – **पुरुषपुर**
* कनिष्क की दूसरी राजधानी थी – **मथुरा**
* शक संवत् की शुरूआत की था – **कनिष्क ने (78 ई० में)**
* मूर्तियों का निर्माण शुरू हुआ **-कुषाण काल में**

गुप्तकाल (320 ई. से 520 ई.)

* गुप्त वंश का संस्थापक – **श्री गुप्त**
* मंदिर का निर्माण शुरू हुआ-**गुप्त काल में**
* मंदिर निर्माण कला में विमान शैली का प्रचलन हुआ- **चोलवंश के शासन में**
* चरक थे – **आयुर्वेद के जनक**
* 'सिल्क मार्ग' को आरंभ कराया था **-कनिष्क ने**
* कुषाण वंश का अंतिम शासक – **वासुदेव**
* गुप्त वंश की जानकारी प्राप्त होती है – **वायुपुराण से**
* समुद्रगुप्त को 'भारत का नेपोलियन' कहा – **बीसेंट आर्थर स्मिथ ने**
* सिक्कों पर वीणा बजाते स्थित है – **समुद्रगुप्त**
* समुद्रगुप्त का दरबारी कवि – **हरिषेण**
* प्रसिद्ध चीनी बौद्ध यात्री फाह्यान आया – **चन्द्रगुप्त द्वितीय के काल में (5वीं शताब्दी)**
* चंद्रगुप्त-II (विक्रमादित्य) ने अपनी दूसरी राजधानी बनाया – **उज्जैन को**
* नालन्दा विश्वविद्यालय का संस्थापक था – **गुप्त शासक कुमारगुप्त**
* विक्रमशिला विश्वविद्यालय की स्थापना की – **पाल वंश के शासकधर्मपाल (770-810 ई०) में**
* महरौली स्थित राजाचन्द्र के लौह स्तंभ

गुप्तकालीन स्मारक

मंदिर	स्थान
पार्वती मंदिर	नचना कुठार (मध्यप्रदेश)
शिव मंदिर	भूमरा (नागीद, मध्यप्रदेश)
दशावतार मंदिर	देवगढ़ (झांसी, मध्यप्रदेश)
वाराह एवं विष्णु मंदिर	सरज (मध्यप्रदेश)
विष्णु मंदिर	तिगवां (जबलपुर, मध्यप्रदेश)
लक्ष्मण मंदिर	भितरगांव (कानपुर, उ. प्रदेश)

को बनवाया था - **चंद्रगुप्त द्वितीय ने**

* गंगई कोंड कहा जाता है - **राजेन्द्र प्रथम को**
* गुप्तकाल की राजकीय भाषा - **संस्कृत**
* भारतीय इतिहास का स्वर्ण युग कहा गया - **गुप्तकाल**
* गुप्त वंश का अंतिम शासक-**विष्णुगुप्त**
* वर्द्धन साम्राज्य का संस्थापक - **पुष्यभूति**
* पुष्यभूति वंश का संस्थापक - **नरवर्धन**
* हर्षवर्धन ने अपनी राजधानी (थानेश्वर से स्थानातर्गत किया स्थापित की - **कन्नौज में**
* भूमि देने की सामंती प्रथा शुरू की - **हर्षवर्धन ने**
* चीनी यात्री ह्वेनसांग जिसके शासनकाल में भारत आया था - **हर्षवर्धन (606-647 ई०)**
* ह्वेनसांग द्वारा लिखित पुस्तक - **सी-यू-की**
* यात्रियों में राजकुमार कहा जाता है - **ह्वेनसांग को**
* 'नीति का पंडित' और 'शाक्य मुनि' कहा जाता है - **ह्वेनसांग को**
* पुलकेशिन द्वितीय ने हर्षवर्धन को 634 ई० में पराजित किया - **नर्मदा नदी के किनारे**
* हर्षवर्धन जहां हर पांच वर्ष बाद धार्मिक सम्मेलन करता था - **प्रयाग**
* हर्षवर्धन की भू-राजस्व दर थी -**कुल उपज का छठा हिस्सा**

पल्लव वंश

* पल्लव वंश का संस्थापक था - **सिंहविष्णु**
* पल्लवों की राजधानी थी - **कांचीपुरम् (तमिलनाडु)**
* नटराज की मूर्तियां हैं- **चोल काल की**
* राष्ट्रकूट वंश का संस्थापक - **दन्तिदुर्ग**
* राष्ट्रकूट वंश की राजधानी - **मान्यखेट**
* चालुक्यों की राजधानी - **वातापी**
* चोल वंश का अंतिम राजा - **राजेन्द्र-III**
* भारत में प्रथम बार सैनिक शासन व्यवहार में लाया गया - **ग्रीकों द्वारा**
* नौ सैनिक शक्ति के लिए प्रसिद्ध था -**चोल**
* 'स्थानीय स्वशासन' विशेषता थी - **चोल वंश की**
* होयसाला वंश की राजधानी - **द्वारसमुद्र**
* हूणों का आक्रमण हुआ - **स्कन्दगुप्त के समय 455 ई में**
* हूणों का पहला शासक था - **तोरमाण**
* सैय्यद वंश का संस्थापक - **खिज्र खां**
* सैय्यद वंश का अंतिम शासक - **अलाउद्दीन आलमशाह**
* मिहिरकला पराजित हुआ-**यशोवर्मन द्वारा**
* वराहमिहिर थे - **खगोलविद्**
* संगम का तात्पर्य है- **कवियों की गोष्ठी**
* प्रथम एवं तृतीय संगम हुआ - **मदुरै में**
* द्वितीय संगम हुआ - **कपाटपुरम (अलवै) में**
* प्रथम संगम के अध्यक्ष थे - **अगस्त्य**

मध्यकालीन इतिहास (1206 ई. से 1858 ई)

* जजिया-कर का प्रचलन किया - **मुहम्मद-बिन- कासिम**
* भारत पर आक्रमण करने वाला पहला मुस्लिम था - **मुहम्मद-बिन-कासिम (712 ई० में)**
* महमूद गजनवी ने भारत पर हमला किया - **17 बार (पहला आक्रमण 1001 ई० में)**
* 1191 के प्रथम तराइन युद्ध में पृथ्वीराज चौहान ने हराया - **मोहम्मद गोरी को**
* 1192 ई० में तराइन के द्वितीय युद्ध में मोहम्मद गोरी ने हराया - **पृथ्वीराज चौहान को**
* मुहम्मद-बिन-तुगलक अपनी राजधानी दिल्ली से ले गया था - **दौलताबाद**
* दो गुम्बदों का प्रयोग किया गया - **सिकंदर लोदी के मकबरे में**
* बहलोल लोदी का मकबरा को बनवाया था - **सिकन्दर लोदी ने**
* तैमूरलंग ने भारत पर आक्रमण किया - **1398 ई० में (नासिरूद्दीन महमूद के काल में)**
* जौनपुर का संस्थापक था -**फिरोजशाह तुगलक**
* अमीर खुसरो के गुरु थे -**निजामुद्दीन औलिया**
* हैदराबाद स्थित चारमीनार को बनवाया - **कुली कुतुबशाह ने (1591 में)**
* चंदेल वंश का संस्थापक था - **नन्नुक**
* खजुराहो मंदिर बना है- **नागर शैली में**
* अष्टदिग्गज थे-**कृष्णदेव राय के दरबार में**

* नवरत्न रहते थे-**अकबर के दरबार में**
* 'कश्मीर का अकबर' - **जैनुल अबेदिन**
* तंजौर के वृहदेश्वर मंदिर (द्रविड़ शैली) को बनवाया - **चोल शासक राज प्रथम ने**
* जयपुर के राजा सवाई जयसिंह ने जिन चार स्थानों पर जंतर-मंतर का निर्माण करवाया-**दिल्ली, उज्जैन, जयपुर व मथुरा**
* 'पूर्व का सिराज' कहा जाता है - **जौनपुर को**
* तालीकोटा का युद्ध हुआ था - **1565 में (विजय नगर व बहमनी राज्यों के संघ के मध्य)**
* मीराबाई समकालीन थी-**तुलसीदास के**
* अवध का अंतिम नवाब था -**वाजिद अली शाह**
* अबुलफजल की हत्या की थी - **वीर सिंह बुंदेला ने**
* मीराबाई का जन्म हुआ था - **मेड़ता के कुदकी ग्राम में 1499 ई० के आस-पास**
* रानी लक्ष्मी बाई को अंतिम युद्ध में सामना करना पड़ा - **ह्यूरोज का**
* 'अलाई दरवाजा' का निर्माण करवाया - **अलाउद्दीन खिलजी ने**
* गुलाम वंश (सल्तनत काल) की स्थापना 1206 ई० में की-**कुतुबुद्दीन ऐबक ने**
* दिल्ली का प्रथम मुसलमान शासक -**कुतुबुद्दीन ऐबक**
* कुतुबमीनार का निर्माण कार्य कुतुबुद्दीन ऐबक ने शुरू किया और इसे पूरा किया - **इल्तनुतमिश ने**
* कुतुबमीनार का निर्माण हुआ था - **बख्तियार काकी की याद में**
* इक्तादारी व्यवस्था का प्रचलन प्रारंभ किया था - **इल्तुतमिश ने**
* 'इक्ता' सेना का गठन किया-**इल्तुतमिश ने**
* दिल्ली की गद्दी पर बैठने वाला प्रथम अफगान शासक था - **बहलोल लोदी**
* दिल्ली सल्तनत की राजभाषा थी - **फारसी/तुर्की**
* दिल्ली सल्तनत का अंतिम शासक -**इब्राहिम लोदी**
* गुप्तचर विभाग को संगठित किया था - **अलाउद्दीन ने**
* चांदी का 'टंका' और तांबे का 'जीतल' नामक सिक्का चलाया - **इल्तुतमिश ने**
* शुद्ध अरबी सिक्के जारी करने वाला प्रथम तुर्क सुल्तान था - **इल्तुतमिश**
* चंगेज खां ने भारत पर आक्रमण किया - **इल्तुतमिश के शासन काल में**
* कुतुबुद्दीन ऐबक का मकबरा है-**लाहौर में**
* मुहम्मद-बिन-तुगलक का मूल नाम था - **जूना खां/उलुघ खां**
* सनकी (पागल) सुल्तान था - **मुहम्मद-बिन- तुगलक**
* भारत में सर्वप्रथम सांकेतिक मुद्रा का प्रचलन किया-**मोहम्मद-बिन-तुगलक ने**
* इब्नबतूता (मोरक्को यात्री) भारत आया था-**मुहम्मद बिन तुगलक के समय में**
* मीनाक्षी मंदिर है - **मदुरई में**
* गोमेश्वर की मूर्ति है - **कर्नाटक में**
* हम्मूराबी शासक था - **बेबीलोन का**
* अलीनगर की संधि हुई- **1757 ई० में**
* घोड़ा दागने तथा हुलिया बदलने की प्रथा चलाई - **अलाउद्दीन खिलजी ने**
* 'बाजार नियंत्रण प्रणाली' लागू की - **अलाउद्दीन खिलजी ने**
* लौह एवं रक्त की नीति को अपनाया था - **बलवन ने**
* बलबन का असली नाम था - **बहाउद्दीन**
* राजत्व सिद्धांत की स्थापना करने वाला प्रथम शासक - **बलवन**
* भक्ति आंदोलन की पृष्ठभूमि तैयार की - **रामानुजाचार्य ने**

दक्षिणभारत

* विजयनगर की पहली राजधानी थी - **हम्पी**
* विजयनगर की दूसरी राजधानी थी -**पेनुकोण्डा**
* विजयनगर साम्राज्य की स्थापना की - **1336 ई० में हरिहर और बुक्का भाईयों ने**
* हम्पी अवशेष है - **विजयनगर साम्राज्य का**
* हम्पी स्थित है - **तुंगभद्रा नदी के किनारे**
* विजयनगर साम्राज्य की स्थापना किसके शासन काल में हुई थी - **मुहम्मद-बिन-तुगलक**
* कृष्णदेव राय के राजगुरु थे-**व्यास राज**
* शिवाजी को औरंगजेब ने कैद रखा था - **जयपुर भवन (आगरा) में**
* 'आंध्रभोज' कहा गया है-**कृष्णदेव राय को**
* विट्ठल मंदिर का निर्माण करवाया - **कृष्णदेव राय**
* गोलकुण्डा है -**हैदराबाद (आंध्र प्रदेश) में**

दिल्ली सल्तनत	
आरंभिक तुर्क सुल्तान	**शासनकाल**
गुलामवंश, दासवंश, मामुलक वंश	1206–90
कुतुबुद्दीन ऐबक	1206–10
आरामशाह	12010–11
इल्तुतमिश	1211–36
रूक्नुद्दीन फिरोज	1236
रजिया	1236–40
मुइजुद्दीन बहरामशाह	1240–42
अल्लाउद्दीन मसूदशाह	1242–46
नासिरूद्दीन महमूद	1246–65
गियासुद्दीन बलबन	1265–87
मुईजुद्दीन कैकुबाद	1287–90
कैमूर	1290
खिलजी वंश	**1290–1320**
जलालुद्दीन खिलजी	1290–96
अलाउद्दीन खिलजी	1296–1316
मुबारक खिलजी	1316–20
तुगलक वंश	**1320–1414**
गयासुद्दीन तुगलक	1320–25
मुहम्मद बिन तुगलक	1325–51
फिरोजशाह तुगलक	1351–88
गयासुद्दीन तुगलक–11	1388–89
अबूबक्र शाह	1389
नासिरूद्दीन महमूद शाह	1390–94
नासिरूद्दीन महमूद	1394–1412
सैयद वंश	**1414–1451**
खिज्र खां	1414–21
मुबारक शाह	1421–34
मुहम्मह शाह	1434–45
आसफ अली	1445–50
लोदी वंश	**1451–1526**
बहलोल लोदी	1451–1489
सिकन्दर लोदी	1489–1517
इब्राहिम लोदी	1517–26

* हम्पी है-**कर्नाटक के बेल्लारी जिले में**

सूफी सम्प्रदाय एवं उनके संस्थापक		
सम्प्रदाय	**संस्थापक**	**भारत में प्रचारक**
चिश्ती	अबू अब्दाल चिश्ती	ख्वाजा मुइनुद्दीन चिश्ती
सुहारावर्दी	जियाउद्दीन अबुलजीव	वहाउद्दीन जकारिया
कादिरी	अब्दुल कादिर	शाह नियामतुल्ला
नक्शबन्दी	बहाउद्दीन	मखदूम जिलानी
शत्तारिया	अब्दुल शत्तार	ख्वाजा बाकीबिल्लाह

* अहमदनगर का विलय हुआ- **1632 में**
* भगतसिंह, सुखदेव और राजगुरु को फांसी दी गई - **23 मार्च, 1931 को**
* कर्नाटक में स्थित गोमतेश्वर की मूर्ति का निर्माण करवाया था- **चामुंडराय ने**
* वांडीवांश का युद्ध हुआ था - **फ्रांसीसियों और अंग्रेजों के मध्य (1760 ई० में)**
* विख्यात तटमंदिर है - **मामलपुरम् में**
* नटराज मंदिर है - **चेन्नई में ने**
* बहमनी राज्य का संस्थापक था - **अलाउद्दीन**
* हैदर अली की मृत्यु कब हुई थी-**द्वितीय आंग्ल युद्ध के दौरान 1782 ई०में**
* 'हजार दीनारी' कहलाया-**मलिक काफूर**
* गुलाम वंश का अंतिम शासक था - **शम्सुद्दीन क्यूमर्स**
* शेरशाह का मूल नाम - **फरीद खां**
* डाक प्रथा का प्रचलन किया-**शेरशाह ने**
* शेरशाह का मकबरा है - **सासाराम में**
* शेरशाह सूरी की मृत्यु हुई-**कालिंजर में**
* टीपू सुलतान शासक था -**मैसूर (कर्नाटक) का**
* टीपू सुलतान की राजधानी थी - **श्रीरंगपट्टनम**
* टीपू सुलतान की मृत्यु कब हुई थी - **चतुर्थ आंग्ल मैसूर युद्ध के दौरान (1799 ई० में)**
* बहमनी साम्राज्य की राजधानी थी- **गुलबर्गा**
* बहमनी वंश का अंतिम शासक था - **कलीमुल्लाह**
* संत तुकाराम समकालीन थे-**जहांगीर के**
* 'आना' का सिक्का चलाया-**शाहजहां ने**

संगम परिषदें

प्रथम संगम

- **अध्यक्ष**–अगस्त्य
- **स्थल**–मदुरा
- **महत्त्वपूर्ण ग्रंथ**–मुदुकुरूम, अकात्तियम आदि

द्वितीय संगम

- **अध्यक्ष**–अगस्त्य एवं तोलक्कापियर
- **स्थल**–कपाटपुरम
- **महत्त्वपूर्ण ग्रंथ**–तोलक्कापियम अगत्तियम, मापुरानम

तृतीय संगम

- **अध्यक्ष**–नक्कीरर
- **स्थल**–उत्तरी मदुरा
- **महत्त्वपूर्ण ग्रंथ**–परिपादल, पदित्रपुत्र नैडुण्थौके आदि

मुगलकाल

* रुपए का सिक्का भारत में पहली बार ढ़ाला गया- **शेरशाह सूरी के शासन काल में**
* तुगलक वंश का अंतिम शासक - **नासिरूद्दीन महमूद शाह तुगलक था**
* भारत पर सबसे पहले आक्रमण किया **-ईरान**
* सूफी धर्म आंदोलन का विकास हुआ - **9वीं सदी**
* मुगलवंश साम्राज्य का संस्थापक था - **बाबर**
* मुगल शासकों का सही क्रम है - **बाबर, हुमायूं, अकबर, जहांगीर, शाहजहां, औरंगजेब**
* बाबर का पूरा नाम - **जहीरूद्दीन बाबर**
* बाबर का जन्म हुआ था - **24 फरवरी, 1483 (फरगना में)**
* हुमायूं के तख्तनशीनी को चुनौती दी उसके भाइयों - **कामरान् हिंदाल और अस्करी ने अफगानों के साथ मिलकर**
* सर्वप्रथम ब्राह्मणों पर जजिया कर लगाया था - **फिरोजशाह तुगलक ने**
* बाबर की मृत्यु हुई **-27 दिसम्बर, 1530 को**
* खानवा का युद्ध (17 मार्च, 1527) किसके मध्य हुआ-**बाबर व राणा सांगा**
* 'बाबरनामा' की रचना की - **बाबर (तुर्की भाषा में)**
* बाबर को भारत पर आक्रमण के लिए निमंत्रण दिया - **दौलत खां लोदी और आलम खां ने**

प्रमुख विदेशी यात्री

मूल देश	अवधि	शासक
मेगस्थनीज (यूनानी)	305 ई.पू.	चन्द्रगुप्त मौर्य
डाइमेकस (सीरिया)	298 ई.पू.	बिन्दुसार
फाह्यान (चीन)	399 ई.	चन्द्रगुप्त द्वितीय
ह्वेनसांग (चीन)	630 ई.	हर्षवर्द्धन
इत्सिंग (चीन)	675 ई.	–
मार्कोपोलो (इटली)	1288 ई.	कायाल(पाण्ड्य)
इब्नबतूता (मोरक्को)	1333 ई.	मुहम्मद बिन तुगलक

* बाबर की इब्राहिम लोदी पर विजय का कारण था (भारत में पहली बार प्रयुक्त होने वाला) - **तोपखाना**
* ताजमहल का निर्माण हुआ-**1632-1652 ई० में**
* प्लासी का युद्ध हुआ- **23 जून, 1757 को (अंग्रेजों व सिराजुद्दौला के मध्य)**
* प्लासी की लड़ाई (1757) में अंग्रेजी सेना का नेतृत्व किया-**लॉर्ड क्लाइव ने**
* प्लासी युद्ध का मैदान है - **पश्चिम बंगाल में**
* पानीपत के प्रथम युद्ध (1526 ई०) में बाबर ने पराजित किया - **इब्राहिम लोदी को**
* पानीपत के द्वितीय युद्ध (5 नवम्बर, 1556 ई०) में अकबर ने पराजित किया - **हेमू को**
* पानीपत के तृतीय युद्ध (1761 ई०) में अहमदशाह अब्दाली ने पराजित किया था - **मराठों को**
* पानीपत की लड़ाई में मुगल सेना का नेतृत्व किया - **बैरम खां ने**
* जहांगीर का मकबरा बनवाया-**नूरजहां ने**
* अलाउद्दीन खिलजी के बचपन का नाम था - **अली व गुरशास्प**
* दिल्ली शहर की नींव डाली - **अनंगपाल तोरमाण ने**
* अलाउद्दीन खिलजी के सेनापति का नाम - **मल्लिक काफूर**
* दु-अस्पा तथा सी-अस्पा मनसब को आरंभ किया - **जहांगीर ने**
* अकबर का जन्म अमरकोट (पाकिस्तान) में हुआ - **15 अक्टूबर, 1542 को**

अकबर की प्रमुख लड़ाईयां

पानीपात का दूसरा युद्ध	1526 ई.
मालवा विजय	1561 ई.
चुनार पर अधिकार	1561 ई.
मेड़ता पर अधिकार	1562 ई.
रणथम्भौर की विजय	1569 ई.
गुजरात विजय	1571 ई.
बिहार तथा बंगाल विजय	1574-76 ई.
हल्दी घाटी का युद्ध	1576 ई.
काबुल विजय	1581 ई.
कश्मीर विजय	1586 ई.

अकबर के दरबार के नव-रत्न

1. मुल्ला दो प्याजा
2. अब्दुल रहीम खानखाना
3. हकीम खां
4. अबुल फजल
5. तानसेन
6. राजा मानसिंह
7. टोडरमल
8. फैजी
9. बीरबल

* अकबर का राज्याभिषेक 14 फरवरी, 1556 ई० में हुआ-**कालानौर किला (पंजाब) में**
* अकबर की मां का नाम था-**हमीदा बानू**
* अकबर ने 'जड़ी कलम' की उपाधि दी – **मुहम्मद हुसैन कश्मीरी को**
* अकबर ने 'शीरी कलम' की उपाधि दी थी – **अब्दुस्समद को**
* सर्वाधिक धर्मनिरपेक्ष दृष्टिकोण रखनेवाला मुगल शासक – **अकबर**
* अकबर के दरबार में आने वाला प्रथम अंग्रेज – **रॉल्फ फिच**
* हल्दी घाटी का युद्ध (18 जून, 1576) किसके मध्य हुआ -**अकबर व महाराणा प्रताप**
* अकबर को दफनाया गया-**सिकंदरा में**
* अकबर का संरक्षक था – **बैरम खां**
* मुगलकाल की राजकीय भाषा – **फारसी**
* फतेहपुर सीकरी में बुलंद दरवाजा को बनवाया – **अकबर ने 1572 ई० में (गुजरात विजय के उपलक्ष्य में)**
* बाज बहादुर शासक था – **मालवा का**
* अकबर ने चितौड़ पर विजय प्राप्त की थी – **1567 में**
* 'सिर-ए-अकबर' के लेखक -**दारा शिकोह**

मुगलकालीन पुस्तकें

रचनाकार	कृति
बाबर	बाबरनामा
गुलबदन बेगम (हुमायूं की सौतेली बहन)	हुमायूंनामा
हैदर दुगलत	तारीख-ए-रसीदी
खोंडमीर	कानून-ए-हुमायूंनी
मुल्ला दाऊद	तारीख-ए-अल्फी
अबुल फजल	अकबरनामा (आइन-ए-अकबरी)
बदायूंनी	मुन्तखाब-उत-तवारिख
निजामुद्दीन अहमद	तबकात-ए-अकबरी
फैजी	अकबरनामा
कजनीवी	नफाइस-उल-मासिर
अब्बास खां सेरवानी	तोहफा-ए-अकबरी
जहांगीर, मौतमिद खां	तुजुक-ए-जहांगीरी
अब्दुल हमीद लाहौरी	पादशाहनामा
मुहम्मद अमीर कजनीवी	बादशाहनामा
इनायत खां	शाहजहांनामा
काजिम शिराजी	आलमगीरनामा
दारा शिकोह	मज्मा-ए-बहरीन
मुसतइद खां	मासिर-ए-आलमगिरि

प्रमुख मुगल शासक एवं उनके शासनकाल

शासक	वर्ष
बाबर	1526-1530 ई.
हुमायूं	1531-40 ई एवं-1555-56 ई.
अकबर	1556-1605 ई.
जहांगीर	1605-1627 ई.
शाहजहां	1628-1658 ई.
औरंगजेब	1658-1707 ई.

* तुलसीदास समकालीन थे- **अकबर के**
* अकबर ने दास प्रथा का अंत किया था – **1562 में**
* मनसबदारी प्रथा का प्रवर्तन किया था -**अकबर ने**
* 'दीन-ए-इलाही' या 'तौहीद-ए-इलाही' धर्म को अकबर ने आरंभ किया – **1582 में**
* बीरबल का वास्तविक नाम था-**महेश दास**
* फैजी व बीरबल थे-**अकबर के दरबार में**
* तुगलक वंश का अंत हुआ-**1412 ई०में**
* मुगल दरबार में उपस्थित होने वाला पहला अंग्रेज – **विलियम हॉकिन्स (1608-11 ई०)**

प्रसिद्ध शासकों के मकबरे

शासक	मकबरा
बाबर	काबुल
अकबर	सिकंदरा
जहांगीर	लाहौर
औरंगजेब	खुल्दाबाद
हुमायूं	दिल्ली
शेरशाह	सासाराम
शाहजहां	आगरा
बहादुरशाह 'जफर'	रंगून (वर्तमान यंगून)

* सम्राट जहांगीर के समय प्रसिद्ध चित्रकार (पक्षियों के) थे-**उस्ताद मंसूर व अबुल हसन**
* मुमताज महल का वास्तविक नाम था - **अरजुमन्द बानो बेगम**
* दिल्ली के प्रसिद्ध लाल किला तथा जामा मस्जिद को बनवाया-**शाहजहां ने**
* शाहजहां का जन्म हुआ - **5 जनवरी, 1592 ई० को (लाहौर में)**
* शाहजहां के बचपन का नाम - **खुर्रम**
* शाहजहां की माता का नाम-**जगत गोसांई**
* शाहजहाँ को कैद करके औरंगजेब ने रखा था - **आगरा के किला में**
* आगरे के लाल किला में जामा मस्जिद का निर्माण किसने कराया -**जहांआरा बेगम ने**
* दिल्ली के लाल किले में मोती मस्जिद का निर्माण करवाया था- **औरंगजेब ने**
* तानसेन का मकबरा है - **ग्वालियर में**
* तानसेन के प्रारंभिक गुरु - **मुहमद गौस**
* 'हुमायूंनामा' के रचनाकार-**गुलबदन बेगम**
* औरंगजेब द्वारा चलाए 'जिहाद' का अर्थ है - **दारूल इस्लामी**
* अयोध्या स्थित बाबरी मस्जिद का निर्माण कराया- **मीर बकी ने (बाबर का सेनानायक)**
* फतेहपुर सीकरी स्थित 'पंचमहल' को बनवाया था - **अकबर ने**
* आगरा शहर की स्थापना 1504 ई० में की - **सिकन्दर लोदी ने**
* बाबरनामा का फारसी में अनुवाद किया - **अब्दुल रहीम खान-खाना ने**
* हुमायूं का पूरा नाम- **नासिरूद्दीन हुमायूं**
* ज्योतिष में विश्वास रखता था - **हुमायूं**
* सप्ताह के सातों दिन सात रंग के कपड़े पहनने के नियम बनाए - **हुमायूं ने**
* 25 जून, 1539 में चौसा के युद्ध में शेर खां (शेरशाह) ने हराया था-**हुमायूं को**
* हुमायूं के मकबरे का निर्माण हुआ था - **अकबर की सौतेली मां हाजीबेगम की देखरेख में**
* हुमायूं के मकबरे (दिल्ली) का निर्माण किया - **मीरक मिर्जा ग्यास (प्रधान कारीगर) ने**
* जहांगीर का मकबरा स्थित है - **शाहदारा बाग, लाहौर में**
* जहांगीर के बचपन का नाम - **सलीम**
* 'जंजीर-ए-अदल' (न्याय की जंजीर) लगाई थी - **जहांगीर ने**
* जहांगीर के दरबार में आने वाला ईस्ट इंडिया कंपनी का आदमी था कैप्टन विलियम हैकिंस (1608-11 AD) जहांगीर उसे 'इंगलिश खान' कहता था
* मयूर सिंहासन लगा हीरा था - **कोहीनूर**
* मयूर सिंहासन पर बैठने वाला अंतिम मुगल शासक - **मुहम्मद शाह**
* मयूर सिंहासन को बनाया था -**बे बादल खां ने**
* 'जिन्दा पीर' कहा जाता है-**औरंगजेब को**
* मुगलवंश का वह शासक जिसका दो बार राज्याभिषेक हुआ था - **औरंगजेब**
* पुरंदर की संधि (1665 में) हुई थी - **शिवाजी और जयसिंह के मध्य**
* औरंगजेब को दफनाया गया-**दौलताबाद में**

आधुनिक इतिहास (1850 से अद्यतन)

* प्रथम कर्नाटक युद्ध हुआ था-**1746 ई० में (अंग्रेज व फ्रांसिसियों के बीच)**
* पिंडारियों का उन्मूलनकर्त्ता-**लॉर्ड हेस्टिंग्स**
* गाँधी इरविन समझौता हुआ- **1931 में**
* अनुशीलन समिति की स्थापना की थी - **बारीन्द्र घोष एवं भूपेन्द्रनाथ दत्त ने (1907 में, कलकत्ता में)**
* दोहरी शासन नीति को समाप्त किया - **वारेन हेस्टिंग्स ने (1772 ई० में)**
* अंतिम मुगल बादशाह-**बहादुरशाह जफर**
* 'शाहे बेखबर' कहा गया है -**बहादुरशाह प्रथम को**

मराठा

* मराठा राज्य की स्थापना की-**शिवाजी ने**
* मराठा राज्य का दूसरा संस्थापक माना गया - **बालाजी विश्वनाथ को**
* शिवाजी के आध्यात्मिक गुरु थे -**गुरु रामदास**

* शिवाजी की पैदल सेना का नाम तथा भूमि कर प्रणाली थी – **क्रमशः पाइक एवं रैयतबाड़ी**
* तात्या टोपे का मूल नाम था –**रामचंद्र पांडुरंग**
* शिवाजी का मंत्रिमंडल कहलाता था – **अष्टप्रधान**
* अष्ट्प्रधान का सर्वोच्च पद था –**पेशवा (प्रधानमंत्री)**
* शिवाजी ने अपना राज्याभिषेक करवाया – **काशी के विद्वान गंगाभट्ट से रायगढ़ किले में**
* शिवाजी के काल में 'चौथ' (विकास के लिए) और 'सरदेशमुखी' (रक्षा के लिए था –**एक कर**
* सहायक संधि स्वीकार करने वाला पहला (मराठा) शासक – **पेशवा बाजीराव-II**
* मुगल वंश का 'घृणित कायर' कहा गया है – **फर्रूखसियर**

सिख इतिहास

* 'आदिग्रंथ' के संकलनकर्त्ता थे –**गुरु अर्जुनदेव**
* स्वर्ण मंदिर (अमृतसर) को बनवाया था – **अर्जुनदेव**
* स्वर्ण मंदिर हेतु भूमि दिया था – **अकबर ने**
* स्वर्ण मंदिर का वास्तुकार था-**मियां मिर**
* गुरुमुखी लिपि का आरंभ-**गुरु अंगद ने**
* अकालतख्त की स्थापना –**गुरु हरगोविन्द सिंह**
* गुरुनानक का जन्म – **तलवंडी में (1469 में)**
* गुरु गोविन्द सिंह का जन्म – **1666 ई० में (पटना साहिब, पटना में)**
* गुरु गोविन्द सिंह की हत्या हुई थी – **1708 ई० में (नान्देड़, महाराष्ट्र में)**
* सिक्खों के 5वें गुरु अर्जुनदेव को फांसी दिलवाई – **जहांगीर ने**
* तुगलकनामा के लेखक थे-**अमीर खुसरो**
* सिक्खों के नौवें गुरु तेगबहादुर को मरवाया था-**औरंगजेब ने (इस्लाम न स्वीकारने के कारण)**
* खालसा पंथ की स्थापना की थी – **गुरुगोविन्द सिंह ने, 1699 में**
* 'भारतीय क्रांति की मां' कहलाती है – **भीकाजी रूस्तम कामा**

1857 की क्रांति

* 1857 की क्रांति प्रारंभ हुई थी – **10 मई (मेरठ से)**
* 1857 ई० के विद्रोह के समय मुगल बादशाह था-**बहादुरशाह जफर द्वितीय**
* 1857 के विद्रोह को 'भारत का प्रथम स्वतंत्रता संग्राम' कहा था –**वीर सावरकर ने**
* 1857 की क्रांति का चिह्न था –**कमल व रोटी**
* 1857 की क्रांति के समय ब्रिटेन के

सिख धर्म गुरु और उनके कार्य

समय (गुरु-काल)	सिख गुरु	कार्य
1469–1538 ई.	गुरु नानक देव	सिख धर्म की स्थापना, 'आदि ग्रंथ रचना'
1538–1552 ई.	गुरु अंगद	गुरुमुखी लिपि के जनक
1552–1574 ई.	गुरु अमरदास	धर्म प्रसार हेतु 22 गद्दियों की स्थापना
1574–1581 ई.	गुरु रामदास	अमृतसर की स्थापना (1577)
1581–1606 ई.	गुरु अर्जुन देव (1604)	'स्वर्ण मंदिर' की नींव रखी, 'गुरु ग्रंथ साहब' का संकलन
1606–1645 ई.	गुरु हरगोविंद सिंह	'अकाल तख्त' की स्थापना, सिखों को लड़ाकू समुदाय में बदला
1645–1664 ई.	गुरु हरराय	उत्तराधिकार (मुगलों के) युद्ध में भाग लिया
1661–1664 ई.	गुरु हरकिशन	अल्पवयस्क अवस्था में ही मृत्यु
1664–1675 ई.	गुरु तेग बहादुर	इस्लाम कुबूल न करने के कारण औरंगजेब ने फांसी दे दी
1675–1708 ई.	गुरु गोविंद सिंह	'खालसा' सेना की स्थापना की और मिसों के अंतिम गुरु रहे

प्रधानमंत्री - **लॉर्ड पामर्स्टन थे**
* 1857 के विद्रोह को 'राष्ट्रीय विद्रोह' की संज्ञा दी थी - **डिजरैली ने**
* 1857 के विद्रोह के समय भारत का गवर्नर जनरल था - **लॉर्ड कैनिंग**
* बिहार में 1857 के विद्रोह का नेतृत्व किया था-**वीर कुंवर सिंह (जगदीशपुर के जमींदार) ने**
* वह उर्दू कवि जिसने 1857 के विद्रोह को अपनी आँखों से देखा था - **मिर्जा गालिब**
* काकोरी रेल षड्यंत्र की घटना घटी - **9 अगस्त, 1925 को**
* जलियांवाला बाग हत्याकाण्ड घटित हुआ था - **13 अप्रैल, 1919 को (लॉर्ड चेम्सफोर्ड के समय)**
* जलियाँवाला बाग हत्याकांड की जांच के लिए गठित आयोग - **हंटर आयोग**
* बंगाल विभाजन हुआ था-**16 अक्टूबर, 1905 को (लॉर्ड कर्जन द्वारा)**
* बंगाल विभाजन रद्द हुआ -**1911 में (लॉर्ड हार्डिंग)**
* कैप्टन हॉकिन्स आया था -**जहांगीर के दरबार**
* प्रथम फ्रांसीसी गवर्नर था - **डुप्ले**
* सर टॉम्स-रो जहांगीर के दरबार आया -**1615 में**
* ब्लैक होल की घटना घटी थी -**1756 ई०में**
* बक्सर की लड़ाई (1764) में भाग लेने वाला मुगल शासक था - **शाहआलम द्वितीय**
* बक्सर की प्रसिद्ध लड़ाई (23 अक्टूबर, 1764) में अंग्रेजों का सेनापति था - **मेजर-हेक्टर-मुनरो**
* 'हरमिट ऑफ शिमला' कहा जाता है - **ए० ओ० ह्यूम को (स्कॉटलैंड वासी)**
* बक्सर का युद्ध हुआ था - **अंग्रेजों व मीर कासिम, शिराजुदौला व शाहआलम द्वितीय के मध्य (अंग्रेज विजयी हुए)**
* इलाहाबाद की संधि - **1765 में**
* कांग्रेस की स्थापना हुई थी - **28 दिसम्बर, 1885 (लार्ड डफरिन के शासनकाल में)**
* कांग्रेस का संस्थापक - **ए० ओ० ह्यूम**
* कांग्रेस के पहले अधिवेशन (मुम्बई, 1885) की अध्यक्षता की थी - **ब्योमेश चन्द्र बनर्जी ने**
* कांग्रेस में फूट पड़ी थी - **सूरत अधिवेशन, 1907 में**
* कांग्रेस के गरम एवं नरम दल एक हो गए थे-**लखनऊ अधिवेशन (1916 में)**
* कांग्रेस विभाजन के समय भारत का वायसराय - **लॉर्ड मिण्टो था**
* महात्मा गांधी भारतीय राष्ट्रीय कांग्रेस के अध्यक्ष बने थे - **बेलगांव अधिवेशन (1924, कर्नाटक)**
* गांधी जी दक्षिण अफ्रीका गए थे-**1893 में**
* गाँधी जी अफ्रीका से भारत आए थे -**1915 में**
* गाँधी जी ने साबरमती आश्रम (अहमदाबाद) की स्थापना की - **1916 में**
* कांग्रेस के पहले अंग्रेज अध्यक्ष-**जार्ज यूले**
* कांग्रेस के पहले मुस्लिम अध्यक्ष थे - **बदरूद्दीन तैयबजी**
* स्वदेशी आंदोलन प्रारंभ हुआ था-**1905 में**
* मुस्लिम लीग ने पाकिस्तान का प्रस्ताव पारित किया था - **1940 लाहौर अधिवेशन में**
* 'पाकिस्तान' शब्द के जन्मदाता था - **चौधरी रहमत अली थे**
* पाकिस्तान के पहले प्रधानमंत्री -**लियाकत अली**
* पूर्ण स्वतंत्रता की माँग का प्रस्ताव रखा गया था - **लाहौर अधिवेशन (1929) में**
* भारत की स्वतंत्रता की घोषणा की - **क्लीमेंट एटली (ब्रिटिश प्रधानमंत्री) ने**
* गदर पार्टी की स्थापना की थी - **1913 में (लाला हरदयाल द्वारा, सेन फ्रांसिसकों में)**
* होमरूल आंदोलन की प्रणेता -**ऐनी बेसेंट थीं**
* 'काला कानून' कहा गया था -**रौलेक्ट एक्ट को**
* रौलेक्ट एक्ट पारित हुआ था-**1919 में**
* गाँधी को 'नंगा फकीर' कहा था -**बिस्टन चर्चिल**
* महात्मा गाँधी को सर्वप्रथम राष्ट्रपिता कहा था - **सुभाषचन्द्र बोस ने (रंगून रेडियो से)**

1857 ई. की महान् क्रांति के प्रमुख केंद्र				
केंद्र	**भारतीय नायक**	**विद्रोह की तिथि**	**विद्रोह दबाने वाला**	**तिथि**
दिल्ली	बख्त खां (सैन्य नेतृत्व)	11, 12 मई, 1857	निकलसन एवं हडसन	21 सितम्बर, 1857 ई.
कानपुर	नाना साहब, तात्यां टोपे	5 जून, 1857	कैम्पबेल	6 सितम्बर, 1857 ई.
लखनऊ	बेगम हजरत महल	4 जून, 1857	कैम्पबेल	मार्च, 1858
झांसी	रानी लक्ष्मीबाई	जून, 1857	ह्यूरोज	3 अप्रैल, 1858 ई.
इलाहाबाद	लियाकत अली	1857	कर्नल नील	1858 ई.
जगदीशपुर	कुंवर सिंह	अगस्त, 1857	विलियम टेलर आयर	1858 ई.
बरेली	खान बहादुर खां	1857	–	1858 ई.
फैजाबाद	मौलवी अहमदुल्ला	1857	–	1858 ई.
फतेहपुर	अजीमुल्ला	1857	जनरल रेनर्ड	1858 ई.

* भारत में गाँधीजी का पहला सत्याग्रह था - **चम्पारण सत्याग्रह (1917 में)**
* ईस्ट इंडिया कम्पनी आयी थी -**1600 ई० में**
* साइमन कमीशन भारत आया था -**1928 में**
* क्रिप्स मिशन भारत आया था - **मार्च 1942 में**
* कैबिनेट मिशन की अध्यक्षता की थी - **लार्ड पैथिक लॉरेंस ने**
* 'नेहरू एक राष्ट्रभक्त है, जबकि जिन्ना एक राजनीतिज्ञ' यह कहा था - **मौलाना आजाद ने**
* सबसे पहले भारत आए थे - **पुर्तगाली**
* भारत आने वाला प्रथम पुर्तगाली था - **वास्कोडिगामा (1498 में, कालीकट पहुंचा)**
* दूसरी बार वास्कोडिगामा भारत आया था -**1502**
* पुर्तगाली शक्ति का संस्थापक था - **अल्बुकर्क**
* पुर्तगालियों ने अपनी पहली फैक्ट्री (दुर्ग) स्थापित की - **कोचीन में (1503 में)**
* पुर्तगालियों ने गोवा पर कब्जा किया -**1510 ई०**
* अंग्रेजों ने 1608 में अपनी प्रथम फैक्टरी (सूरत में) स्थापित की थी - **जहांगीर की अनुमति से**
* भारत में प्रथम पुर्तगाली गवर्नर कौन और कब बना - **फ्रांसिस्को द अल्मीडा, 1505 ई० में**
* विदेशियों के भारत आने का क्रम है - **पुर्तगाली, अंग्रेज, डच, डेनिस, फ्रांसीसी, स्वीडिश**
* भारत आने वाला प्रथम अंग्रेज- **मिल्डेन हॉल**
* सती प्रथा का अंत किया - **लॉर्ड बिलियम बैंटिक (1829 ई०) ने**
* धन के निष्कासन का सिद्धांत (1867 में) दिया था - **दादाभाई नौरोजी ने**
* 'भारत भारतीयों के लिए' नारा है -**आर्य समाज का**
* ताजमहल मकबरे की योजना तैयार की - **उस्ताद ईशा खां (पर्सिया का) ने**
* गेटवे ऑफ इंडिया का निर्माण हुआ था - **1924 में**
* इंडिया गेट का निर्माण हुआ- **1921 में**
* प्रिंस ऑफ वेल्स का भारत आगमन हुआ था -**1921**
* भारत की राजधानी कोलकाता से दिल्ली स्थापित - **1912 में (लॉर्ड हार्डिंग-II के समय)**
* 'आजाद हिन्द फौज' की संकल्पना की थी - **कैप्टन मोहन सिंह ने**
* 'आजाद हिन्द फौज' की स्थापना की थी-**रास बिहारी बोस (1942 ई०) ने**
* 'आजाद हिन्द सरकार' के संस्थापक - **सुभाषचंद्र बोस (23 अक्टूबर, 1943 में)**
* स्वतंत्र भारत के झंडे का डिजाइन किया था - **पिंगली वेंकैया ने**
* पहला गोलमेज सम्मेलन हुआ था - **12**

कांग्रेस अधिवेशन

सन् स्थान	अध्यक्ष
1885 बम्बई	ब्योमेश चन्द्र बनर्जी (प्रथम अध्यक्ष)
1886 कलकत्ता	दादा भाई नौरोजी
1887 मद्रास	बदरूद्दीन तैयबजी (प्रथम मुस्लिम अध्यक्ष)
1888 इलाहाबाद	जार्ज यूले
1889 बम्बई	विलियम वेडरबर्न
1890 कलकत्ता	फिरोजशाह मेहता
1891 नागपुर	वी. आनन्द चार्लू
1892 इलाहाबाद	ब्योमेश चन्द्र बनर्जी
1893 लाहौर	दादाभाई नौरोजी
1894 मद्रास	अल्फ्रेड वेव (कांग्रेस संविधान का निर्माण)
1895 पूना	सुरेन्द्रनाथ बनर्जी
1896 कलकत्ता	रहीमतुल्ला सयानी (प्रथम बार वंदेमातरम् गाया)
1897 अमरावर्ती	शंकरन नायर
1898 मद्रास	आनन्द मोहन बसु
1899 लखनऊ	रमेशचन्द दत्त
1900 लाहौर	नारायण गणेश चंदावरकर
1901 कलकता	दिनश्म ईतुलची वाचा
1902 अमहदाबाद	सुरेन्द्रनाथ बनर्जी
1903 मद्रास	लाल मोहन घोष
1904 बम्बई	सर हेनरी कॉटन
1905 बनारस	गोपाल कृष्ण गोखले
1906 कलकत्ता	दादाभाई नौरोजी(स्वराज्य शब्द का प्रथम बार प्रयोग)
1907 सूरत (स्थागित)	रासबिहारी घोष
1908 मद्रास	रासबिहारी घोष
1909 लाहौर	मदनमोहन मालवीय
1910 इलाहाबाद	विलियम वेडरबर्न
1911 कलकत्ता	विशन नारायण दत्त (जन-गण-मन प्रथम बार गाया)
1912 बांकीपुर	रा.बा. रंगनाथ नृसिंह
1913 कराची	नवाब सैयद मुहम्मद बहादुर
1914 मद्रास	भूपेन्द्र नाथ बसु
1915 बम्बई	सत्येन्द्र प्रसाद सिन्हा
1916 लखनऊ	अम्बिका चरण मजूमदार (मुस्लिम लीग से समझौता)
1917 कलकत्ता	ऐनी बेसेंट (प्रथम महिला अध्यक्ष)
1918 दिल्ली	मदन मोहन मालवीय
1919 अमृतसर	मोती लाल नेहरू
1920 नागपुर	चक्रवर्ती विजय राघवाचार्य
1921 कलकत्ता	हकीम अजमल खान (विशेष अधिवेशन)
1922 गया	चित्तरंजन दास
1923 दिल्ली	अबुल कलाम आजाद (सबसे युवा अध्यक्ष)
1924 बेलगाम	महात्मा गांधी (गांधी जी प्रथम बार अध्यक्ष)
1925 कानपुर	सरोजनी नायडू (प्रथम भारतीय महिला अध्यक्ष)
1928 कलकत्ता	मोतीलाल नेहरू
1929 लाहौर	जवाहरलाल (पूर्ण स्वराज्य की मांग)
1931 कराची	सरदार पटेल
1932 दिल्ली	रणछोड़मल अमृतलाल
1933 कलकत्ता	नेल्ली सेनगुप्ता
1934 बम्बई	राजेन्द्र प्रसाद
1936 कलकत्ता	जवाहरलाल नेहरू
1937 फैजपुर	जवाहरलाल नेहरू (गांव में आयोजित प्रथम अधिवेशन)
1938 हरिपुरा	सुभाषचन्द्र बोस
1939 त्रिपुरा	सुभाषचन्द्र बोस
1946 मेरठ	जे.बी. कृपलानी (आजादी के समय अध्यक्ष)
1947 दिल्ली	राजेन्द्र प्रसाद
1948 जयपुर	पट्टाभि सीतारमैया

नवम्बर, 1930 को (लंदन में)

* पहले गोलमेज सम्मेलन का उद्घाटन किया था – **सम्राट जार्ज पंचम ने**
* पहले गोलमेज सम्मेलन की अध्यक्षता

क्रांतिकारियों पर हुए मुकदमें

मुकदमा	वर्ष	विवरण
नासिक षड्यंत्र	1909-10	विनायक सावरकर को निर्वासन, अन्य 26 को कारावास
अलीपुर या मानिकतल्ला षड्यंत्र केस	1908	अरविंद घोष सहित कई व्यक्तियों पर चलाया गया।
हावड़ा षड्यंत्र केस	1910	जतीन मुखर्जी मुख्य अभियुक्त थे
ढाका षड्यंत्र केस	1910	पुलिनदास को 7 वर्ष की सजा
दिल्ली षड्यंत्र केस	1912	मास्टर अमीन चन्द्र, अवध बिहारी एवं बाल मुकुंद को फांसी
बनारस षड्यंत्र केस	1915-16	सचिन्द्र नाथ सान्याल को आजीवन कालापानी
काकोरी षड्यंत्र केस	1925	चंद्रशेखर आजाद, राम प्रसाद बिस्मिल व अशफाक उल्ला खां को फांसी

की थी-**प्रधानमंत्री रैम्जे मैकडोनाल्ड ने**

* पहले गोलमेज सम्मेलन के समय भारत का वायसराय था - **लॉर्ड इरविन**
* दूसरा गोलमेज सम्मेलन-**1931 (लंदन) में**
* दूसरे गोलमेज सम्मेलन में कांग्रेस के एक मात्र प्रतिनिधि थे - **महात्मा गांधी**
* तिरुपति मंदिर स्थित है-**आंध्र प्रदेश में**
* 'खुले द्वार की नीति' के प्रतिपादक था -**जॉन हे**
* स्वराज पार्टी की स्थापना हुई थी -**1923 ई० में**
* ब्रह्मसमाज आधारित है-**एकेश्वरवाद पर**
* दास प्रथा अवैध घोषित हुई- **1843 में**
* वर्नाक्यूलर प्रेस एक्ट पारित हुआ - **1878 में (लॉर्ड लिटन द्वारा)**
* वर्नाक्यूलर प्रेस एक्ट को रद्द किया था - **1882 में (लॉर्ड रिपन ने)**
* अहोम विद्रोह का नेतृत्व किसने किया था - **गोमधर कुँवर (1828 ई०, असम में) ने**
* प्रथम मदरसा की स्थापना वारेन हेस्टिंग्स ने की थी - **1781 में (कलकत्ता में)**
* बंगाल में भयंकर अकाल पड़ा था -**1770 में**
* बंगाल में द्वैध शासन का संस्थापक था - **राबर्ट क्लाइव**
* बंगाल में द्वैध शासन को समाप्त किया था - **वारेन हेस्टिंग्स (1772) ने**
* बंगाल का पहला गवर्नर जनरल था - **वारेन हेस्टिंग्स**
* बंगाल में स्थायी बंदोबस्त लागू किया था - **लॉर्ड कार्नवालिस (22 मार्च, 1793 ई० में) ने**
* बांग्लादेश की मुक्ति/सृजन (1971 ई०) के समय पाकिस्तान का शासक था - **याह्या खान**
* दत्तक प्रणाली को समाप्त किया था - **हेस्टिंग्स ने**
* 'भारतीय अशांति का जन्मदाता' कहा गया - **वैलेन्टाइन शिरोल को**
* अमेरिकन गाँधी के नाम से विख्यात है - **मार्टिन लूथर किंग**
* 'संपूर्ण क्रांति' का नारा दिया - **जयप्रकाश नारायण ने**
* 'लोकहितवादी' कहा गया है - **गोपाल हरिदेशमुख को**
* स्वराज पार्टी को स्थापित किया था - **चितरंजन दास व मोतीलाल नेहरू ने**
* शून्यता के सिद्धांत का सबसे पहले प्रतिपादन करने वाला बौद्ध दार्शनिक - **नागार्जुन**
* बेस्ट बेकरी हत्याकांड संबंधित है - **बड़ौदा (गुजरात) से**
* 'भीमबेटका' प्रसिद्ध है - **गुफाओं के शैलचित्र के लिए**
* अजन्ता एवं एलोरा गुफाएं स्थित हैं - **महाराष्ट्र में**
* कम्बोडिया में स्थित अंकोरवाट मंदिर को बनवाया-**कम्बुज शासक सूर्यवर्मन द्वितीय ने**
* मुण्डा आदिवासियों का विद्रोह हुआ था - **1899-1900 के मध्य (नेता-बिरसा मुण्डा)**
* 1921 में मोपला विद्रोह हुआ - **केरल में**

अंग्रेजों के दौरान हुए महत्त्वपूर्ण विद्रोह

आंदोलन/ विद्रोह	संबंधित नेता/ नेतृत्व	विद्रोह का वर्ष
संन्यासी विद्रोह	केना सरकार, दिरजीनारायण	1763-1800
चुआर विद्रोह	दुर्जन सिंह	1798
वेलुथाम्पी विद्रोह	वेलुथाम्पी	1808-09
भील विद्रोह	सेवाराम	1825-31
रामोसी विद्रोह	चित्तर सिंह	1822-29
पागलपंथी विद्रोह	टीपू	1825-27
अहोम विद्रोह	गोमधर कुंवर	1828
वहाबी आंदोलन	सैयद अहमद टीटूमीर	1831
कोल आंदोलन	नारायण राव	1831-32
खासी विद्रोह	तीरथ सिंह	1833
फैराजी आंदोलन	शरीयतुल्ला	1839
संथाल विद्रोह	सिद्धू कान्हू	1855-57
मुण्डा विद्रोह	बिरसा मुण्डा	1899-1900
नील आंदोलन	दिगम्बर	1859-60
पाबना विद्रोह	ईशानचंद्र राय एवं शम्भुपाल	1873-76
मोपला विद्रोह	अली मुदालियार	1920-22
कूका आंदोलन	भगत जवाहरलाल	–
रम्पा विद्रोह	सीताराम राजू	1879-1922
तानाभगत आंदोलन	जतरा भगत	1914
तेभाग आंदोलन	कम्पाराम सिंह एवं भवन सिंह	1946
तेलंगाना आंदोलन	–	1946

* मार्च 1908 को मुस्लिम लीग का 'स्थायी' अध्यक्ष चुना गया था **– आगा खाँ को**
* महारानी विक्टोरिया को भारत की साम्राज्ञी नियुक्त किया था – **1877 में**
* असहयोग आंदोलन शुरू करने के समय भारत का वायसराय – **लॉर्ड चेम्सफोर्ड**
* 1904 में नासिक में 'अभिनव-भारत' की स्थापना की **–विनायक दामोदर सावरकर ने**
* रैय्यतवाड़ी व्यवस्था का जनक था **– हाल्ट मकेंजी**
* रैय्यतवाड़ी व्यवस्था लागू की गयी थी

प्रमुख क्रांतिकारी घटनाएं

वर्ष	घटना	स्थान	क्रांतिकारी
1897	कमिनश्न रैंड व एमहर्स्ट हत्याकांड	पुणे	चापेकर बंधु
1908	किंग्सफोर्ड की हत्या का प्रयास (अलीपुर षड्यंत्र कांड)	मुजफ्फरपुर	खुदीराम बोस व प्रफुल्ल चाकी
1909	जैक्सन हत्याकांड	नासिक	अनन्त कन्हेरे
1909	कर्नल वाइली हत्याकांड	लन्दन	मदनलाल धींगरा
1912	वायसराय हार्डिंग की हत्या का प्रयास (दिल्ली बमकांड)	दिल्ली	रासबिहारी बोस व बसंत कुमार
1927	काकोरी कांड	काकोरी	चंद्रशेखर आजाद रामप्रसाद बिस्मिल व अशफाक उल्ला खां
1928	साण्डर्स हत्याकांड	लाहौर	सरदार भगत सिंह
1930	शस्त्रागार डकैती कांड	चटगांव	सूर्यसेन
1940	जनरल डायर हत्याकांड	लन्दन	ऊधमसिंह

– मद्रास और बम्बई प्रेसीडेंसी में (टॉमस मुनरो द्वारा)

* नील विद्रोह हुआ था – **1859-60 ई० में**
* सालबाई की संधि हेस्टिंग्स के समय में हुई थी – **1782 ई० में**
* बेसिन की संधि हुई थी – **1802 ई० में**
* इलबर्ट विधेयक को प्रस्तुत किया था **– लॉर्ड रिपन ने**
* ली कमीशन की स्थापना हुई थी **– 1924 में**
* 'गीता' का अनुवाद अंग्रेजी में किया था **– विलियम विल्किंस ने**
* सहायक संधि करने वाला पहला राज्य **– हैदराबाद**
* अगस्त प्रस्ताव लाया गया था **– 8 अगस्त 1940 को**
* मानव बलि प्रथा का दमन व स्त्री शिशु हत्या पर रोक लगाई थी– **लॉर्ड हार्डिंग ने**

भारतीय इतिहास के प्रमुख युद्ध

युद्ध	तिथि/वर्ष	पक्ष
वितस्ता/झेलम का युद्ध	326 ई. पू.	सिकंदर व पोरस
तराइन का प्रथम युद्ध	1191	मुहम्मद गौरी व पृथ्वीराज चौहान
तराइन का द्वितीय युद्ध	1192	मुहम्मद गौरी व पृथ्वीराज चौहान
चन्दावर का युद्ध	1194	मुहम्मद गौरी व राजा जयचन्द
पानीपत का प्रथम युद्ध	1526	बाबर व इब्राहिम लोदी
खानवा का युद्ध	1527	बाबर व राणा सांगा
चन्देरी का युद्ध	1528	बाबर व मेदिनीराय
चौसा का युद्ध	1529	हुमायूं व शेरशाह सूरी
घाघरा का युद्ध	1539	बाबर व अफगान
बिलग्राम का युद्ध	1540	शेरशाह सूरी व हुमायूं
पानीपत का द्वितीय युद्ध	1556	अकबर व हेमू
तालीकोटा का युद्ध	1565	बहमनी व विजयनगर
हल्दीघाटी का युद्ध	1576	राणा प्रताप व अकबर
असीरगढ़ का युद्ध	1599-1600	अकबर व मीरन बहादुर
करनाल का युद्ध	1739	नादिरशाह व मुगल सम्राट
प्लासी का युद्ध	1757	क्लाइव व सिराजुद्दौला
वाण्डिवाश का युद्ध	1760	अंग्रेज व फ्रांसीसी
पानीपत का तृतीय युद्ध	1761	अहमदशाह अब्दाली व मराठे
बक्सर का युद्ध	1764	अंग्रेज तथा संयुक्त सेना
प्रथम मैसूर युद्ध	1767-69	हैदरअली व अंग्रेज
द्वितीय मैसूर युद्ध	1780-84	हैदरअली व अंग्रेज
तृतीय मैसूर युद्ध	1790	टीपू सुल्तान व अंग्रेज
चतुर्थ मैसूर युद्ध	1799	टीपू सुल्तान व अंग्रेज
चिलियान वाला युद्ध	1849	ईस्ट इंडिया कंपनी व सिख
भारत-चीन सीमा युद्ध	1962	भारत व चीन
भारत-पाक युद्ध	1965	भारत व पाकिस्तान
भारत-पाक युद्ध	1971	भारत व पाकिस्तान
कारगिल युद्ध	1999	भारत व पाकिस्तान

* लॉर्ड मैकाले शिक्षा पद्धति लागू हुई थी - **1835 में**

विश्व इतिहास

* 'एक जार, एक चर्च और एक रूस' का नारा दिया - **जार निकोलस द्वितीय ने**
* बर्मा स्वतंत्र हुआ था -**4 जनवरी, 1948 को**
* इंग्लैंड में गौरवपूर्ण क्रांति हुई-**1688 में**
* चीनी गणराज्य के प्रथम राष्ट्रपति थे -**सनयात सेन**
* आधुनिक रूस का निर्माता माना जाता है - **स्टालिन को**
* धर्मसुधार आंदोलन (प्रोटेस्टेंट धर्म) का प्रवर्तक - **मार्टिन लूथर (जर्मनी)**
* 'पाब्लो पिकासो' एक चित्रकार था -**स्पेन का**
* समानता, स्वतंत्रता एवं बंधुत्व नारा था - **फ्रांस की राज्यक्रांति का**
* नेपोलियन फ्रांस का सम्राट बना था -**1804 ई० में**
* नेपोलियन के पिता का नाम था - **कार्लो बोनापार्ट**
* राष्ट्रवाद का मसीहा कहा जाता है -**नेपोलियन को**
* प्रथम विश्व युद्ध (1914-1918) में हिस्सा लिया था - **37 देशों ने**
* प्रथम विश्वयुद्ध में सर्वाधिक हानि हुई - **जर्मनी को**
* अमेरिका प्रथम विश्वयुद्ध में शामिल हुआ था - **6 अप्रैल, 1917 को**
* प्रथम विश्व युद्ध के समय अमेरिका का राष्ट्रपति - **वुडरो विल्सन**
* प्रथम विश्वयुद्ध के समय भारत का वायसराय था - **लॉर्ड हार्डिंग द्वितीय**
* प्रथम विश्वयुद्ध का कारण था - **आस्ट्रिया के राजकुमार फर्डिनेंड की सेराजेवो में हत्या**
* द्वितीय विश्वयुद्ध में हिस्सा लिया था -**61 देशों ने**
* द्वितीय विश्वयुद्ध के समय अमेरिका का राष्ट्रपति था - **फ्रैंकलिन डी० रूजवेल्ट**
* द्वितीय विश्व युद्ध (1939-1945) के समय ब्रिटेन के प्रधानमंत्री - **विंस्टन चर्चिल**
* द्वितीय विश्व युद्ध का तत्कालिक कारण था - **जर्मनी का पोलैंड पर आक्रमण**
* द्वितीय विश्व युद्ध में मित्र राष्ट्रों द्वारा

पराजित होने वाला अंतिम देश था **- जापान**
* द्वितीय विश्व युद्ध के समय भारत का वायसराय था - **लार्ड लिनलिथगो (आरंभ) तथा लार्ड बैवेल (समाप्ति)**
* अमेरिका द्वितीय विश्व युद्ध में शामिल हुआ - **8 सितम्बर, 1941 को**
* धुरी राष्ट्रों का नेतृत्व किया- **जर्मनी ने**
* जर्मनी का सर्वाधिक शक्तिशाली राज्य **- प्रशा**
* पुनर्जागरण के नायक थे - **मांटेस्क्यू**
* पुनर्जागरण का प्रारंभ हुआ था- **फ्लोरेंस नगर में; इटली में (1300 ई०)**
* ब्रिटेन और चीन के मध्य प्रथम अफीम युद्ध हुआ था **- 1839 में**
* मिस्र के पहले राजवंश का शासक था **- मेनिस**
* सोवियत संघ की स्थापना हुई थी **- 1922 में**
* जर्मनी का एकीकरण पूर्ण हुआ था **- 1870 में**
* अमेरिका को पूर्ण स्वतंत्रता मिली थी **- 4 जुलाई 1776 को**
* 'मेडोना' चित्र के चित्रकार हैं - **राफेल**
* मानववाद के संस्थापक थे **-पेट्रॉक (इटली का)**
* रूस का अंतिम जार था **- निकोलस द्वितीय**
* फ्रांस की राज्य क्रांति हुइ थी - **लुई सोलहवां के काल (1789) में**
* इंग्लैंड को 'बनियों का देश' कहा था **- नेपोलियन ने (फ्रांसीसी)**
* 'लाल कुरती' नाम से सेना संगठित की थी **- गैरी बॉल्डी ने**
* फ्रांस एवं प्रशा के मध्य सूडान का युद्ध हुआ था - **15 जुलाई, 1870 को**
* रूस में वोल्शेविक क्रांति हुई थी **- 7 नवम्बर, 1917 को**
* लाल सेना का संगठन किया था **- ट्राटस्की ने**
* सौ वर्षीय युद्ध हुआ था **- इंग्लैंड एवं फ्रांस के मध्य**
* 'एशिया का मरीज' है **- चीन**
* 'यूरोप का मरीज' है **- तुर्की**
* हिटलर का जन्म हुआ था **- 20 अप्रैल, 1889 को वॉन में**
* हिटलर ने आत्महत्या की थी **- 29 अप्रैल, 1945 को**
* 'द लास्ट सपर' एवं 'मोनालिसा' के चित्रकार हैं - **लियोनार्डो-द-विंची**
* 'फ्यूहरर' कहा जाता है **-एडोल्फ हिटलर को**
* मेरा संघर्ष (Main Kempf) आत्मकथा है **- हिटलर की**
* 'एक राष्ट्र, एक नेता' का नारा दिया था **- हिटलर ने**
* वर्साय की संधि हुई थी **- 28 जून, 1919 को**
* कामागाटामारू प्रकरण घटित हुआ था **- 1914 ई०**
* कामागाटामारू था - **कनाडा की यात्रा पर निकला एक जलपोत**
* पहली बार 6 अगस्त, 1945 को हिरोशिमा पर गिराया गया एटम बम था **- लिट्ल बॉय**
* दूसरी बार 9 अगस्त, 1945 को नागासाकी पर गिराया गया एटम बम था **- फैटमैन**
* चीन की विशाल दीवार का निर्माता था **-शी ह्वांग टी**
* चीन ने भारत पर आक्रमण किया था **- 19 सितम्बर, 1962 को**
* 'बोस्टन चाय पार्टी' की घटना घटी थी **- 16 दिसम्बर, 1773 को**
* 'बोस्टन चाय पार्टी' के नायक **-सैम्युल एडम्स**
* औद्योगिक क्रांति सर्वप्रथम हुई **- इंग्लैंड (1760 में)**
* क्रीमियन युद्ध (1854-56 ई०) में ब्रिटेन, फ्रांस, टर्की ने पराजित किया था **- रूस को**
* 'लेडी विद द लैंप' कहा जाता है **- फ्लोरेस नाइटेंगल को (इंग्लैंड की)**
* 1854 का 'वुड का डिस्पैच' संबंधित है - **शिक्षा से (लॉर्ड डलहौजी द्वारा लागू किया गया)**
* फ्लोरेंस नाइटेंगल संबंधित है **-क्रीमियन युद्ध से**
* वाटरलू (बेल्जियम) का युद्ध **- 16 मई, 1815**
* 'पीत आतंक' कहा जाता है-**जापान को**
* 'दास कैपिटल' रचना है-**कार्ल मार्क्स की**
* 'द लॉज' एवं 'रिपब्लिक' रचना है-**प्लेटो का**
* इटली के पुनर्जागरण का कवि था-**दांते**

विश्व व भारत का भूगोल

ब्रह्माण्ड : संपूर्ण परिचय

* पृथ्वी को घेरने वाला आकाश है **-ब्रह्माण्ड**
* ब्रह्माण्ड से संबंधित अध्ययन है **- कॉस्मोलॉजी**
* ब्रह्माण्ड में लगातार प्रसार की घटना है **- बिग-बैंग**
* ब्रह्माण्ड की उत्पत्ति के संबंध में बिग-बैंग सिद्धांत की संकल्पना दी **-जार्ज लैमिन्टर ने**
* ब्रह्माण्ड में विस्फोटी तारा **- सुपरनोवा**
* ब्रह्माण्ड की आयु आंकी गई है **- 13 बिलियन वर्ष**
* ब्रह्माण्ड का व्यास है- **10^8 प्रकाश वर्ष**
* 1 वर्ष में प्रकाश द्वारा तय की गई दूरी है **- प्रकाश वर्ष**
* खगोलीय दूरी का सबसे बड़ा मात्रक है **- पारसेक**
* 1 पारसेक बराबर है **- 3.26 प्रकाश वर्ष के**
* प्रकाश वर्ष मात्रक है **- दूरी का**
* 1 प्रकाश वर्ष बराबर है **- 9.46×10^{12} किमी० या 9.46×10^{15} मी०**
* 'सूर्य ब्रह्माण्ड का केंद्र है' ऐसा कहना है **- कॉपरनिक्स का**
* कॉपरनिक्स निवासी था **- पोलैण्ड का**
* 'सूर्य सौरमंडल का केंद्र है' कहा था **- केपलर ने**
* 'पृथ्वी गोल है' कहने वाला पहला विद्वान था **- पाइथागोरस**
* तारों के बड़े-बड़े गुच्छों का समूह है **- आकाशगंगा (गेलैक्सी)**
* आकाशगंगा की आकृति है- **सर्पिलाकार**
* गेलैक्सी का व्यास है-**10^5 प्रकाश वर्ष**
* तारों का सुंदर पैटर्न है **- तारामंडल**
* तारामंडलों की कुल संख्या **- 89**
* सबसे बड़ा तारामंडल **- हाइड्रा**
* सबसे चमकीला तारामंडल **- सेन्टॉरस**
* आकाशगंगा (Galaxy) की निकटतम मंदाकिनी- **देवयानी (Andromeda)**
* एक खगोलीय एकक (Astronomical Unit) औसत दूरी है **- सूर्य और पृथ्वी के मध्य का**
* पृथ्वी तथा सौरमंडल जिस आकाशगंगा में स्थित है, वह कहलाता है **- दुग्धमेखला**
* दुग्ध-मेखला है **- एक मंदाकिनी**
* मंदाकिनी है **- अरबों तारों का वह समूह जो धुंधला दिखता है**
* नवीनतम ज्ञात मंदाकिनी है **-ड्वार्फ मंदाकिनी**
* पल्सर हैं **- तेजी से घूमने वाले तारे**
* आकाशगंगा मंदाकिनी को सर्वप्रथम देखा था **- गैलीलियों ने**
* 76 वर्षों के अंतराल पर दिखाई देने वाला धूमकेतु है **- हेली**
* हेली धूमकेतु पुन: दिखाई पड़ेगा-**2062 में**
* आकाशगंगा का व्यास है **-एक लाख प्रकाशवर्ष है.**
* तारों के बीच की दूरियां मापी जाती हैं **-प्रकाशवर्ष में**
* आकाशगंगा का प्रवाह होता है **-उत्तर से दक्षिण की ओर**
* सूर्य हमारी पृथ्वी से कितना गुना बड़ा है **-13 लाख गुना**

सौरमंडल : कुछ महत्त्वपूर्ण तथ्य	
सबसे बड़ा ग्रह	बृहस्पति
सबसे छोटा ग्रह	बुध
पृथ्वी का उपग्रह	चन्द्रमा
सूर्य से सबसे निकट ग्रह	बुध
सूर्य से सबसे दूर ग्रह	वरूण
पृथ्वी के सबसे निकट ग्रह	शुक्र
सबसे अधिक चमकीला ग्रह	शुक्र
सबसे अधिक चमकीला तारा	साइरस
सबसे अधिक उपग्रहों वाला ग्रह	बृहस्पति
सबसे अधिक ठंडा ग्रह	वरूण
रात्रि में लाल दिखाई देने वाला ग्रह	मंगल
सबसे अधिक भारी ग्रह	बृहस्पति
सौरमंडल का सबसे बड़ा उपग्रह	गेनिमेडे
सौरमंडल का सबसे छोटा उपग्रह	डीमोस
नीला ग्रह	पृथ्वी
लाल ग्रह	मंगल
सांझ/भोर का तारा	शुक्र
पृथ्वी का बहिन	शुक्र

ग्रह

ग्रह	सूर्य की परिक्रमा अवधि	अपने अक्ष पर घूर्णन की अवधि	उपग्रह संख्या
बुध	88 दिन	58.6 दिन	0
शुक्र	224.7 दिन	243 दिन	0
पृथ्वी	365.26 दिन	23.9 घंटा	1
मंगल	687 दिन	24.6 घटा	2
बृहस्पति	11.9 वर्ष	9.9 घंटा	63
शनि	29.5 वर्ष	10.3 घंटा	60
अरुण	84.0 वर्ष	17.2 घंटा	27
वरुण	164.8 वर्ष	17.1 घंटा	13

वायुमंडल की संरचना

मंडल	ऊंचाई (किमी)	विशेष तथ्य
क्षोभमंडल	0-18	मौसमी घटनाएं होती हैं।
समतापमंडल	18-50	वायु परिवहन होता है तथा ओजोन परत पाई जाती है।
मध्यमंडल	50-80	ऊंचाई के साथ तापमान में गिरावट होती है।
आयनमंडल	80-640	विद्युत आवेशित कण पाए जाते हैं। रेडियो तरंगें इसी मंडल से वापस पृथ्वी पर लौटती हैं।
बाह्यमंडल	640 किमी से ऊपर	तापमान 5000°C होता है।

स्थानीय पवनें

स्थानीय पवन	संबंधित स्थल	स्थानीय पवन	संबंधित स्थल
फॉन	आल्पस पर्वत	बर्ग	दक्षिण अफ्रीका
चिनूक	उत्तरी अमेरिका	सिमूम	ईरान
मिस्ट्रल	फ्रांस	सांता आना	कैलिफोर्निया
सिरक्को	सहारा मरुस्थल	लू	भारत-पाकिस्तान

पृथ्वी पर जल वितरण

1. महासागर	97.25%
2. हिमनद	2.05%
3. भूमिगत जल	0.68%
4. नदियां एवं झीलें	0.02%

चट्टानों का रूपान्तरण

मूल चट्टान	रूपान्तरित चट्टान
शेल	स्लेट
चूना पत्थर	संगमरमर
चॉक तथा डोलोमाइट	संगमरमर
बलुआ पत्थर	क्वार्ट्जाइट
ग्रेनाइट	नीस
बेसाल्ट	सिस्ट
स्लेट	फाइलाइट
कांग्लोमरेट	क्वार्ट्जाइट

वायुमंडल में गैसों का वितरण

1. नाइट्रोजन	78.084%
2. ऑक्सीजन	20.94%
3. ऑर्गन	0.93%
4. कार्बन-डाइ-ऑक्साइड	0.031%
5. हाइड्रोजन	0.00005%

भारत के प्रमुख जलप्रपात

जलप्रपात	स्थिति	ऊंचाई (मी)
जोग या गरसोपा	शरावती नदी	255
येना	नर्मदा नदी	183
शिवसमुद्रम्	कावेरी नदी	90
गोकक	घटप्रभा नदी	55
ककोलत	ककोलत	160
धुआंधार	नर्मदा नदी	10
हुंडरू	स्वर्णरेखा नदी	74

भारत की स्थलीय सीमा से सटे देश

देश	सीमा (किमी)	देश	सीमा (किमी)
बांग्लादेश	4096	म्यांमार	1458
चीन	3917	भूटान	587
पाकिस्तान	3310	अफगानिस्तान	80
नेपाल	1752		

विश्व की प्रमुख सीमा रेखाएं

डुरंड रेखा	पाकिस्तान तथा अफगानिस्तान
हिंडेनवर्ग रेखा	जर्मनी तथा पोलैंड
49वां समानांतर रेखा	संयुक्त राज्य अमेरिका तथा कनाडा
मैक मोहन रेखा	भारत तथा तिब्बत/चीन
मैगीनोट रेखा	फ्रांस तथा जर्मनी
38वां समानांतर रेखा	उत्तरी तथा दक्षिणी कोरिया
ओडर-निसी रेखा	जर्मनी तथा पोलैंड
रेडक्लिफ रेखा	भारत तथा पाकिस्तान

भारत के सीमावर्ती राज्य

देश	सीमा पर स्थित भारतीय राज्य
पाकिस्तान	गुजरात, राजस्थान, पंजाब, जम्मू एवं कश्मीर
अफगानिस्तान	जम्मू एवं कश्मीर
चीन	जम्मू एवं कश्मीर, हिमाचल प्रदेश, उत्तराखंड, सिक्किम, अरुणाचल प्रदेश
नेपाल	उत्तर प्रदेश, बिहार, पश्चिम बंगाल सिक्किम, उत्तराखंड
भूटान	सिक्किम, पश्चिम बंगाल, असोम, अरुणाचल प्रदेश
बांग्लादेश	पश्चिम बंगाल, असम, मेघालय, त्रिपुरा, मिजोरम
म्यांमार	अरुणाचल प्रदेश, नागालैंड, मणिपुर, मिजोरम

भारत की प्रमुख नदियां

नदी	उद्गम स्थल	संगम/मुहाना	लंबाई(km)
गंगा	भागीरथी और अलकनंदा का संगम स्थल देवप्रयाग	बंगाल की	2525
ब्रह्मपुत्र	मानसरोवर झील के समीप स्थित चीमायुंगदुंग हिमानी	बंगाल की खाड़ी	2900
सतलज	मानसरोवर झील के पास राकसताल	चिनाब नदी	1050
रावी	कांगड़ा जिले में रोहतांग दर्रा	चिनाब नदी	720
व्यास	रोहतांग दर्रा	सतलज नदी	470
झेलम	बेरेनाग (जम्मू -कश्मीर) के पास शेषनाग झील	चिनाब नदी	725
चिनाब	बारालाचा दर्रा (लाहोल-स्पीति) ब्रह्मगिरी पहाड़ी	सिंधु नदी	1800
यमुना	बदरंपूंछ का पश्चिमी ढाल(यमुनोत्री हिमानी)	देवप्रयाग में गंगा नदी	1375
चम्बल	मध्य प्रदेश में महू के पास जनापाव पहाड़ी	यमुना नदी	1050
घाघरा	मत्सातुंग हिमानी	गंगा नदी	1080
गण्डक	नेपाल	गंगा नदी	425
कोसी	गोसाई थान चोट के उत्तर में	गंगा नदी	730
बेतवा	विन्ध्याचल पर्वत	यमुना नदी	480
सोन	अमरकण्टक की पहाड़ियां	गंगा नदी	780
कृष्णा	महाबलेश्वर के पास पश्चिमी घाट पहाड़	बंगाल की खाड़ी	1327
गोदावरी	नासिक (महाराष्ट्र) के दक्षिण-पश्चिम में 64 किमी दूर स्थित, त्र्यम्बक गांव की एक पहाड़ी	बंगाल की खाड़ी	1465
कावेरी	कर्नाटक के कुर्ग जिले में स्थित ब्रह्मगिरी पहाड़ी	बंगाल की खाड़ी	805
तुंगभद्रा	कर्नाटक में पश्चिम घाट पहाड़	कृष्णा नदी	640
पेन्नार	नन्दीदुर्ग पहाड़ी (कर्नाटक)	बंगाल की खाड़ी	570
महानदी	मध्य प्रदेश के रामपुर जिले में सिंहावा के समीप	बंगाल की खाड़ी (कटक	858
नर्मदा	विन्ध्याचल पर्वत श्रेणियों में स्थित अमरकण्टक स्थान	खम्भात की खाड़ी	1057
ताप्ती	बैतूल जिले (म.प्र.) के मुल्ताई नगर के पास	खम्भात की खाड़ी	724
माही	विंध्याचल पर्वत श्रेणी	खम्भात की खाड़ी	560
लूनी	अजमेर जिले में स्थित नाग पहाड़ (अरावली पर्वत)	कच्छ की खाड़ी	450
घग्घर	कालका के समीप हिमालय	हनुमानगढ़ (राजस्थान)	494
साबरमती	उदयपुर जिले का दक्षिण पश्चिमी भाग (अरावली पर्वत)	कच्छ का रन क्षेत्र	416

भारत के प्रमुख दर्रे

दर्रा	अवस्थिति
काराकोरम, जोजिला, बनिहाल बुर्जिल	जम्मू-कश्मीर
शिपकी ला, बड़ालाचा ला	हिमाचल प्रदेश
माना, लिपुलेख	उत्तराखंड
नाथू ला, जेलेप ला	सिक्किम
बोमडी ला, दिफू	अरुणाचल प्रदेश
थाल घाट, भोर घाट	महाराष्ट्र
पाल घाट	केरल

भारत की प्रमुख झीलें

झील	संबंधित राज्य	झील	संबंधित राज्य
डल	जम्मू एवं कश्मीर	पुलीकट	तमिलनाडु
वुलर	जम्मू एवं कश्मीर	लोकटक	मणिपुर
बैरीनाग	जम्मू एवं कश्मीर	शेषनाग	जम्मू एवं कश्मीर
राजसमंद	राजस्थान	अनंतनाग	जम्मू एवं कश्मीर
पिचला	राजस्थान	जयसमंद	राजस्थान
सांभर	राजस्थान	डीडवाना	राजस्थान
सातताल	उत्तराखंड	देवताल	उत्तराखण्ड
नैनीताल	उत्तराखंड	कोलेरू	आंध्र प्रदेश
राकसताल	उत्तराखंड	चिल्का	उड़ीसा
मालाताल	उत्तराखंड	लोनार	महाराष्ट्र
हुसैनसागर	आंध्र प्रदेश	बेम्बानाद	केरल

भारत की प्रमुख जनजातियां

जनजाति	राज्य	जनजाति	राज्य
बैगा, भुइयां, मुरिया	मध्य प्रदेश	खस	उत्तराखंड
बक्करवाल	जम्मू-कश्मीर	कूक	मणिपुर, असम
भोटिया	तराई हिमालय (उत्तराखंड, सिक्किम)	कोटा	तमिलनाडु
चेंचू	आंध्र प्रदेश	लेप्चा	सिक्किम
अंगामी, एओ	नागालैंड	मिकिर	असोम
अपतनी	अरुणाचल प्रदेश	टोडा	नीलगिरि पहाड़ियां
बड़गा	हिमाचल प्रदेश	मोपला	केरल
इरुला	तमिलनाडु	मुण्डा	झारखंड, प. बंगाल
जारवा	अंडमान और निकोबार द्वीप	गोण्ड	मध्य प्रदेश झारखंड

नदियों के किनारे बसे प्रमुख नगर

नगर	नदी	नगर	नदी
अहमदाबाद	साबरमती	नासिक	गोदावरी
कोलकाता	हुगली	उज्जैन	क्षिप्रा
गुवाहाटी	ब्रह्मपुत्र	श्रीनगर	झेलम
जबलपुर	नर्मदा	तिरुचिरापल्ली	कावेरी
मदुरै	बैगाई	डिब्रूगढ़	ब्रह्मपुत्र
पणजी	माण्डवी	कोटा	चम्बल
पुणे	मूठा	बद्रीनाथ	अलकनन्दा
सूरत	ताप्ती/तापी	लखनऊ	गोमती
अयोध्या	सरयू	श्रीरंगपट्टनम	कावेरी
पंढरपुर	भीमा	अजमेर	लूनी
हैदराबाद	मूसी		

- वे उद्योग जो अन्य उद्योगों के लिए कच्चे माल का उत्पादन करते हैं क्या कहलाते हैं **-मूलभूत उद्योग**
- वर्तमान में कौन-सा उद्योग वैश्विक स्तर पर आधारभूत उद्योग माना जाता है **-लौह-इस्पात उद्योग**
- उद्योग धन्धे किस प्रकार की मानवीय आर्थिक क्रिया के अंतर्गत आते हैं **-द्वितीयक**
- वे उद्योग जो स्थानीय कच्चे मालों का उपयोग करते हैं कौन-से उद्योग कहलाते हैं **-कुटीर उद्योग**
- कौन-सा उद्योग 'विकास उद्योग' के नाम से जाना जाता है **-मोटरगाड़ी निर्माण उद्योग**
- भारत का सबसे संगठित उद्योग कौन-सा है **-सूती वस्त्र उद्योग**
- किस देश ने सर्वप्रथम कागज बनाना प्रारम्भ किया **-चीन**
- उद्योगों के स्थानीयकरण हेतु 'आइसोडोपन' शब्द का प्रयोग किसने किया **-वेबर ने**
- उद्योगों के स्थानीयकरण का प्रतिरूप किसने प्रतिपादित किया **-वेबर ने**
- फूट लूज उद्योग कौन-सा उद्योग है **-इलेक्ट्रॉनिक उद्योग**
- किस देश का लौह-इस्पात उद्योग कोयले पर आधारित है **-फ्रांस**
- एल्युमीनियम उद्योग के स्थानीयकरण का आधार क्या है **-विद्युत की सुविधा**
- विश्व में अखबारी कागज का सबसे बड़ा उत्पादक देश कौन-सा है **-कनाडा**

भारत की प्रमुख नदी-घाटी परियोजनाएं

बहुउद्देशीय परियोजना	राज्य	नदी
भीमा	महाराष्ट्र	पावना एवं कृष्णा
हीराकुड जल विद्युत	उड़ीसा	महानदी (परियोजना पर विश्व का सबसे लम्बा बांध 4801 मी)
सरदार सरोवर परियोजना	मध्य प्रदेश, महाराष्ट्र, राजस्थान, गुजरात	नर्मदा (इसका जलाशय **इंदिरा सागर** है तथा यह भारत की सबसे बड़ी मानव निर्मित झील है।)
नर्मदा सागर	मध्य प्रदेश	नर्मदा
चूखा जलविद्युत	भारत, भूटान	वांग्चू
इंदिरा गांधी नहर परियोजना	राजस्थान, पंजाब, हरियाणा	रावी, व्यास, सतलज
फरक्का परियोजना	प. बंगाल	गंगा (यह परियोजना कोलकाता बंदरगाह से कीचड़ हटाने व हुगली नदी के जल का खारापन दूर करने के काम में भी आती है।)
दामोदर घाटी परियोजना	प. बंगाल व झारखंड	दामोदर नदी [यह अमेरिका की टेनेसी घाटी परियोजना पर आधारित है]
इडुक्की	केरल	पेरियार नदी
थीन बांध	पंजाब	रावी नदी
भाखड़ा नांगल बांध	हरियाणा, हिमाचल प्रदेश राजस्थान	सतलज नदी (विश्व का दूसरा, सबसे ऊंचा बांध, 226 मी एवं इसका जलाशय गोविंद सागर झील है।)
तुलबुल	जम्मू-कश्मीर	झेलम नदी
टनकपुर बांध	भारत, नेपाल	महाकाली नदी (भारत)
सलाल पनबिजली	जम्मू-कश्मीर	चिनाब
पोचम्पाद	आंध्रप्रदेश	गोदावरी
कोसी	बिहार	कोसी
सोन परियोजना	बिहार	सोन
काकरापार	गुजरात(सूरत)	ताप्ती
उकाई (उकी)	गुजरात	ताप्ती
माही परियोजना	गुजरात	माही
साबरमती	गुजरात	साबरमती
गांधी सागर	मध्य प्रदेश	चम्बल
राणा प्रताप सागर	राजस्थान	चम्बल
जवाहर सागर	राजस्थान	चम्बल
रिहन्द परियोजना	उत्तर प्रदेश	रिहन्द (सोन की सहायक) इसका जलाशय गोविंद बल्लभ पंत सागर है।
शारदा प्रोजेक्ट	उत्तर प्रदेश	घाघरा-शारदा
माताटीला बांध	उत्तर प्रदेश	बेतवा
टिहरी बांध	उत्तराखंड	भागीरथी
नागार्जुन सागर	आंध्रप्रदेश	कृष्णा
तुंगभद्रा	आंध्रप्रदेश, कर्नाटक	तुंगभद्रा
निजाम सागर	आंध्रप्रदेश	तुंगभद्रा
शिवसमुद्रम	कर्नाटक	कावेरी (भारत का सबसे पुराना)

भारत के प्रमुख जलवायु प्रदेश

जलवायु	संबंधित क्षेत्र
लघु शुष्क ऋतु वाली	मालाबारतट, कोंकणतट, अण्डमान और निकोबारद्वीप समूह
उष्ण कटिबंधीय सवाना	मालाबार एवं कोरोमण्डल तट को छोड़कर प्रायद्वीपीय पठार
शुष्क ऋतु वाली मानसूनी जलवायु	पूर्वी तमिलनाडु, आंध्र प्रदेश का दक्षिण-पूर्वी भाग
अर्द्ध शुष्क स्टेपी	मध्यवर्ती राजस्थान, पश्चिमी पंजाब, हरियाणा
उष्ण मरुस्थलीय	राजस्थान का पश्चिमी क्षेत्र, उत्तरी गुजरात, दक्षिणी हरियाणा
शुष्क शीत मानसूनी	उत्तर का मैदान, असम
टुण्ड्रा जलवायु	कश्मीर, लद्दाख, उत्तरी हिमाचल
ध्रुवीय जलवायु	हिमालय पर 5000 मी से अधिक ऊंचाई पर

भारत में मृदा-फसल वितरण

मृदा	फसल
काली मृदा	कपास, गन्ना, तम्बाकू, तिहलन
जलोढ़ मृदा	चावल, गेहूं, दलहन, सब्जियां
लैटराइट मृदा	कॉफी, रबर, काजू, टैपियोका, रागी
लाल-पीली मृदा	चावल, रागी, तम्बाकू, मूंगफली
मरुस्थलीय मृदा	ज्वार, बाजरा, चना, जूट

भारत के प्रमुख राष्ट्रीय उद्यान एवं अभयारण्य

उद्यान/अभयारण्य	स्थान
काजीरंगा उद्यान (एक सींग वाला गैंडा हेतु प्रसिद्ध)	जोरहाट (असोम)
मानस वन्य जीव अभ्यारण्य	बारपेट (असोम)
नामदफा	तिरप (अरुणाचलप्रदेश)
पक्कुई वन्य जीव अभ्यारण्य	कामेंग (अरुणाचलप्रदेश)
चन्द्रप्रभा अभ्यारण्य	वाराणसी (उत्तर प्रदेश)
दुधवा राष्ट्रीय उद्यान	लखीमपुर खीरी (उ.प्र.)
जिम कार्बेट राष्ट्रीय उद्यान	नैनीताल (उत्तराखंड)
मालन पशु विहार	पौड़ी-गढ़वाल(उत्तराखंड)
गोविन्द पशु विहार	उत्तरकाशी (उत्तराखंड)
सिमिलीपाल	मयूरगंज (ओडिशा)
वेदान्तगल पक्षी विहार	चिंगलपेट (तमिलनाडु)
बान्दीपुर राष्ट्रीय उद्यान	बान्दीपुर (कर्नाटक)
शरावती घाटी	शिमोगा (कर्नाटक)
रंगाथिट्टू पक्षी विहार	मैसूर (कर्नाटक)
भद्रा अभयारण्य	चिकमंगलूर (कर्नाटक)
नागरहोल राष्ट्रीय उद्यान	दुर्ग (कर्नाटक)
सोमेश्वर	कनारा (कर्नाटक)
तुंगभद्रा	बेलारी (कर्नाटक)
पेरियार (हाथी हेतु प्रसिद्ध)	इडुक्की (केरल)
गिर राष्ट्रीय उद्यान (एशियाई शेर हेतु प्रसिद्ध)	जूनागढ़ (गुजरात)
दचिग्राम अभ्यारण्य	श्रीनगर (जम्मू-कश्मीर)
जलदापारा	जलपाईगुड़ी (पं. बंगाल)
सुन्दरवन टाइगर रिजर्व	चौबीस परगना(पं. बंगाल)
भीमबांध अभ्यारण्य	मुंगेर (बिहार)
गौतम बुद्ध	गया (बिहार)
राजगीर अभ्यारण्य	राजगीर (बिहार)
तोपचांची अभ्यारण्य	धनबाद (झारखंड)
लावालोंग अभ्यारण्य	हजारीबाग (झारखंड)
डालमा	सिंहभूम (झारखंड)
बेतला वन्य जीव अभ्यारण्य	डाल्टनगंज (झारखंड)
पंचमढ़ी (माधव राष्ट्रीय उद्यान)	होशंगाबाद (मध्यप्रदेश)
बोरी अभ्यारण्य	होशंगाबाद (मध्यप्रदेश)
कान्हा-किसली राष्ट्रीय उद्यान	बालाघाट (मध्यप्रदेश)
गांधीसागर	मन्दसौर (मध्यप्रदेश)
बांधवगढ़ राष्ट्रीय उद्यान	शहडोल (मध्यप्रदेश)
फासिल राष्ट्रीय उद्यान	मण्डला (मध्यप्रदेश)
पन्ना राष्ट्रीय उद्यान	पन्ना (मध्यप्रदेश)
सतपुड़ा राष्ट्रीय उद्यान	होशंगाबाद (मध्यप्रदेश)
इन्द्रावती राष्ट्रीय उद्यान	बस्तर (छत्तीसगढ़)
बादलखोल	रायगढ़ (छत्तीसगढ़)
उदयन्ती	रायपुर (छत्तीसगढ़)
सीतानाती	रायपुर (छत्तीसगढ़)
तमोइ पिंगला	सरगुजा (छत्तीसगढ़)
संजय राष्ट्रीय उद्यान	सरगुजा (छत्तीसगढ़)
बोरीवली राष्ट्रीय उद्यान	मुम्बई (महाराष्ट्र)
पेंच राष्ट्रीय उद्यान	नागपुर (महाराष्ट्र)
रणथम्भौर व टाइगर प्रोजेक्ट	सवाई माधोपुर (राजस्थान)
सरिस्का	अलवर (राजस्थान)
केवलादेव घाना पक्षी विहार	भरतपुर (राजस्थान)
रोहला राष्ट्रीय उद्यान	कुल्लू (हिमाचल प्रदेश)
रास आइलैंड राष्ट्रीय उद्यान	रास द्वीप (अण्डमान और निकोबार द्वीप समूह)

संस्थान	स्थान
केंद्रीय रेशम अनुसंधान	मैसूर एवं ब्रह्मपुत्र
केंद्रीय ईरी रेशम अनुसंधान	मेन्दी पाथर(मेघालय)
केंद्रीय टसर अनुसंधान	राँची (झारखंड)

भारत में सिंचाई (क्रमानुसार)

1. नलकूप (सर्वाधिक) 2. नहर
3. अन्य स्रोत 4. तालाब

सर्वाधिक सिंचित राज्य (क्रमानुसार)

1. उत्तर प्रदेश 2. मध्य प्रदेश,
3. राजस्थान 4. गुजरात

भारत में मृदा

मृदा	प्रदेश
जलोढ़ मृदा	गंगा का मैदान, असोम घाटी, गुजरात, पश्चिम तटीय मैदान
काली (रेगुर) मृदा	विदर्भ, पश्चिमी म. प्र., उत्तरी कर्नाटक, तमिलनाडु, बुंदेलखंड
लाल-पीली मृदा	मध्य प्रदेश, दक्षिणी उत्तर प्रदेश, नागपुर पठार, मेघालय पठार
लैटराइट मृदा	तमिलनाडु, केरल, कर्नाटक, ओडिशा, असोम के पहाड़ी क्षेत्र
पीट मृदा	उ. बिहार, ओडिशा, तमिलनाडु
मरुस्थलीय मृदा	पश्चिमी राजस्थान, उत्तरी गुजरात, दक्षिणी हरियाणा

भारत में प्रमुख फसल उत्पादक राज्य

फसल	राज्य (घटते क्रम में)
चावल	पश्चिम बंगाल, उत्तर प्रदेश, आंध्र प्रदेश
गेहूं	उत्तर प्रदेश, पंजाब, हरियाणा
तिलहन	राजस्थान, मध्य प्रदेश, महाराष्ट्र
मक्का	आंध्र प्रदेश, कर्नाटक, राजस्थान
खाद्यान्न	उत्तर प्रदेश, पंजाब, आंध्र प्रदेश
सरसों	राजस्थान, उत्तर प्रदेश, हरियाणा
गन्ना	उत्तर प्रदेश, महाराष्ट्र, तमिलनाडु
कपास	गुजरात, महाराष्ट्र, आंध्र प्रदेश
दलहन	महाराष्ट्र, मध्य प्रदेश, आंध प्रदेश

भारत के प्रमुख खनिज संसाधन

खनिज	प्राप्ति स्थल
एल्युमीनियम	मध्य प्रदेश, पश्चिम बंग, महाराष्ट्र
बॉक्साइट	झारखंड, बिहार, ओडिशा आंध्र प्रदेश
क्रोमाइट	कर्नाटक, महाराष्ट्र, झारखंड
कोयला	पश्चिम बंग (रानीगंज), झरिया, बोकारो, कर्णपुरा (झारखंड), महाराष्ट्र, ओडिशा, मध्य प्रदेश
कोबाल्ट	राजस्थान, केरल
तांबा	झारखंड, राजस्थान, सिक्किम, कर्नाटक
हीरा	पन्ना (मध्य प्रदेश), बांदा (उत्तर प्रदेश)
सोना	कोलार, हट्टी (कर्नाटक)
लौह-अयस्क	झारखंड, ओडिशा, गोवा, कर्नाटक
मैंगनीज	महाराष्ट्र, गोवा, मध्य प्रदेश
अभ्रक	झारखंड, तमिलनाडु
टिन	हजारीबाग (झारखंड)
थोरियम	केरल

प्रमुख राष्ट्रीय राजमार्ग

राष्ट्रीय राजमार्ग	कहां से कहां तक	कुल लंबाई (किमी)
राष्ट्रीय राजमार्ग-1	दिल्ली-पाक सीमा	1226
राष्ट्रीय राजमार्ग-2	दिल्ली-कोलकाता	1490
राष्ट्रीय राजमार्ग-3	आगरा-मुंबई	1161
राष्ट्रीय राजमार्ग-4	मुंबई-चेन्नई	1415
राष्ट्रीय राजमार्ग-5	कोलकाता-चेन्नई	1610
राष्ट्रीय राजमार्ग-6	कोलकाता-मुंबई	1945
राष्ट्रीय राजमार्ग-7	वाराणसी-कन्याकुमारी	2369
राष्ट्रीय राजमार्ग-8	दिल्ली-जयपुर-मुंबई	2058

भारत की प्रमुख एल्युमिनियम कंपनी

कंपनी	सहायक देश	प्रमुख केंद्र
बाल्को	सोवियत संघ	कोरबा एवं कोयना
नाल्को	फ्रांस	दामनजोड़ी (ओडिशा)
हिंडाल्को	यू.एस.ए.	रेणुकूट (उ.प्र.)
इंडाल्को	कनाडा	जे.के.नगर, मूरी, अल्वाय
माल्को	इटली	चेन्नई, मेट्टूर, सेलम

भारत के रेलमंडल एवं उनके मुख्यालय

मंडल	मुख्यालय
मध्य रेलवे	मुंबई वी.टी
पूर्वी रेलवे	कोलकाता
उत्तर रेलवे	नई दिल्ली
पूर्वोत्तर रेलवे	गोरखपुर
पूर्वोत्तर सीमांत रेलवे	मालीगांव, गुवाहाटी
दक्षिण रेलवे	चेन्नई
दक्षिण-मध्य रेलवे	सिकंदराबाद
दक्षिण-पूर्वी रेलवे	कोलकाता
पश्चिमी रेलवे	मुंबई चर्च गेट
पूर्वी-मध्य रेलवे	हाजीपुर
उत्तर-पश्चिम रेलवे	जयपुर
पूर्वी तटीय रेलवे	भुवनेश्वर
उत्तर-मध्य रेलवे	इलाहाबाद
दक्षिण-पूर्व-मध्य रेलवे	बिलासपुर
दक्षिण-पश्चिम रेलवे	हुबली
पश्चिम-मध्य रेलवे	जबलपुर
कोलकाता मेट्रो	कोलकाता

भारत के शहरों व राज्यों के भौगोलिक उपनाम

उपनाम	वास्तविक नाम
भारत का मैनचेस्टर	अहमदाबाद
बिहार का शोक	कोसी नदी
राजस्थान का हृदय	अजमेर
पांच नदियों की भूमि	पंजाब
भारत का हॉलीवुड	मुंबई
राजस्थान का गौरव	चित्तौड़गढ़
ब्लू माउण्टेंस	नीलगिरि की पहाड़ियां
इस्पात नगरी	जमशेदपुर
धान का कटोरा	छत्तीसगढ़
बंगाल का शोक	दामोदर नदी
पर्वतों की रानी	मसूरी
फलों की डलिया	हिमाचल प्रदेश
भारत का प्रवेश द्वार	मुंबई
समुद्र-पुत्र	लक्षद्वीप
कर्नाटक का रत्न	मैसूर
भारत का बगीचा	बंगलुरु
दक्षिण का कश्मीर	केरल
त्योहारों का नगर	मदुरै
भारत का मसालों का बगीचा	केरल

देश के प्रमुख अंतर्राष्ट्रीय हवाई अड्डे

नाम	स्थान
छत्रपति शिवाजी अंतर्राष्ट्रीय हवाई अड्डा (सांताक्रूज)	मुंबई
सुभाषचन्द्र बोस हवाई अड्डा (दमदम)	कोलकाता
इंदिरा गांधी अंतर्राष्ट्रीय हवाई अड्डा	दिल्ली
मीनाम्बकम अंतर्राष्ट्रीय हवाई अड्डा	चेन्नई
तिरुअनन्तपुरम अंतर्राष्ट्रीय हवाई अड्डा	तिरुअनन्तपुरम
अमृतसर अंतर्राष्ट्रीय हवाई अड्डा	अमृतसर
बेगमपेट अंतर्राष्ट्रीय हवाई अड्डा	हैदराबाद
कोच्चि अंतर्राष्ट्रीय हवाई अड्डा	कोच्चि
लोकप्रिय गोपीनाथ बोरडोलियो अंतर्राष्ट्रीय हवाई अड्डा	गुवाहाटी
गोवा अंतर्राष्ट्रीय हवाई अड्डा	गोवा
बंगलुर अंतर्राष्ट्रीय हवाई अड्डा	बंगलुरु
सरदार वल्लभभाई पटेल अंतराष्ट्रीय हवाई अड्डा	अहमदाबाद

प्रकार	पटरियों की चौड़ाई
ब्रॉड गेज	1.676 मी
मीटर गेज	1.00 मी
नैरो गेज	0.7610 मी

राष्ट्रीय जलमार्ग

जलमार्ग	लम्बाई	विस्तार	नदी
एन डब्ल्यू-1	1620 किमी	इलाहाबाद से हल्दिया तक	गंगा,भागीरथी हुगली
एन डब्ल्यू-2	891 किमी	सादिया से धुबरी पट्टी तक	ब्रह्मपुत्र
एन डब्ल्यू-3	205 किमी	कोल्लम से कोट्टापुरम तक	चम्पाक्कारा उद्योग मण्डल नहर
एन डब्ल्यू-4	1095 किमी	काकीनाडा से पुडुचेरी तक	कृष्णा-गोदावरी
एन डब्ल्यू-5	623 किमी	तालचर-धमारा	ब्रम्हाणी

भारत में स्थानान्तरित कृषि

स्थानान्तरित कृषि	राज्य
पोंडू	आंध्र प्रदेश
कुमारी	पश्चिमी केरल
कमान, विंगा, धावी	ओडिशा
बन्त्रा	दक्षिणी-पूर्वी राजस्थान
जारा, एरका	दक्षिण भारत
झूम	उत्तर-पूर्वी भारत
वेषार, डहिवार, दीपा	मध्य प्रदेश

भारत के प्रमुख बंदरगाह

पश्चिमी तट	पूर्वी तट
कांडला (मुक्त व्यापार क्षेत्र स्थापित)	पारादीप (जापान को लौह निर्यात)
मुंबई (सबसे बड़ा व व्यस्त)	विशाखापत्तनम (सबसे गहरा बंदरगाह)
जवाहरलाल नेहरू (अत्याधुनिक)	एन्नौर (निजी क्षेत्र का आधुनिक बंदरगाह)
मार्मागोआ	तूतीकोरिन (सुदूरतम दक्षिण बंदरगाह)
मंगलौर (कुद्रेमुख लौह अयस्क निर्यात)	पोर्ट ब्लेयर (भौगोलिक दृष्टि से महत्त्वपूर्ण)
कोचीन (प्राकृतिक बंदरगाह)	

कुटीर उद्योग बोर्ड	1948
केंद्रीय सिल्क बोर्ड	1949
अखिल भारतीय हथकरघा बोर्ड	1950
अखिल भारतीय खादी एवं ग्रामोद्योग बोर्ड	1954
अखिल भारतीय हस्तकला बोर्ड	1953
लघु उद्योग बोर्ड	1954
केंद्रीय विक्रय संगठन (चेन्नई)	1958

विभिन्न प्रकार की कृषि विधियां

सेरीकल्चर	रेशमकीट पालन
एपिकल्चर	मधुमक्खी पालन
पिसीकल्चर	मत्स्य पालन
फ्लोरीकल्चर	फूलों का उत्पादन
विटीकल्चर	अंगूर की खेती
वर्मीकल्चर	केंचुआ पालन
पोमोकल्चर	फलों का उत्पादन
ओलेरीकल्चर	सब्जियों का उत्पादन
हॉर्टीकल्चर	बागवानी
एरोपोर्टिक	हवा में पौधों को उगाना

हरित क्रांति	खाद्यान्न उत्पादन
श्वेत क्रांति	दुग्ध उत्पादन
नीली क्रांति	मत्स्य उत्पादन
भूरी क्रांति	उर्वरक उत्पादन
रजत क्रांति	अंडा उत्पादन
पीली क्रांति	तिलहन उत्पादन
कृष्ण क्रांति	बायोडीजल उत्पादन
लाल क्रांति	टमाटर/मांस उत्पादन
गुलाबी क्रांति	झींगामछली उत्पादन
बादामी क्रांति	मासाला उत्पादन

विश्व प्रमुख सागर

सागर	क्षेत्रफल (वर्ग किमी में)	गहराई (मी में)
दक्षिणी चीन सागर	81,42,960	1200
कैरीबियन सागर	27,53,000	2,400
भूमध्य सागर	25,03,000	1,485
बेरिंग सागर	22,68,180	1,400
पूर्व चीन सागर	12,49,150	188
अण्डमान सागर	7,97,720	865
ओखेटस्क सागर	15,27,570	840

विश्व प्रमुख गर्त

गर्त	गहराई	स्थिति
चैलेन्जर/मेरियाना	11,022	प्रशांत महासागर
टोंगा गर्त	9,000	प्रशांत महासागर
मिंडनाओ गर्त	10,500	प्रशांत महासागर
प्यूर्स्टोरिको गर्त	8.392	अटलांटिक महासागर
रोमशे	7,254	अटलांटिक महासागर
सुण्डा	8,152	हिन्द महासागर

विश्व प्रमुख पर्वत

पर्वत	स्थिति	सर्वोच्च चोटी	ऊंचाईM
हिमालय	एशिया	माउंट एवरेस्ट	8848
एण्डीज	द. अमेरिका	अकांकागुआ	6960
रॉकी	उ. अमेरिका	माउंड एल्बर्ट	4400
काराकोरम	एशिया	गॉडविन ऑस्टिन K_2	8611
ग्रेट डिवाइडिंग रेंज	ऑस्ट्रेलिया	माउंट कोसिस्को	2228
यूराल	रूस	नैरोडनाया	1894
एटलस	अफ्रीका	टाउब्काल	4165
आल्पस	यूरोप	माउंट ब्लैक	4807
अलास्का श्रेणी	अलास्का	माउंट मेकिन्ले	6194
काकेशस श्रेणी	यूरोप	एलब्रुश	5633

विश्व महाद्वीप

महाद्वीप	क्षेत्रफल (% में)	महाद्वीप	क्षेत्रफल (% में)
एशिया	29.5	अंटार्कटिका	9.6
अफ्रीका	20.0	यूरोप	6.5
उत्तरी अमेरिका	16.3	ऑस्ट्रेलिया	5.2
दक्षिणी अमेरिका	11.8		

विश्व प्रमुख नदियां

नदी	उद्गम स्थान	गिरने का स्थान	लंबाई किमी
नील	विक्टोरिया झील	भूमध्य सागर	6650
अमेजन	एण्डीज पर्वत (पेरू)	अटलांटिक महासागर	6428
यांग्टिसीक्यांग	तिब्बत पठार	चीन सागर	6300
मिसीसिपी-मिसौरी	इतास्का झील (यू.एस.ए.)	मैक्सिको की खाड़ी	6275
यनीसी	तानुओला पर्वत	आर्कटिक सागर	5539
ह्वांगहो	कुनलुन पर्वत	चीन की खाड़ी	5464
ओबे	अल्टाई पर्वत रूस	ओब की खाड़ी	5410
कांगो	लुआलिया और लआपुला नदी का संगम	अटलांटिक महासागर	4700
लीना	बैकाल पर्वत	लाप्टेव सागर	4400
मीकांग	तिब्बत पठार	द. चीन सागर	4350

विश्व के प्रमुख ज्वालामुखी

ज्वालामुखी	देश/स्थल
कोटोपेक्सी	इक्वेडोर
पोपोकैटेपिटल	मैक्सिको
मोनालोआ	अमेरिका (हवाई द्वीप)
इरेबस	अण्टार्कटिका
एटना	इटली (सिसली)
सेण्ट हेलेन्स	अमेरिका
विसूवियस	इटील (नैपल्स खाड़ी)
किलाउया	हवाई द्वीप
स्ट्राम्बोली	आइसलैण्ड (भूमध्य सागर)
क्राकाटोओ	इण्डोनेशिया

विश्व प्रमुख द्वीप

द्वीप	क्षेत्रफल (वर्ग किमी)	स्थिति
ग्रीनलैण्ड	27,75,000	आर्कटिक महासागर
न्यू गिनी	7,89,900	प. प्रशांत महासागर
बोर्नियो	7,51,0000	हिन्द महासागर
मेडागास्कर	5,87,041	हिन्द महासागर
बैफिन द्वीप	5,07,451	उ. ध्रुव महासागर
सुमात्रा	4,22,200	हिन्द महासागर
होन्शू	2,30,092	उ.-प. प्रशांत महासागर

प्रमुख भौगोलिक खोजें

अन्वेषक	खोज
आर. एमण्डसन (नार्वे)	दक्षिणी ध्रुव पर पहुंचने वाला प्रथम व्यक्ति (1911 ई.)
रॉबर्ट पियरी (अमेरिका)	उत्तरी ध्रुव की खोज (1909 ई.)
क्रिस्टोफर कोलम्बस	पश्चिमी द्वीप समूह (1492 ई.) दक्षिणी अमेरिका (1498 ई.)
कैप्टन कुक	हवाई द्वीप समूह (1770 ई.)
कोपरनिकस (पोलैण्ड)	सौरमंडल (1540 ई.)
फर्नेण्डीज डी लैसेप्स	स्वेज नहर का निर्माण (1869 ई.)
केपलर (जर्मन)	ग्रहों का गति-नियम (1600 ई.)
मैगलन	विश्व का भ्रमण, अटलांटिक के द. से प्रशांत महासागर की खोज (1519 ई.)
वास्कोडिगामा (पुतर्गाल)	केप ऑफ गुड होप होकर भारत आगमन (1498 ई.)

प्रचलित भौगोलिक उपनाम

उपनाम	देश/स्थान
हाथियों का देश	लाओस
मध्यरात्रि का सूर्य	नॉर्वे
पैगोडा का देश	म्यांमार (बर्मा)
झीलों का देश	फिनलैण्ड
चीनी का कटोरा	क्यूबा
यूरोप का हृदय	स्विट्जरलैण्ड
नहरों का नगर	वेनिस
भूमध्य सागर की कुंजी	जिब्राल्टर
अन्ध महाद्वीप	अफ्रीका
पूरब का मोती	सिंगापुर
सूर्योदय का देश	जापान
पवित्र भूमि	येरूशलम
कंगारुओं का देश	ऑस्ट्रेलिया
आइलैण्ड ऑफ पर्ल्स	बहरीन
स्वर्णिम द्वार का शहर	सेन फ्रांसिस्को
दक्षिण का ब्रिटेन	न्यूजीलैण्ड
यूरोप का स्वर्ग	स्विट्जरलैण्ड
दुनिया की छत	पामीर का पठार
सात पर्वतों का नगर	रोम
पिरामिड का देश	मिस्त्र
निषिद्ध शहर	ल्हासा (तिब्बत)

विश्व प्रमुख झीलें

झील	क्षेत्रफल (वर्ग किमी)	अधिकतम गहराई (मी)	स्थिति/देश
कैस्पियन सागर	3,71,000	980	पूर्वी यूरोपीय देश तथा ईरान
सुपीरियर झील	82,350	406	कनाडा तथा अमेरिका
विक्टोरिया (न्यासा)	69,500	80	युगाण्डा, तंजानिया तथा कीनिया
अरल सागर	65,500	68	रूस
छाड्न झील	59,600	228	कनाडा, सं.रा. अमेरिका
मिशिगन	58,000	281	यूएसए
टेंगानिका झील	32,900	1,435	कांगो, तंजानिया, जाम्बिया तथा जैरे
ग्रेट बैरियर	31,800	82	कनाडा
बैकाल	30,500	1,940	रूस
मलावी झील (न्यासा झील)	29,600	678	मलावी तथा मोजाम्बिक

विश्व प्रमुख मरुस्थल

मरुस्थल	क्षेत्रफल (वर्ग किमी)	देश
सहारा	84,00,000	अल्जीरिया, चाड, लीबिया, माली, मॉरीटानिया, नाइजर, सूडान, ट्यूनीशिया, मिस्त्र, मोरक्को
ऑस्ट्रेलिया	15,50,000	ऑस्ट्रेलिया
अरब	13,00,000	स. अरब, यमन, सीरिया
गोबी	10,40,000	मंगोलिया, चीन
कालाहारी	5,20,000	बोत्सवाना
तकलामकान	3,20,000	सीक्यांग (चीन)
नामीब	3,10,000	नामीबिया
काराकुम	2,70,000	तुर्कमेनिस्तान
थार	2,60,000	भारत, पाकिस्तान
अटाकामा	1,80,000	उत्तरी चिली

नदियों के किनारे बसे प्रमुख नगर

नगर	नदी
लंदन (इंग्लैंड)	टेम्स
बर्लिन (जर्मनी)	स्प्री
मास्को (रूस)	मोस्कोवा
विएना (ऑस्ट्रिया)	डेन्यूब
लिस्बन (पुर्तगाल)	लीफें
लेनिनग्राड (रूस)	नेवा
बुडापेस्ट (हंगरी)	डेन्यूब
बेलग्रेड (यूगोस्लाविया)	डेन्यूब
वारसा (पोलैण्ड)	विस्टुला
रोम (इटली)	टाइबर
पेरिस (फ्रांस)	सीन
स्टालिनग्राड (रूस)	वोल्गा
मैड्रिड (स्पेन)	मैन्जनियर
बगदाद (इराक)	टिगरिस
खारतूम (सूडान)	नील
अंकारा (टर्की)	किजिल
क्यूबेक (कनाडा)	सेन्ट लॉरेन्स
काहिरा (मिस्त्र)	नील
पर्थ (ऑस्ट्रेलिया)	स्वान
टोक्यो (जापान)	अराकाव
ओटावा (कनाडा)	सेन्ट लॉरेन्स
सिडनी (ऑस्ट्रेलिया)	डार्लिंग
मॉण्ट्रियल (कनाडा)	सेन्ट लॉरेन्स
न्यूयॉर्क (सं. रा. अमेरिका)	हडसन
वाशिंगटन (सं. रा. अमेरिका)	पोटोमेक
कराची (पाकिस्तान)	सिन्धु
लाहौर (पाकिस्तान)	रावी
काबुल (अफगानिस्तान)	काबुल
शंघाई (चीन)	यांग्टिसीक्यांग
चटगांव (बांग्लादेश)	मैथनी
ब्यूनस आयर्स (अर्जेण्टीना)	लाप्लाटा

विश्व प्रमुख नहरें

नहर	लम्बाई (किमी)	संधि स्थल
स्वेज नहर	169	भूमध्य सागर एवं लाल सागर
पनामा नहर	58	अटलांटिक एवं प्रशांत महसागर
कील नहर	98	उत्तरी एवं बाल्टिक सागर
ईरी नहर	584	ईरी झील एवं मिशीगन झील
सू नहर	–	सुपीरियर झील एवं ह्यूरन झील
वेलैण्ड नहर	-	ओण्टारियो
गोटा नगर	-	स्टाकहोम गुटेनवर्ग

विश्व प्रमुख घास के मैदान

घास के मैदान	संबंधित देश	घास के मैदान	संबंधित देश
पम्पास	अर्जेन्टीना	डाउन्स	ऑस्ट्रेलिया
प्रेयरी	अमेरिका	केन्टरबरी	न्यूजीलैण्ड
वेल्ड	दक्षिण अफ्रीका	स्टेपी	यूरेशिया

प्रमुख देशों में स्थानान्तरित कृषि

कृषि	देश
चेन्ना	श्रीलंका
हुमा	जावा
कैगिन	फिलीपीन्स
लहांग	इंडोनेशिया एवं मलेशिया
रोका	ब्राजील
तमाराई	थाइलैंड
कोनुको	वेनेजुएला

विश्व प्रमुख जलप्रपात

जलप्रपात	देश	ऊंचाई(फुट)
एंजिल	वेनेजुएला	2,648
क्यूकेनामा	वेनेजुएला	2,000
रिबन	सं.रा.अमेरिका	1,612
अपर योंजमाइट	सं.रा.अमेरिका	1,430
टुगेला	दक्षिण अफ्रीका	1,350

प्रमुख नगरों/स्थलों के परिवर्तित नाम

प्राचीन	नवीन	प्राचीन	नवीन
अबीसीनिया	इथियोपिया	पर्शिया	ईरान
कम्पूचिया	कम्बोडिया	बर्मा	म्यांमार
ब्रिटिश गुयाना	गुयाना	निप्पन	जापान
फारमोसा	ताइवान	मलाया	मलेशिया
नॉर्दन रोडेशिया	जाम्बिया	सिलोन	श्रीलंका
द.प.अफ्रीका	नामीबिया	सैण्डविच द्वीप	हवाई द्वीप
जायर	कांगो	सैलिसबरी	हरारे
डच ईस्ट इण्डीज	इण्डोनेशिया	स्याम	थाइलैण्ड
गोल्ड कोस्ट	घाना	हॉलैण्ड	नीदरलैण्ड
पीकिंग	बीजिंग	सुवर्ण दीप	जावा
सेण्ट पीट्सबर्ग	लेनिनग्राद	मेसोपोटामिया	इराक

भारतीय राजव्यवस्था

*संविधान सभा का गठन हुआ था - **कैबिनेट मिशन (1946) की सिफारिश पर**

*भारतीय संविधान के निर्माण में लगा समय था - **2 वर्ष 11 माह तथा 18 दिन**

*पाकिस्तान के लिए पृथक संविधान सभा गठित की गई - **26 जुलाई, 1947 को**

*प्रारंभ में संविधान सभा में सदस्यों की संख्या - **389**

*देश के विभाजन के पश्चात् संविधान सभा में सदस्य रह गए थे - **299**

*स्वतंत्रता के पश्चात् देश में रियासतें थी - **542**

*भारतीय संविधान की प्रकृति - **एकात्मक व संघात्मक**

*संविधान सभा में जिस रियासत के प्रतिनिधियों ने भाग नहीं लिया था - **हैदराबाद**

संविधान सभा की प्रमुख समितियां एवं उनके अध्यक्ष	
संचालन समिति	डॉ. राजेन्द्र प्रसाद
संघ संविधान समिति	पं. जवाहर लाल नेहरू
प्रांतीय संविधान समिति	सरदार बल्लभ भाई पटेल
प्रारूप समिति	डॉ. भीमराव अम्बेडकर
संघ शक्ति समिति	पं. जवाहर लाल नेहरू

*संविधान सभा की प्रथम बैठक (9 दिसम्बर, 1946) की अध्यक्षता व अस्थायी अध्यक्ष - **डॉ० सच्चिदानंद सिन्हा**

*भारत की संविधान-निर्मात्री सभा में संवैधानिक सलाहकार - **बी० एन० राव**

*डॉ० राजेन्द्र प्रसाद संविधान सभा के स्थायी अध्यक्ष चुने गए थे - **11 दिसम्बर, 1946**

*संविधान सभा का प्रारूप तैयार किया गया था - **बी० एन० राव ने**

*प्रारूप समिति (29 अगस्त, 1947 को गठित) के अध्यक्ष - **डॉ० भीमराव अम्बेडकर**

*प्रथम कानून मंत्री - **डॉ० भीमराव अम्बेडकर**

*'झंडा समिति' के अध्यक्ष - **जे० बी० कृपलानी**

*संविधान की प्रस्तावना में 'धर्मनिरपेक्ष, समाजवादी' शब्द जोड़ा गया - **42वें संशोधन द्वारा**

*संविधान के प्रारूप पर बहस हुई थी - **114 दिन**

*भारतीय संविधान को अंगीकार किया गया था - **26 नवम्बर, 1949 को**

*संपूर्ण संविधान लागू हुआ था - **26 जनवरी, 1950**

*भारतीय संविधान के पिता - **डॉ. बी. आर.अम्बेडकर**

संविधान के स्रोत	
देश	**स्रोत**
ब्रिटेन	संसदीय शासन, विधि निर्माण प्रक्रिया, एकल नागरिकता
यूएसए	मौलिक अधिकार, न्यायिक पुनरावलोकन न्यायपालिका की स्वतंत्रता, सर्वोच्च न्यायालय का गठन एवं शक्तियां, राष्ट्रपति पर महाभियोग
कनाडा	संघात्मक व्यवस्था, अविशिष्ट शक्तियों का केंद्र के पास होना
आयरलैण्ड	नीति-निर्देशक सिद्धांत
जर्मनी	आपात् उपबन्ध
ऑस्ट्रेलिया	प्रस्तावना की भाषा, समवर्ती सूची, केंद्र-राज्य संबंध
जापान	विधि द्वारा स्थापित प्रक्रिया
फ्रांस	गणतंत्र
रूस	मौलिक कर्त्तव्यों का प्रावधान

*भारतीय संविधान को 'अर्द्धसंघीय संविधान' कहा है - **व्हीयर ने**

*मूल संविधान में अनुच्छेदों, अनुसूचियों और भागों की संख्या थी - **क्रमशः 395, 8 व 22**

*वर्तमान में अनुच्छेद है - **444 से अधिक**

*वर्तमान में अनुसूचियाँ है - **12**

*8वीं अनुसूची में भाषाओं की कुल संख्या है- **22**

*वर्तमान में भारत में कुल राज्य हैं - **29**

*मूल संविधान में राज्यों का उल्लेख था - **14**

*संविधान में देश का नाम था - **भारत या इंडिया**

*संविधान का सबसे बड़ा भाग है - **5वां**

*भारत का मैग्नाकार्टा कहा गया है - **भाग-3 को**

*संघीय न्यायपालिका का उल्लेख है - **भाग-5 के अध्याय 4 में**

प्रारूप समिति के सदस्य
• डॉ. भीमराव अम्बेडकर (अध्यक्ष)
• अल्लादी कृष्णास्वामी अय्यर
• कन्हैयालाल माणिकलाल मुंशी
• एन. गोपालस्वामी आयंगर
• सैयद मोहम्मद सादुल्ला (मुस्लिम लीग के प्रतिनिधि)
• एन माधवराव (बी एल मित्र के स्थान पर नियुक्त)
• डी पी खेतान (1948 में इनकी मृत्यु के बाद टी कृष्णमाचारी को सदस्य बनाया गया)

संविधान के भाग, अनुच्छेद एवं संबंधित विवरण

भाग/अनुच्छेद	**विवरण**
भाग-1/अनुच्छेद 1-4	संघ और उसका राज्य क्षेत्र, नए राज्य का निर्माण
भाग-2/अनुच्छेद 5-11	नागरिकता
भाग-3/अनुच्छेद 12-35	मौलिक अधिकार
भाग-4/अनुच्छेद 36-51	राज्य के नीति-निर्देशक सिद्धांत
भाग-4ए/अनुच्छेद 51ए	नागरिकों के मौलिक कर्त्तव्य (1976 के 42वें संशोधन से जोड़ा गया था)
भाग-5/अनुच्छेद 52-151	संघ सरकार से संबंधित
भाग-6/अनुच्छेद 152-237	राज्य सरकार से संबंधित
भाग-7/अनुच्छेद 238	प्रथम अनुच्छेद के भाग 'बी' से जुड़ा है। 1956 में 7वें संविधान संशोधन से हटा दिया गया।
भाग-8/अनुच्छेद 239-242	केंद्र शासित प्रदेशों का प्रशासन
भाग-9/अनुच्छेद 242-243	पंचायतें
भाग-9/अनुच्छेद 243 पी-243 जेड. जी.	नगरपालिका
भाग-18/अनुच्छेद 352-360	आपात उपबंध
भाग-19/अनुच्छेद 361-367	प्रकीर्ण/विविध
भाग-20/अनुच्छेद 368	संविधान संशोधन
भाग-21/अनुच्छेद 369-392	अस्थायी, परिवर्तित और विशेष कानून
भाग-22/अनुच्छेद 393-395	संक्षिप्त नाम, प्रारंभ, हिन्दी में प्राधिकृत पाठ और निरसन

*संविधान के 15वें तथा 18वें भाग का विषय क्या है - **क्रमशः निर्वाचन व आपात उपबंध**

*प्रथम लिखित संविधान दिया था - **अमेरिका ने**

*सबसे बड़ा लिखित संविधान है - **भारत का**

*नए राज्यों का प्रवेश या स्थापना की शक्ति प्रदान की गई है - **अनुच्छेद-2 में**

*अनुच्छेद-3 के तहत नए राज्यों का निर्माण व वर्तमान राज्यों के क्षेत्र, सीमाओं या नामों में परिवर्तन करने का अधिकार है - **संसद को**

*भाषाई आधार पर गठित पहला राज्य - **आंध्र प्रदेश (1953 में)**

*7वाँ संवैधानिक संशोधन (1956) संबंधित है - **भाषायी आधार पर राज्यों के पुनर्गठन से**

*राज्य पुनर्गठन आयोग के अध्यक्ष - **फजल अली**

*असम राज्य का गठन हुआ था - **1956 में**

*गोवा पूर्ण राज्य बना था - **56वें संशोधन** 1987 से

*सिक्किम को 22वां राज्य का दर्जा प्राप्त हुआ - **36वें संविधान संशोधन 1975 द्वारा**

*दिल्ली को राजधानी का पूर्ण दर्जा मिला था - **69वें संशोधन 1991 द्वारा**

*संविधान की संप्रभुता निहित है - **जनता में**

*भारतीय संविधान में संघीय व्यवस्था (प्रशासनिक ढांचा का मॉडल) लिया गया है- **कनाडा से**

*भारतीय संसदीय शासन प्रणाली एवं विधि निर्माण प्रक्रिया प्रभावित है - **ब्रिटेन से**

*भारतीय संविधान में वर्णित मौलिक अधिकार एवं मौलिक कर्त्तव्य लिए गए हैं - **संयुक्त राज्य अमेरिका व रूस** से

*राज्य के नीति-निर्देशक सिद्धांत लिए गए हैं - **आयरलैंड के संविधान से**

*राज्य के 'नीति-निर्देशक सिद्धांत' संविधान में वर्णित हैं - **भाग-4 में (अनुच्छेद 36-51)**

*संविधान में आपातकालीन उपबंध लिया गया है - **जर्मनी के संविधान से**

*संविधान में समवर्ती सूची का विषय लिया गया है - **ऑस्ट्रेलिया के संविधान से**

*संविधान संशोधन की प्रक्रिया जिस देश के संविधान से प्रभावित है - **दक्षिण अफ्रीका**

*संसद को संविधान में संशोधन करने की शक्ति प्रदान करता है - **अनु०-368 (भाग-20)**

*संविधान में प्रथम संशोधन हुआ था - **1951 में**

*वर्तमान में राज्य, संघ और समवर्ती-सूची में वर्णित विषयों की संख्या है - **62, 98 व 52**

*समवर्ती-सूची के विषयों पर विधि निर्माण की शक्ति प्राप्त है - **केंद्र व राज्य दोनों को**

*वन एवं पर्यावरण विषय है - **समवर्ती-सूची का**

*कानून व्यवस्था विषय है - **राज्य-सूची का**

*शिक्षा, समाचार व पत्र विषय है - **समवर्ती-सूची का**

*रेल, डाक, रक्षा विषय है - **संघ-सूची का**

*पंचायती राज्य विषय है - **राज्य-सूची का**

*11वीं अनुसूची संबंधित है - **पंचायतीराज से**

*पंचायतीराज का सबसे छोटा अंग है - **ग्राम पंचायत**

*ग्राम पंचायत चुनाव की जिम्मेवारी है - **राज्य सरकार की**

*पंचायत स्तर पर राज्य सरकार का प्रतिनिधित्व करता है - **ग्राम सेवक**

*पंचायतीराज व्यवस्था (त्रि-स्तरीय) शुरू की गई थी - **बलवंत राय मेहता समिति की रिपोर्ट पर**

*सबसे पहले पंचायतीराज व्यवस्था लागू की गई थी -**2 अक्टूबर, 1959 में (नागौर, राजस्थान)**

*73वाँ संविधान संशोधन (1992) संबंधित है - **पंचायती राजव्यवस्था से**

*भारत में नागरिकता का प्रावधान है - **एकल**

*भारत की नागरिकता लेने तथा खोने के लिए न्यूनतम अवधि है - **क्रमशः 10 तथा 7 वर्ष**

*मौलिक अधिकार संविधान के किस भाग में वर्णित है - **भाग-3 में (अनुच्छेद 12-35)**

*मूल संविधान में मौलिक अधिकार थे - **7**

*वर्तमान में मौलिक अधिकार है - **6**

*संपत्ति के अधिकार को मूल अधिकार की सूची से हटाकर विधिक अधिकार (अनु०-300 'क') कर दिया गया - **44वें संशोधन, 1978 द्वारा**

*मौलिक अधिकारों को संशोधित करने का अधिकार है - **संसद को**

*व्यक्तिगत स्वतंत्रता की रक्षा के लिए महत्त्वपूर्ण रिट याचिका है - **हैवियस कॉपेस**

*वर्तमान में अनुच्छेद-51'क' में वर्णित मूल कर्त्तव्यों की संख्या है - **11**

*मूल कर्त्तव्य को शामिल किया गया है - **42वें संशोधन, 1976 द्वारा**

*मौलिक कर्त्तव्यों को संविधान में किस समिति की अनुशंसा पर जोड़ा गया - **सरदार स्वर्ण सिंह**

*'चौथा स्तंभ' इंगित करता है - **प्रेस को**

*'प्राण एवं दैहिक स्वतंत्रता' वर्णित है - **अनु०-21**

*अल्पसंख्यक वर्गों के हितों को संरक्षण दिया गया है - **अनुच्छेद-29 में**

*6 से 14 वर्ष की उम्र के बच्चों के लिए निःशुल्क शिक्षा अनिवार्य की गई है - **86वें संशोधन, 2002 से**

*14 वर्ष से कम आयु के बच्चों द्वारा जोखिम भरा काम करवाना अपराध है - **अनु०-24 के तहत**

*संसद के अंग हैं - **राष्ट्रपति, राज्यसभा, लोकसभा**

*भारत का प्रथम नागरिक होता है - **राष्ट्रपति**

*भारत के प्रथम राष्ट्रपति - **डॉ० राजेन्द्र प्रसाद**

*तीनों सेनाओं का सेनापति होता है - **राष्ट्रपति**

*संविधान के इस अनुच्छेद के अनुसार राष्ट्रपति पद की व्यवस्था की गई है - **अनुच्छेद-52**

*संसद के प्रत्येक अधिवेशन का उद्घाटन करता है - **राष्ट्रपति**

*राष्ट्रपति त्यागपत्र सौंपता है - **उपराष्ट्रपति को**

*राष्ट्रपति तथा उपराष्ट्रपति का कार्यकाल - **5 वर्ष**

*राष्ट्रपति को उसके पद से हटाने की एकमात्र प्रक्रिया है - **महाभियोग (अनु०-61 के तहत)**

*राष्ट्रपति पर महाभियोग लगाने की सूचना दी जाती है - **14 दिन पूर्व राष्ट्रपति को ही**

*राष्ट्रपति, उपराष्ट्रपति और राज्यपाल पद के लिए न्यूनतम आयु सीमा - **35 वर्ष**

*लोकसभा भंग करता है - **राष्ट्रपति (अनु०-85)**

*मृत्युदंड क्षमा करने का अधिकार है - **राष्ट्रपति को (अनु०-72 के अनुसार)**

*एकमात्र मुख्य न्यायाधीश जिन्होंने राष्ट्रपति के पद पर भी कार्य किया था
– एम० हिदायतुल्लाह

*राष्ट्रपति के चुनाव में भाग लेते हैं
– संसद तथा राज्यों के विधानसभाओं के निर्वाचित सदस्य

*लोकसभा और राज्यसभा में कितने सदस्यों को मनोनीत करने की शक्ति राष्ट्रपति के पास है? – **क्रमशः 2 (एंग्लो इंडियन) और 12**

*प्रधानमंत्री, राज्यपाल, महान्यायवादी, उच्च व सर्वोच्च न्यायालयों के न्यायाधीशों, मुख्य चुनाव आयुक्त की नियुक्ति – **राष्ट्रपति**

*योजना आयोग के उपाध्यक्ष की नियुक्ति करता है **– मंत्रिमंडल**

*राष्ट्रपति का चुनाव होता है
– एकल संक्रमणीय प्रणाली के आधार पर

*राष्ट्रपति मंत्रियों की नियुक्ति करता है
– प्रधानमंत्री के परामर्श से

*किसी भी राज्य में राष्ट्रपति शासन (अनु०-356 के तहत) की घोषणा करता है **– राष्ट्रपति**

*निर्विरोध निर्वाचित राष्ट्रपति
– नीलम संजीव रेड्डी

*इन राष्ट्रपतियों की मृत्यु इनके कार्यकाल के दौरान हुई – **फखरूद्दीन अली अहमद व जाकिर हुसैन**

*प्रथम कार्यवाहक राष्ट्रपति
– वी० वी० गिरी

*राष्ट्रपति का चुनाव लड़ने वाली प्रथम महिला उम्मीदवार – **कैप्टन लक्ष्मी सहगल**

*भारत की प्रथम महिला राष्ट्रपति
– प्रतिभा पाटिल

*दोनों सदनों का अधिवेशन न चल रहा हो तो अध्यादेश जारी करता है – **राष्ट्रपति**

*राष्ट्रपति को पद की शपथ दिलाता है
– भारत के मुख्य न्यायाधीश

राज्य	सदस्य संख्या		राज्य	सदस्य संख्या		राज्य	सदस्य संख्या	
	लो.स.	रा.स.		लो.स.	रा.स.		लो.स.	रा.स.
उत्तर प्रदेश	80	31	हरियाणा	10	5	गोवा	2	1
बिहार	40	16	जम्मू-कश्मीर	6	4	छत्तीसगढ़	11	5
महाराष्ट्र	48	19	हिमाचल प्रदेश	4	3	उत्तराखण्ड	5	3
आंध्र प्रदेश	25	11	त्रिपुरा	2	1	झारखण्ड	14	6
मध्य प्रदेश	29	11	मणिपुर	2	1	तेलंगाना	17	7
तमिलनाडु	39	18	पंजाब	13	7	दिल्ली	7	3
कर्नाटक	28	12	पश्चिम बंगाल	42	16	पुदुचेरी	1	1
गुजरात	26	11	मेघालय	2	1	चंडीगढ़	1	–
राजस्थान	25	10	नगालैण्ड	1	1	दादरा, नगर हवेली	1	–
ओडिशा	21	10	सिक्किम	1	1	अंडमान निकोबार	1	–
केरल	20	9	मिजोरम	1	1	लक्षद्वीप	1	–
असोम	14	7	अरुणाचल प्रदेश	2	1	दमन एवं दीव	1	–

*संसद का संयुक्त अधिवेशन राष्ट्रपति बुलाता है व उसकी अध्यक्षता करता है
– लोक सभा अध्यक्ष

*संयुक्त अधिवेशन में निर्णय इस आधार पर लिए जाते हैं – **बहुमत के आधार पर**

*राष्ट्रपति और उपराष्ट्रपति को वेतन प्रदान किया जाता है **– संचित निधि द्वारा**

*सर्वप्रथम राष्ट्रपति शासन (अनु–356) लागू हुआ था **– पंजाब में (1951 में)**

*राष्ट्रपति शासन की न्यूनतम व अधिकतम अवधि है – **क्रमशः 6 माह व 3 वर्ष**

*प्रथम उपराष्ट्रपति – **डॉ० एस० राधाकृष्णन**

*यदि राष्ट्रपति व उपराष्ट्रपति दोनों अनुपस्थित हो तो राष्ट्रपति का कार्यभार सम्भालेगा

- सर्वोच्च न्यायालय का मुख्य न्यायाधीश

*राज्यसभा का पदेन अध्यक्ष होता है **- उपराष्ट्रपति**

*उपराष्ट्रपति के चुनाव में भाग लेते हैं **- संसद के दोनों सदनों के समस्त सदस्य**

*संविधान के जिस अनुच्छेद में प्रधानमंत्री के पद की व्यवस्था की गई है **- अनुच्छेद-74(i)**

*अविश्वास प्रस्ताव द्वारा हटाए जानेवाले पहले प्रधानमंत्री हैं - **विश्वनाथ प्रताप सिंह**

*पहले गैर कांग्रेसी प्रधानमंत्री - **मोरारजी देसाई**

*पहले पूर्णतः गैर कांग्रेसी प्रधानमंत्री **- अटल बिहारी बाजपेयी**

*UNO में अटल बिहारी बाजपेयी ने पहली बार भाषण कब दिया था - **1977 में**

*प्रधानमंत्री जो पद ग्रहण के समय किसी भी सदन के सदस्य नहीं थे **- पी० वी० नरसिम्हा राव**

*पद से त्याग-पत्र देने वाले प्रथम राष्ट्रपति **- वी० वी० गिरी**

*एक भी दिन संसद का सामना नहीं करने वाले प्रधानमंत्री - **चौधरी चरण सिंह**

*राज्यसभा का गठन हुआ था **- 3 अप्रैल, 1952**

*लोकसभा का गठन हुआ **- 6 मई, 1952 को**

*संघ सरकार का विधानमंडल - **लोकसभा**

*संसद का निम्न सदन - **लोकसभा**

*लोकसभा अध्यक्ष अपना त्यागपत्र देता है **- लोकसभा उपाध्यक्ष को**

*संसद का स्थायी व उच्च सदन **- राज्यसभा**

*लोकसभा व राज्यसभा में अधिकतम सदस्य हो सकते हैं - **क्रमशः 552 तथा 250**

*राज्यसभा के सदस्यों का कार्यकाल - **6 वर्ष**

*लोकसभा के सदस्यों का कार्यकाल - **5 वर्ष**

*प्राक्कलन समिति में सदस्य **- 30, (सभी लोकसभा के**

*लोकसभा व राज्यसभा के सदस्यों की न्यूनतम आयु सीमा है **- क्रमशः 25 व 30 वर्ष**

*लोकसभा की अवधि बढ़ाई जा सकती है **- संकट काल की स्थिति में**

*पहली बार विपक्षी के दल के नेता को मान्यता दी गयी थी **- 1969 में**

*राज्यसभा तथा लोकसभा में प्रथम विपक्षी नेता थे - **क्रमशः कमलापति त्रिपाठी व रामसुभग सिंह**

*संघीय मंत्रीपरिषद् अपने आचरण के लिए उत्तरदायी होता है - **लोकसभा के प्रति**

*लोकसभा के कार्यवाही चलाने के लिए कुल संख्या का - 1/10 **उपस्थित होना आवश्यक है**

*राज्यसभा के सदस्यों का चुनाव होता है **- एकल संक्रमणीय पद्धति द्वारा**

*प्रथम लोकसभा अध्यक्षत थे **- जी० वी० मावलंकर**

*राज्यसभा के कितने सदस्य प्रति दो वर्ष पश्चात् सेवानिवृत हो जाते हैं **- एक-तिहाई सदस्य**

*राज्यसभा की प्रथम महिला महासचिव **- बी० एस० रामादेवी**

*दंड संहिता की धारा-302 संबंधित है **- हत्या से**

*धन विधेयक परिभाषित है - **अनु०-110 में**

*वित्त विधेयक परिभाषित है - **अनु०-112 में**

*वित्त विधेयक, धन विधेयक है अथवा नहीं, इसका निर्णय करता ह - **लोकसभा अध्यक्ष**

*धन विधेयक को राज्यसभा विचारार्थ अपने पास रख सकती है- **सिर्फ 14 दिनों तक**

*धन विधेयक लोकसभा में प्रस्तुत करने से पूर्व जिसकी अनुमति लेना जरूरी है - **राष्ट्रपति**

*अनु०-360 के तहत वित्तीय आपातकाल की घोषणा की जाती है **- राष्ट्रपति द्वारा**

*धन विधेयक प्रस्तुत किया जाता है **- लोकसभा में**

*एक व्यक्ति दो अथवा अधिक राज्यों का राज्यपाल नियुक्त हो सकता है **- अनु०-153(2) द्वारा**

*राज्यपाल की कार्यवाही की वैधता को चुनौती देने का अधिकार है **- विधानसभा को**

*राज्य कार्यपालिका का प्रधान - **राज्यपाल**

*राज्य विधानमंडल का निम्न सदन **- विधानसभा**

*राज्य विधानमंडल का स्थायी व उच्च सदन **- विधान परिषद्**

*विधानसभा में राज्यपाल द्वारा मनोनीत होने वाले आंग्ल भारतीय सदस्य की संख्या **- केवल एक**

*विधानसभा की न्यूनतम व अधिकतम सदस्य संख्या होती है- **क्रमशः 60 तथा 500**

*विधान परिषद् के सदस्यों की संख्या जो राज्यपाल द्वारा मनोनीत किए जाते हैं **- 1/6 सदस्य**

*विधान परिषद् तथा विधानसभा पद के लिए न्यूनतम आयु सीमा है **- क्रमशः 30 तथा 25 वर्ष**

*गवर्नर द्वारा जारी किया गया अध्यादेश मंजूर किया जाता है **- विधानमंडल द्वारा**

*विधानसभा के दो सत्रों के बीच का अंतराल **- 6 माह**

*हर राज्य के लिए एक विधान मंडल की व्यवस्था की गयी है **- अनु०-170 के अंतर्गत**

*राज्य मंत्रिपरिषद् का प्रधान - **मुख्यमंत्री**

*संयुक्त राष्ट्र संघ की स्थापना कब हुई थी **- 24 अक्टूबर, 1945 को**

*लघु संविधान (Mini Constitution) कहा जाता है **- 42वें संविधान संशोधन (1976) को**

*संसद का सदस्य नहीं होने पर कोई मंत्री अपने पद पर बना रहता है - **6 माह तक**

*राष्ट्रीय सुरक्षा कानून पारित हुआ - **1980 में**

*संघ लोक सेवा आयोग के सदस्यों और मुख्य निर्वाचन आयुक्त का कार्यकाल है **- 6 वर्ष**

*आपातकाल की घोषणा को जितने दिनों के भीतर संसद की स्वीकृति आवश्यक है **- 1 माह**

*प्रश्नकाल की अवधि होती है - **एक घंटा**

*शून्य काल है **- प्रश्नकाल के ठीक बाद का काल**

*12 से 1 बजे तक का समय कहलाता है **- शून्यकाल**

*10वीं अनुसूची संबंधित है **- दल-बदल अधिनियम**

*दल-बदल विरोधी कानून को मान्यता दी गई **- 52वें संशोधन (1985) द्वारा**

*सर्वप्रथम गैर-कांग्रेसी सरकार **- केरल में (1957)**

*संसदीय समितियों का कार्यकाल होता है **- 1 वर्ष**

*केंद्रीय मंत्रिमंडल से त्यागपत्र देने वाले प्रथम व्यक्ति थे - **श्यामा प्रसाद मुखर्जी**

*संसद भवन की रूप रेखा तैयार किया थी **- सर हर्बट बेकर और एडवर्ड लूटियंस ने**

*संसद भवन का उद्घाटन किया **- 18 जनवरी, 1927 को लॉर्ड इरविन ने**

*अनुसूचित जाति एवं जनजाति को आरक्षण सुविधा प्रदान की गई थी **- 8वें संशोधन (1959) द्वारा**

*संविधान समीक्षा आयोग की एकमात्र महिला सदस्य थीं **- श्रीमती सुमित्रा जी० कुलकर्णी**

*प्रसार भारती अधिनियम लागू हुआ **- 15 सितंबर, 1997 में**

*वारेन हेस्टिंग्स बंगाल का गवर्नर जनरल बना **- 1773 के रेग्यूलेटिंग एक्ट द्वारा**

*कम्पनी के व्यापारिक एकाधिकार को समाप्त कर दिया गया था **- 1813 के चार्टर अधिनियम द्वारा**

*लॉर्ड विलियम बेंटिक भारत का पहला गवर्नर जनरल बना **- चार्टर अधिनियम, 1833 द्वारा**

*मण्डल आयोग गठित हुआ - **1979 में**

*गवर्नर जनरल का नाम वायसराय कर दिया गया **- भारत सरकार अधिनियम, 1858 द्वारा**

*द्वैध शासन प्रणाली कब शुरू तथा कब तक चली - **1921 से आरंभ व 1 अप्रैल 1937 तक चली**

*प्रांतीय स्वायत्तता लागू हुआ **- 1 अप्रैल, 1938 में**

*पुनर्गठित संविधान सभा में सदस्यों की संख्या **- 299**

*अंतर्राज्यीय परिषद् की बैठक प्रतिवर्ष होती है **- तीन बार**

*संविधान में दोनों सदनों की संयुक्त बैठक का प्रावधान है - **अनु०-108 के तहत**

*प्रथम राजभाषा आयोग गठित हुआ- **1955 में**

*प्रथम राजभाषा आयोग के अध्यक्ष **- बी. जी. खरे**

*उच्चतम न्यायालय के गठन के विषय में उपबंध है **- अनु०-124 में**

*सर्वोच्च न्यायालय को न्यायिक पुनरीक्षण का अधिकार देता है **- अनु०-137**

*उच्चतम न्यायालय में होते हैं **- 31 (1 मुख्य न्यायाधीश व 30 अन्य न्यायाधीश)**

*भारत में उच्च न्यायालयों की संख्या है - **24**

*संविधान की व्याख्या करने वाला तथा संरक्षक माना जाता है - **सर्वोच्च न्यायालय को**

*प्रथम विधि अधिकारी होता है - **महान्यायवादी**

*सर्वोच्च न्यायालय के प्रथम मुख्य न्यायाधीश थे - **हरिलाल जेकिसुनदास कानिया**

*प्रारंभ में उच्चतम न्यायालय में मुख्य न्यायाधीश समेत कुल न्यायाधीश थे - **8**

*पंजाब व हरियाणा उच्च न्यायालय के अधीन है - **चंडीगढ़ केन्द्र शासित क्षेत्र**

*कोलकत्ता उच्च न्यायालय के अधीन है - **अंडमान निकोबार द्वीप समूह**

*मद्रास उच्च न्यायालय के अधीन है - **पांडिचेरी**

*केरल उच्च न्यायालय के अधीन है - **लक्षद्वीप**

*बम्बई उच्च न्यायालय के अधीन है - **दमन, दीव तथा नागर हवेली**

*सर्वप्रथम भारत में उच्च न्यायालय का गठन हुआ था -**1862 ई० में (कलकत्ता, बम्बई और मद्रास में)**

शपथ एवं त्याग-पत्र विधियां

पद	शपथ	त्याग-पत्र
राष्ट्रपति	मुख्य न्यायाधीश	उपराष्ट्रपति
उपराष्ट्रपति	राष्ट्रपति	राष्ट्रपति
राज्यपाल	राज्य उच्च न्यायालय के मुख्य न्यायाधीश	राष्ट्रपति
मुख्य न्यायाधीश	राष्ट्रपति	राष्ट्रपति
प्रधानमंत्री	राष्ट्रपति	राष्ट्रपति

*जिस उच्च न्यायालय में न्यायाधीशों की संख्या सबसे कम है - **गौहाटी उच्च न्यायालय**

*किस उच्च न्यायालय में सर्वाधिक न्यायाधीश हैं - **इलाहाबाद उच्च न्यायालय**

*सर्वाधिक क्षेत्राधिकार वाला उच्च न्यायालय है - **गुवाहाटी उच्च न्यायालय**

*दिल्ली उच्च न्यायालय की स्थापना हुई -**1966 में**

*पटना उच्च न्यायालय की स्थापना हुई -**1916 में**

*इलाहाबाद उच्च न्यायालय की स्थापना हुई- **1866 में**

*उच्चतम न्यायालय तथा उच्च न्यायालय के न्यायाधीशों की सेवानिवृत्ति की आयु है - **65-65 वर्ष**

*उच्चतम व उच्च न्यायालय की कार्यकारी भाषा - **अंग्रेजी**

*केंद्र एवं राज्य के मध्य विधायी शक्तियों का वितरण आधारित है - **1935 अधिनियम के तहत**

*जम्मू-कश्मीर का संविधान लागू हुआ था -**1957 में**

*जम्मू-कश्मीर विधानसभा की अवधि है - **6 वर्ष**

*जम्मू-कश्मीर की संविधान सभा का प्रथम अधिवेशन हुआ - **30 अक्टूबर, 1951 को**

*पाक-अधिकृत कश्मीर में जिले हैं - **3**

*जम्मू-कश्मीर में राज्यपाल शासन सर्वप्रथम लागू हुआ - **27 मार्च, 1977 को**

*पी० के० थुंगन समिति गठित हुई थी - **1988 में**

*लॉर्ड रिपन द्वारा स्थानीय स्वशासन स्थापित किया गया था - **1882 ई० में**

*अशोक मेहता समिति का गठन हुआ था - **1977 में (सदस्यों की संख्या-13)**

*'सुपर कैबिनेट' कहलाता था - **योजना आयोग अब (नीति आयोग)**

*केंद्र-राज्य के वित्त संबंध का निर्धारण कौन करता है - **वित्त आयोग**

*पुरानी वित्तीय समिति - **लोक लेखा समिति**

*प्रथम वित्त आयोग के अध्यक्ष - **के० सी० नियोगी**

*अंतर्राज्यीय परिषद् के गठन (1990 ई० में) का प्रावधान है - **अनु०-263 में**

*लोक लेखा समिति में सदस्यों की संख्या है - **22 (लोकसभा-15, राज्यसभा-7)**

*अनु०-343 संबद्ध है - **संघ की राजभाषा से**

*अनु०-352 संबंधित है - **आपातकाल से**

*लोक अदालत की प्रथम बैठक हुई थी - **14 मार्च, 1982 को, जूनागढ़ (गुजरात) में**

*जिस अनुच्छेद में न्यायपालिका का कार्यपालिका से पृथक्करण वर्णित है - **अनुच्छेद-50**

*अवशिष्ट विषयों पर विधि निर्माण का अधिकार प्राप्त है - **संघ सरकार को**

*संघ व राज्य लोक सेवा आयोग जिस प्रकार का निकाय है - **सलाहकारी**

*देश के सर्वाजनिक धन का संरक्षक है - **नियंत्रक एवं महालेखा परीक्षक**

*नियंत्रक महालेखा परीक्षक का कार्यकाल होता है -**नियुक्ति से 6 साल या आयु 65 वर्ष**

*लोक सेवा आयोग की स्थापना हुई थी - **1926**

*संघ लोक सेवा आयोग के सदस्य जिन्हे अपना इस्तीफा सौंपते व जो उनकी नियुक्ति करता है - **राष्ट्रपति**

*संघ लोक सेवा आयोग के सदस्यों की संख्या - **10**

*राष्ट्रीय आपात्काल की प्रथम घोषणा की गई थी - **चीनी आक्रमण के समय (1962)**

*आंतरिक अशांति के कारण जिस वर्ष राष्ट्रीय आपात्काल लागू किया गया - **1975 में**

*भारत में आकस्मिक निधि का गठन हुआ -**1950 में**

*'संविधान की आत्मा' कहा गया है - **अनु०-32को**

*नगर निगम की स्थापना हुई - **1687, मद्रास में**

*सर्वप्रथम लोक अदालत का आयोजन हुआ - **गुजरात**

*पहला लोकायुक्त नियुक्त हुआ था - **राजस्थान में**

*काका कालेलकर आयोग का गठन हुआ था -**1953 में**

*भारत का अंतिम अंग्रेज वायसराय था - **लॉर्ड माउंटबेटन**

*भारत के संविधान को तैयार करने के लिए गठित समितियों की कुल संख्या थी - **13**

*प्रारूप समिति में कुल सदस्य - **7**

*पूर्वी व पश्चिमी पाकिस्तान (वर्तमान पकिस्तान व बंग्लादेश) पाकिस्तान भारत के अंग थे - **13 अगस्त, 1947 तक**

*'भारत एक धर्मनिरपेक्ष देश है' इसका तात्पर्य है - **सभी धर्मों का महत्त्व स्वीकार करना**

*गणतंत्र का अर्थ है - **जनता द्वारा शासित राज्य**

*'बिहार राष्ट्रभाषा परिषद् पटना' का गठन हुआ - **1950 में**

*अनुच्छेद-14 में कानून की समानता का अधिकार लिया गया है - **ब्रिटेन से**

*'राष्ट्र का नीति-निर्देशक तत्व ऐसा चेक है जिसे सुविधापूर्वक भुनाया जा सकता है' को कहा था - **के० टी० शाह ने**

*'समान नागरिक संविधा' लागू करने वाला एकमात्र राज्य - **गोवा**

*नागरिकों के लिए एक समान सिविल संहिता किस अनुच्छेद में है - **अनुच्छेद-44**

*उच्च न्यायालय अथवा सर्वोच्च न्यायालय द्वारा नागरिकों के मौलिक अधिकारों की रक्षा हेतु जारी किया गया समादेश है - **परमादेश**

*बंदी को 24 घंटे के अंदर सशरीर न्यायालय के सामने पेश करना समादेश कहलाता है - **बंदी प्रत्यक्षीकरण (Habeas Corpus)**

*'सूचना के अधिकार' का विधेयक पारित किया गया था - **2005 में**

*'सूचना के अधिकार' के लिए प्रयास करने में अग्रणी लोगों में हैं - **अरूणा राय**

*ऑल इंडिया सर्विसेज (All India Services) के सदस्यों की नियुक्ति करता है - **राष्ट्रपति**

*सुप्रीम कोर्ट के अन्य न्यायाधीशों (मुख्य न्यायाधीश को छोड़कर) को शपथ दिलाता है - **सुप्रीम कोर्ट का मुख्य न्यायाधीश**

*राज्यपाल (गवर्नर) को शपथ ग्रहण करवाता है - **उच्च न्यायालय का मुख्य न्यायाधीश**

*संविधान में संघ की राजभाषा के रूप में हिन्दी को मान्यता मिली थी - **14 सितम्बर, 1949 को**

*संयुक्त राष्ट्रसंघ की कार्यकारी भाषा - **अंग्रेजी व फ्रेंच**

*संयुक्त राष्ट्रसंघ की वर्तमान सदस्य संख्या है - **193 (193 वे सदस्य-दक्षिण सूडान)**

*संयुक्त राष्ट्र सुरक्षा परिषद् में स्थायी तथा अस्थायी सदस्यों की संख्या है - **क्रमशः 5 व 10**

*संयुक्त राष्ट्र का वह अंग जो विश्व शांति के लिए उत्तरदायी है - **सुरक्षा परिषद्**

*संयुक्त राष्ट्रसंघ महासभा की पहली महिला अध्यक्ष थी **- विजय लक्ष्मी पंडित**

*संयुक्त राष्ट्रसंघ के 5 स्थायी सदस्य हैं - **चीन, फ्रांस, ब्रिटेन, रूस व अमेरिका**

*संयुक्त राष्ट्रसंघ का मुख्यालय है **- न्यूयार्क में (मैनहट्टन द्वीप)**

*संयुक्त राष्ट्रसंघ का प्रधान न्यायिक अंग है **- अंतर्राष्ट्रीय न्यायालय**

*संयुक्त राष्ट के प्रथम महासचिव **- त्रिग्वेली (नार्वे)**

*अंतर्राष्ट्रीय न्यायालय की स्थापना हुई थी **- 3 अप्रैल, 1946 को (मुख्यालय-हेग, नीदरलैंड्स)**

*अंतर्राष्ट्रीय न्यायालय के न्यायाधीश का कार्यकाल है **- 9 वर्ष**

*लोकसभा के प्रथम उपाध्यक्ष **- अनंतशयनम आयंगर**

*संविधान की आठवीं अनुसूची में बोडो, मैथिली, डोगरी और संथाली भाषा को जोड़ा गया **- 92वे संशोधन (2003) द्वारा**

*उद्देश्य प्रस्ताव की स्वीकृति की गई थी **- 22 जनवरी, 1947 को**

*पोटा (Prevention of Terrorism Ordiance) लागू किया गया **- 25 अक्टूबर, 2001 को**

*संयुक्त राष्ट में मानवाधिकार प्रस्ताव पास हुआ **- 1948 में**

*भारत की आकस्मिक निधि का गठन हुआ था **- 1950 ई० में**

*राज्य स्तर पर कोई विधेयक धन विधेयक है या नहीं इसका निर्णय करता है **- विधानसभा अध्यक्ष**

*राष्ट्रध्वज को संविधान सभा द्वारा अपनाया गया था **- 22 जुलाई 1947 को**

*पहला लोकायुक्त नियुक्त हुआ था **- राजस्थान में**

*कैबिनेट मिशन के सदस्य थे **- सर स्टेफोर्ड क्रिप्स, लॉर्ड पैथिक लारेंस तथा ए० बी० एलेग्जेण्डर**

मूल अधिकार
• समता या समानता का अधिकार (अनु. 14 से 18)
• स्वतंत्रता का अधिकार (अनु. 19 से 22)
• शोषण के विरुद्ध अधिकार (अनु. 23 से 24)
• धार्मिक स्वतंत्रता का अधिकार (अनु. 25 से 28)
• संस्कृति और शिक्षा संबंधी अधिकार (अनु. 29 से 30)
• संवैधानिक उपचारों का अधिकार (अनु. 32)

*भारत में 'प्रेस परिषद्' का गठन किया गया था **- 1956 ई० में**

*उच्चतम तथा उच्च न्यायालयों द्वारा जारी किया जाने वाला रिट है **- पांच (बंदी प्रत्यक्षीकरण, परमादेश, प्रतिषेध, उत्प्रेषण तथा अधिकार पृच्छा)**

*राष्ट्रीय में पंचांग का प्रथम तथा अंतिम महीना है **- क्रमशः चैत व फाल्गुन**

*'मंडल आयोग' का संबंध था **- पिछड़ी जातियों के लिए आरक्षण की अनुशंसा से**

*भारत का सॉलिसिटर जनरल होता है **- एक प्रशासनिक अधिकारी**

*भारत सरकार अधिनियम, 1935 की मुख्य विशेषता थी **- प्रांतीय स्वायत्तता**

*राष्ट्रगान 'जन-गण-मन' को भारत के राष्ट्रगान के रूप में स्वीकृत किया गया **- 24 जनवरी, 1950**

*भारत का राष्ट्रगान 'जन-गण-मन' को सर्वप्रथम गाया गया था **- 27 दिसम्बर, 1911 को (कांग्रेस के कलकत्ता अधिवेशन में)**

*वित्तीय आपातकाल पहली बार प्रभाव में रहता है **- 6 माह तक**

*राज्य विधान परिषद् में सदस्यों की संख्या **- अधिकतम (विधान सभा के सदस्यों की एक तिहाई) व कम-से-कम 40**

*विधान परिषद् व विधानसभा के सदस्यों का कार्यकाल होता है **- क्रमशः 6 या 5 वर्ष**

*नगालैंड राज्य बना था **- 13वां संविधान संशोधन, 1962 के अंतर्गत**

*भारत में किसी राज्य की पहली महिला मुख्यमंत्री थीं **- सुचेता कृपलानी (उत्तर प्रदेश)**

*भारत में किसी राज्य की पहली महिला राज्यपाल थीं **- श्रीमति सरोजनी नायडू (उत्तर प्रदेश)**

*राज्य के राज्यपाल की सेवानिवृत्ति की आयु सीमा **- निश्चित नहीं है**

*गवर्नर द्वारा जारी किया गया अध्यादेश मंजूर किया जाता है **- विधानमंडल द्वारा**

*उच्चतम न्यायालय अपने दिए हुए फैसले पर पुनर्विचार करता है **- अनु०137 के तहत**

*उच्चतम न्यायालय के न्यायाधीशों की संख्या में वृद्धि करने की शक्ति है **- संसद को**

*भारत सरकार के व्यय को नियंत्रित करने की शक्ति है
– नियंत्रक एवं महालेखा परीक्षक को

*राज्य सरकार धन विधेयक को रोक सकती है **– 14 दिनों तक**

*राज्यसभा के लिए नामित प्रथम अभिनेत्री थीं **– नरगिस दत्त**

*संविधान के अनुच्छेद-85 के अनुसार संसद के दो सत्रों के बीच का अंतराल होना चाहिए **– 6 माह**

*किसी भी विधि के लिए सर्वोच्च न्यायालय से परामर्श माँगने का अधिकार है – **राष्ट्रपति को (अनुच्छेद-143 के तहत)**

*संविधान के प्रारूप समिति के समक्ष प्रस्तावना को परिभाषित किया था **– जवाहर लाल नेहरू ने**

*राष्ट्रपति का वेतन है– **5 लाख रू.**

*उपराष्ट्रपति का वेतन है– **4 लाख रू.**

प्रमुख संविधान संशोधन

प्रथम (1951) राज्यों के भूमि सुधार कानूनों को नवीं अनुसूची में रखकर न्यायालयों के अधिकार क्षेत्र से बाहर कर दिया गया।

सातवां (1966) भाषायी आधार पर राज्यों का पुनर्गठन किया गया। राज्यों एवं केंद्रशासित प्रदेशों में उन्हें विभाजित किया गया।

बारहवां (1962) पुर्तगाली आधिपत्य वाले केंद्रशासित प्रदेश गोवा, दमन तथा दीव को भारत का अंग बना लिया गया।

इक्कीसवां (1967) सिंधी भाषा को संविधान की आठवीं अनुसूची के अंतर्गत पन्द्रहवीं भाषा के रूप में शामिल किया गया।

छब्बीसवां (1971) राजाओं की उपाधियाँ, प्रिवीपर्स तथा विशेषाधिकार समाप्त।

छत्तीसवां (1975) सिक्किम को पूर्ण राज्य का दर्जा दिया गया।

बयालीसवां (1976) प्रस्तावना में पंथनिरपेक्ष, समाजवादी और अखण्डता शब्द जोड़े गए।

राष्ट्रपति मंत्रिमंडल की सलाह मानने के लिए बाध्य।

मौलिक कर्त्तव्यों का समावेश।

चौवालीसवां (1978) सम्पत्ति के मौलिक अधिकार को समाप्त किया।

सशस्त्र विद्रोह की स्थिति में और मंत्रिमंडल की लिखित सलाह पर आपात्काल की घोषणा राष्ट्रपति करेगा।

बावनवां (1985) दल-बदल विरोधी प्रावधान।

इकसठवां (1989) मताधिकार की आयु 21 से घटाकर 18 की गई।

तिहत्तरवां (1992-93) पंचायती राज लागू हुआ।

पचासीवां (2001) सरकारी सेवाओं में अनुसूचित जाति/जनजाति के अभ्यर्थियों के लिए पदोन्नतियों में आरक्षण की व्यवस्था।

छियासीवां (2002) राज्य द्वारा 6 से 14 साल तक के सभी बच्चों को निःशुल्क तथा अनिवार्य शिक्षा उपलब्ध कराने का प्रावधान।

इक्यानवेवां (2003) दल-बदल में केवल संपूर्ण दल के विलय को मान्यता।

केंद्र में लोकसभा तथा राज्य में विधानसभा की कुल सदस्य संख्या के 15% से अधिक मंत्री नहीं हो सकते।

बयानवेवां (2003) संविधान की आठवीं अनुसूची में बोडो, डोगरी, मैथिली और संथाली भाषा का समावेश।

एक सौ बाइसवां विधेयक 2014 (विधेयक) यह बिल जीएसटी से जुड़ा हुआ है। इस बिल के माध्यम से जीएसटी को संसद में प्रस्तुत किया गया था। इस बिल ने संविधान में नए अनुच्छेद 246A, 269A, अनुच्छेद 279A को शामिल और अनुच्छेद 268A को समाप्त किया है जोकि संविधान में 88वें संविधान संशोधन अधिनियम 2003 द्वारा शामिल किया गया था।

नीति आयोग

प्रधानमंत्री नरेंद्र मोदी ने 15 अगस्त, 2014 को लाल किले से अपने संबोधन के दौरान योजना आयोग को समाप्त कर, उसकी जगह एक नयी संस्था नीति आयोग (Niti Aayog) स्थापित करने की घोषणा की थी। नीति आयोग का पूरा नाम NATIONAL INSTITUTE FOR TRANSFORMING INDIA (NITI) है। यह नयी संस्था 8 सदस्यीय एक थिंक टैंक है। इस आठ सदस्यीय थिंक टैंक में एक अध्यक्ष और सात सदस्य हैं। राज्यों की पुरानी मांग को पूरा करते हुए नये आयोग में राज्यों को भी भागीदार बनाया गया।

भारतीय अर्थव्यवस्था

*अर्थशास्त्र का जनक - **एडम स्मिथ**

*भारतीय अर्थव्यवस्था - **विकासशील**

*'तृतीय विश्व' शब्द प्रयुक्त होता है - **विकासशील देश के संदर्भ में**

*पूंजीवादी व समाजवादी अर्थव्यवस्था अपनाने वाला राष्ट्र - **क्रमशः अमेरिका व रूस**

*विश्व की सबसे बड़ी अर्थव्यवस्था है - **अमेरिका**

*विश्व की दूसरी सबसे बड़ी अर्थव्यवस्था है - **चीन**

*सकल घरेलू उत्पाद की दृष्टि से भारत का संसार में स्थान है - **10वां**

*भारत की अर्थव्यवस्था का विश्व में स्थान (क्रयशक्ति के आधार पर) है - **तीसरा**

*वैश्विक प्रतिस्पर्द्धा सूचकांक में भारत का विश्व में स्थान है - **40वां***

मिश्रित अर्थव्यवस्था को अपनाने वाला विश्व का पहला राष्ट्र था - **फ्रांस**

*भारत में अर्थव्यवस्था है - **मिश्रित**

*मिश्रित अर्थव्यवस्था का अर्थ है - **निजी तथा सार्वजनिक क्षेत्रों का सह अस्तित्व**

*मिश्रित अर्थव्यवस्था का आरंभ - **1948 में**

*न्यू डेवलपमेंट बैंक कब आस्तित्व मे आया - **वर्ष 2015**

*न्यू डेवलपमेंट बैंक के वर्तमान अध्यक्ष हैं - **के वी कामथ**

*मानव विकास रिपोर्ट जारी करता है - **संयुक्त राष्ट्र विकास कार्यक्रम (UNDP) 1990 से**

*मानव विकास सूचकांक (HDI) का आंकलन का आधार है - **जीवन प्रत्याशा, शिक्षा का स्तर एवं प्रति व्यक्ति आय**

*HDI-2016 के अनुसार मानव विकास मामले में भारत का स्थान - **131वां (188 देशों में)**

*मानव विकास सूचकांक 2016 के अनुसार मानव विकास मामले में प्रथम तथा अंतिम स्थान है - **क्रमशः नार्वे व सेन्ट्रल अफ्रीकन रिपब्लिक**

*भारत के मानव विकास रिपोर्ट को जारी करता है - **योजना आयोग (अब नीति आयोग)**

*राज्यस्तरीय मानव विकास रिपोर्ट जारी करने वाला भारत का पहला राज्य - **मध्य प्रदेश**

*सर्वप्रथम राष्ट्रीय आय का आंकलन किया गया - **1868 में दादा भाई नौरोजी द्वारा**

*राष्ट्रीय आय समिति का गठन हुआ था - **अगस्त, 1949 में**

*राष्ट्रीय आय समिति ने अपनी पहली रिपोर्ट प्रस्तुत की थी - **1951 में**

*राष्ट्रीय आय है - **एक प्रवाह, स्टॉक नहीं**

*हिन्दू वृद्धि दर संबंधित है - **राष्ट्रीय आय से**

गरीबी तथा बेरोजगारी उन्मूलन से संबंधित योजनाएं तथा उनके प्रारंभ वर्ष

योजनाएं	प्रारंभ
इंदिरा आवास योजना	1988-89 ई.
प्रधानमंत्री रोजगार योजना	1985-86 ई.
रोजगार आश्वासन योजना	1993 ई.
स्वर्णजयंती शहरी रोजगार योजना	1993 ई.
स्वर्णजयंती ग्राम स्वरोजगार योजना	1997 ई.
जवाहर ग्राम समृद्धि योजना	1999 ई.
प्रधानमंत्री ग्रामोदय योजना	2000-01 ई.
अन्नपूर्णा योजना	2000 ई.
जनश्री बीमा योजना	2000-01 ई.
अन्त्योदय अन्न योजना	2000 ई.
आश्रय बीमा योजना	2001-02 ई.
जे.पी. रोजगार गांरटी योजना	2002-03 ई.
भारत निर्माण कार्यक्रम	2005-06 ई.
राष्ट्रीय ग्रामीण रोजगार गांरटी कार्यक्रम	2006 ई.
प्रधानमंत्री जनधन योजना	2014 ई.
प्रधानमंत्री आवास योजना	2015 ई.
प्रधानमंत्री उज्जवला योजना	2015 ई.
अटल पेंशन योजना	2015 ई.
प्रधानमंत्री मुद्रा योजना	2015 ई.
प्रधानमंत्री जन औषधि योजना	2015 ई.
स्टैंड अप इंडिया स्कीम	2016 ई.
प्रधानमंत्री युवा योजना	2016 ई.
प्रधानमंत्री वय वंदना योजना	2018 ई.

*हिन्दू वृद्धि दर के अवधारणा के प्रतिपादक थे **- प्रो० राज कृष्ण**

*किसी भी देश की आर्थिक विकास दर का सर्वश्रेष्ठ सूचक होती है **- प्रति व्यक्ति आय**

*राष्ट्रीय आय के अनुमान का सर्वप्रथम सरकारी अनुमान दिया गया **- 1948-49 में**

*राष्ट्रीय आय का सर्वश्रेष्ठ मापक है **- साधन लागत पर शुद्ध राष्ट्रीय उत्पाद (NNP)**

*वर्ष 2011-12 (आधार वर्ष) के अनुसार सकल घरेलू उत्पाद (GDP) में कृषि क्षेत्र का योगदान है - 15.11%

*भारत की राष्ट्रीय आय का मुख्य स्रोत है **- कृषि**

*राष्ट्रीय आय तथा सकल घरेलू उत्पाद (GDP) का लेखा करता ह - **CSO**

*केंद्रीय सांख्यिकी संगठन (CSO) की स्थापना हुई थी **- 2 मई, 1951 में**

*केंद्रीय सांख्यिकी संगठन ने पहली देशव्यापी आर्थिक गणना करायी थी - **1977 में**

*CSO का मुख्यालय है **-कोलकता में**

*भारत में जी. डी. पी. (सकल घरेलू उत्पाद) में सर्वाधिक योगदान वाला राज्य है **-महाराष्ट्र**

*राष्ट्रीय लेखा सांख्यिकी कहलाता है **- श्वेत-पत्र**

*श्वेत-पत्र प्रकाशित करता है - **CSO**

*वर्तमान में भारत में राष्ट्रीय आय की गणना का आधार वर्ष है **- 2004-05**

*'भारतीय सांख्यिकीय संस्थान' है **- नई दिल्ली में**

*2016-17 में GDP में प्राथमिक क्षेत्र (कृषि), द्वितीयक क्षेत्र (उद्योग) एवं तृतीयक क्षेत्र (सेवा) का अनुमानित योगदान है **-क्रमशः 17.32%, 29.02% तथा 53.66%**

*राष्ट्रीय आय में सर्वाधिक योगदान है **- तृतीयक क्षेत्र (सेवा क्षेत्र) का**

*प्राथमिक क्षेत्र संबंधित है **- कृषि, पशुपालन, मत्स्यपालन से**

*द्वितीयक क्षेत्र संबंधित है **- विनिर्माण, निर्माण विद्युत, जलापूर्ति से**

*तृतीयक क्षेत्र संबंधित है **- सेवा क्षेत्र, व्यापार, परिवहन, संचार से**

*प्रतिव्यक्ति आय मामले में अग्रणी देश है **- कतर**

*भारत में सर्वाधिक प्रतिव्यक्ति आय वाला राज्य तथा केंद्रशासित राज्य है **- क्रमशः दिल्ली, गोवा व चंडीगढ़**

*भारत में गरीबी मापने का आधार है **- न्यूनतम कैलोरी उपभोग के मौद्रिक मान**

*ग्रामीण व शहरी क्षेत्र में एक व्यक्ति के प्रतिदिन के भोजन में होना चाहिए **- क्रमशः 2400 कैलोरी व 2100 कैलोरी**

*भारत में गरीबी का आंकलन किया जाता है **- लकड़वाला फार्मूला के आधार पर**

*लकड़वाला फार्मूला को स्वीकृति प्रदान की गई **- 11 मार्च, 1997 को योजना आयोग द्वारा**

*अंत्योदय कार्यक्रम का उद्देश्य है **- गरीबों में सबसे गरीब की सहायता करना**

*अंत्योदय कार्यक्रम सर्वप्रथम प्रारंभ हुआ **- राजस्थान में**

*देश में सर्वाधिक गरीब राज्य - **उड़ीसा**

*भारत में बेरोजगारी संबंधित आंकड़े तैयार किए जाते हैं - **राष्ट्रीय प्रतिदर्श सर्वेक्षण (NSSO) द्वारा**

*भारत के कृषि क्षेत्र में पाई जाने वाली बेरोजगारी है - **अदृश्य/प्रच्छन्न बेरोजगारी**

*व्यापार चक्र की मंदी के समय उत्पन्न बेरोजगारी कहलाता है - **चक्रीय बेरोजगारी**

*भारत में बेरोजगारी का स्वरूप है **- संरचनात्मक**

*ग्रामीण क्षेत्रों में पायी जाने वाली बेरोजगारी है **- मौसमी बेरोजगारी (कृषि क्षेत्रों में)**

*शहरी क्षेत्रों में पायी जाने वाली बेरोजगारी है **- खुली/प्रत्यक्ष बेरोजगारी**

*वित्तीय वर्ष की अवधि **- 1 अप्रैल से 31 मार्च**

*प्रथम वित्त आयोग का गठन - **1951 में**

*वित्त आयोग का गठन होता है **- राष्ट्रपति द्वारा (अनुच्छेद-280 के तहत)**

*वित्त आयोग के प्रथम अध्यक्ष **- के०सी० नियोगी**

*वित्त आयोग के अध्यक्ष की नियुक्ति करता है **- राष्ट्रपति**

*वित्त आयोग में सदस्यों की संख्या होती है **- 5 (अध्यक्ष सहित)**

*अब तक गठित वित्त आयोगों की संख्या है **- 15**

*15वें वित्त आयोग का गठन हुआ **- 2017 में**

*15वें वित्त आयोग के अध्यक्ष **- एन० के० सिंह**

15वें वित्त आयोग की सिफारिशों की अवधि है **- 2020-2025 तक**

*वित्त आयोग का मुख्य कार्य है **- केंद्र व राज्य के मध्य राजस्व बंटवारे का निर्धारण करना**

* 7वें वेतन आयोग के अध्यक्ष **- ए० के० माथुर**

*योजना आयोग का गठन हुआ **- 15 मार्च, 1951**

*योजना आयोग का प्रस्ताव प्रस्तुत किया था **- जॉन मथाई ने (1950 में)**

*योजना-आयोग का गठन हुआ था **- 1946 में नियोगी समिति के सिफारिश पर**

*योजना-आयोग संस्था है **- परामर्शदात्री व गैर-संवैधानिक**

*योजना आयोग का अध्यक्ष होता है **- प्रधानमंत्री**

*योजना आयोग के प्रथम अध्यक्ष एवं उपाध्यक्ष थे - **क्रमशः पं० जवाहरलाल नेहरू व गुलारीलाल नंदा**

*योजना आयोग के उपाध्यक्ष को दर्जा प्राप्त होता है **- कैबिनेट मंत्री का**

*योजना आयोग के उपाध्यक्ष की नियुक्ति करता है **- प्रधानमंत्री की सलाह पर राष्ट्रपति**

*योजना आयोग के सदस्यों की संख्या एवं उनका कार्यकाल - **निश्चित नहीं होता**

*योजना आयोग का मुख्य कार्य है **-पंचवर्षीय योजना का निर्माण व रूपरेखा तैयार करना**

*योजना आयोग उनका इंडिया विजन-2020 का दस्तावेज किया हुआ **- 23 जनवरी, 2003 को**

*इंडिया विजन-2020 में सकल घरेलू उत्पाद (GDP) का निर्धारित लक्ष्य है **- 9%**

*'सुपर कैबिनेट' कहलाता है **- योजना आयोग**

*राष्ट्रीय विकास परिषद् (NDC) का गठन हुआ था **- 6 अगस्त, 1952 को**

*NDC संस्था है **- गैर-संवैधानिक**

*NDC का अध्यक्ष होता है **- प्रधानमंत्री**

*राष्ट्रीय विकास परिषद् के सदस्यों में शामिल होते हैं - **केंद्रीय मंत्रीमंडल के सदस्य, राज्यों के मुख्यमंत्री, केंद्रशासित राज्यों के प्रशासक तथा योजना आयोग के सदस्य**

*भारत में योजना का स्वरूप है - **मिश्रित**

*भारत के लिए नियोजित अर्थव्यवस्था (Planned Economy for India) पुस्तक को लिखा है **- विश्वेश्वरैया ने (1934 में)**

*गांधी योजना पुस्तक के लेखक हैं **- मन्नारायण ने (1944 में)**

*'बॉम्बे प्लान' (15वर्षीय योजना) लागू हुई **- 1944 में (8 उद्योगपतियों द्वारा)**

*जन योजना (People's Plan) निर्मित की गई **- एम०एन० राय द्वारा अप्रैल 1945 में**

*सर्वोदय योजना प्रस्तुत किया था **- जयप्रकाश नारायण ने (जनवरी, 1950 में)**

*नियोजन से तात्पर्य है **- आर्थिक नियोजन**

*आर्थिक नियोजन को सर्वप्रथम अपनाया **- रूस ने**

*आर्थिक नियोजन विषय है **- समवर्ती सूची में**

*आर्थिक नियोजन से संबंधित अनुसूची - **7वीं**

*नियोजित आर्थिक विकास का शुभारंभ **- 1951 में**

*भारत में पंचवर्षीय योजनाओं के क्रियान्वयन का दायित्व होता है **- केंद्र व राज्य सरकार पर**

*राष्ट्रीय योजना समिति की स्थापना की थी **- 1938**

*राष्ट्रीय योजना समिति के अध्यक्ष **- पं० नेहरू**

*राष्ट्रीय योजना समिति की रिपोर्ट प्रकाशित हुई थी **- 1949 में**

*भारत में पंचवर्षीय योजनाएं प्रेरित हैं **- रूस से**

*प्रथम पंचवर्षीय योजना (1951-56) आधारित थी **- हेरॉड डोमर मॉडल पर**

*प्रथम पंचवर्षीय में प्राथमिकता (बल) दी गई थी **- कृषि को**

*द्वितीय पंचवर्षीय योजना (1956-61) आधारित थी **- पी०सी० महालानोबिस के मॉडल पर**

*द्वितीय पंचवर्षीय योजना में सर्वोच्च प्राथमिकता दी गई **- भारी व आधारभूत उद्योगों पर**

*राउरकेला (उड़ीसा), भिलाई (वर्तमान छत्तीसगढ़) व दुर्गापुर (प० बंगाल) इस्पात कारखानों की स्थापना की गई थी **- दूसरी योजना काल में**

*पंडित जवाहर लाल नेहरू ने 'अधिक काम, अधिक उत्पादन एवं अधिक वितरण' का नारा दिया था **- द्वितीय पंचवर्षीय योजना में**

*तृतीय पंचवर्षीय योजना (1961-66) आधारित थी **- हेराल्ड डोमर संवृद्धि मॉडल पर**

*तृतीय योजना का उद्देश्य था - **अर्थव्यवस्था को स्वावलम्बी एवं स्वस्फूर्त बनाना**

*अब तक की सबसे असफल योजना है **- तृतीय**

*तृतीय योजना का विकास दर लक्ष्य एवं प्राप्ति दर लक्ष्य था **- क्रमशः 5.6% तथा 2.8%**

*तृतीय पंचवर्षीय योजना के असफलता का कारण था - **भारत-पाक युद्ध (1965), भारत-चीन युद्ध (1962) एवं भयंकर अकाल**

*तीन वार्षिक योजनाओं का काल था **- 1966-69**

*तीन वार्षिक योजनाओं को संज्ञा दी जाती है **- योजना अवकाश (1966-69) की**

*हरित क्रांति एवं बोकारो स्टील प्लांट (1968) की शुरुआत हुई थी **- योजना अवकाश में**

*चतुर्थ योजना का काल **- 1969-74 तक**

*चतुर्थ पंचवर्षीय योजना (1969-74)की रूपरेखा तैयार की **- डी. आर. गाडगिल ने**

*योजना आयोग के स्थान पर बनाया गया नया संस्थान **- नीति आयोग**

*गाडगिल योजना कहलाती है **- चतुर्थ योजना**

*चतुर्थ योजना का मुख्य उद्देश्य था **- स्थिरता के साथ विकास**

*पाँचवी योजना का काल था **- 1974-79**

*पाँचवी पंचवर्षीय योजना (1974-78) की रूपरेखा तैयार की **- डी. पी. धर ने**

*पाँचवी योजना का मुख्य उद्देश्य था **- गरीबी उन्मूलन व आत्मनिर्भरता**

*एक वर्ष पूर्व में ही समाप्त होने वाली योजना थी - **पांचवीं पंचवर्षीय योजना**

*इंदिरा गांधी ने 'गरीबी हटाओ' का नारा दिया था **- पांचवी पंचवर्षीय योजना काल में**

*'काम के बदले अनाज' (1977-78) कार्यक्रम प्रारंभ हुआ था **- पाँचवी पंचवर्षीय योजना काल में**

*नाबार्ड की स्थापना हुई थी **- छठी योजना काल (1980-85) में**

*राष्ट्रीय ग्रामीण रोजगार योजना प्रारंभ हुई थी **- छठी योजना काल में**

*सातवीं पंचवर्षीय योजना (1985-90) की रूपरेखा तैयार की थी **- रामकृष्ण हेंगड़े ने**

*इंदिरा आवास योजना (1985-86) तथा जवाहर रोजगार योजना (28 अप्रैल, 1989) शुरू हुई थी - **सातवीं योजना काल में**

*आठवीं पंचवर्षीय योजना (1992-97) की रूपरेखा तैयार की थी - **प्रणव मुखर्जी ने**

*आठवीं योजना का मुख्य उद्देश्य था **- मानव संसाधन का विकास**

*अब तक की सबसे सफल योजना थी **- आठवीं**

*आठवीं योजना की विकास दर लक्ष्य एवं प्राप्ति दर लक्ष्य **- क्रमशः 5.6% तथा 6.8%**

*महिला संवृद्धि योजना (2 अक्टूबर, 1993) शुरू हुई **- 8वीं योजना काल में**

*प्रधानमंत्री रोजगार योजना (15 अगस्त, 1993) प्रारंभ हुई थी **- आठवीं योजना काल में**

*नौवीं योजना (1997-2002) का मुख्य उद्देश्य था - **सामाजिक न्याय व समानता के साथ आर्थिक संवृद्धि**

*दसवीं योजना का समय था **- 2002-07**

*अब तक की सबसे तेज विकास दर वाली योजना रही है **- दसवीं योजना**

*दसवीं योजना की विकास दर लक्ष्य एवं प्राप्ति लक्ष्य दूर - **क्रमशः 8% व 7.6%**

*11वीं योजना की अवधि **- 2007-12**

*11वीं पंचवर्षीय योजना का मुख्य लक्ष्य है

- आर्थिक संवृद्धि दर बढ़ाना

*12वीं योजना की अवधि है **- 2012-17**

*अंत्योदय अन्न योजना का आरंभ की गई **- 25 दिसम्बर, 2000 ई० को**

*अन्नपूर्णा योजना शुरू की गई **- 1 अप्रैल, 2000 को**

*TRYSEM योजना की शुरू हुई थी **- 15 अगस्त, 1979 को**

*बीस सूत्री कार्यक्रम शुरू हुआ **- 1974-75 में**

*राष्ट्रीय ग्रामीण रोजगार योजना (NREP) शुरू हुई थी **- 1980 में**

*संपूर्ण ग्रामीण रोजगार योजना (SGRY) शुरू हुई **- 25 सितम्बर, 2001 को**

*राष्ट्रीय ग्रामीण रोजगार गारंटी अधिनियम (NREGA) शुरू हुई **- 2 फरवरी, 2006 को**

*'नरेगा' का शुभारंभ किया **- प्रधानमंत्री मनमोहन सिंह ने आंध्र प्रदेश के अनंतपुर जिले से**

*महात्मा गाँधी राष्ट्रीय ग्रामीण रोजगार गारंटी अधिनियम (मनरेगा) प्रारंभ किया गया **- 2 अक्टूबर, 2009 को ('नरेगा' के स्थान पर)**

*नरेगा के तहत न्यूनतम दैनिक मजदूरी है **- ₹ 100**

*नरेगा के तहत एक साल में रोजगार गारंटी दी जाती है **- 100 दिन में**

*सभी जिलों में '100 दिन की रोजगार गारंटी योजना' लागू करने वाला प्रथम राज्य है **- बिहार**

*जवाहर ग्राम संवृद्धि योजना शुरू हुई थी **- 1 अप्रैल, 1999 में**

*सर्वशिक्षा अभियान शुरू **- 2000-01 में**

*'हरियाली योजना' का शुभारंभ हुआ **- 27 जनवरी, 2003 को**

*'कृषक बीमा आय योजना' प्रारंभ हुई **- 2003-04 में**

*'स्व-जलधार कार्यक्रम' शुरू हुआ **- दिसम्बर 2002 में**

*'प्रधानमंत्री ग्राम सड़क योजा' प्रारंभ की गई थी **- दिसम्बर, 2000 को**

*'प्रधानमंत्री ग्रामोदय योजना' प्रारंभ की गई थी **- 2000-2001 में**

*'प्रधानमंत्री रोजगार सृजन कार्यक्रम' प्रारंभ किए गए **- 15 अगस्त, 2008 से**

*'राष्ट्रीय कृषि बीमा योजना' लागू की गई थी **- 1999-2000 में**

*ग्रामीण क्षेत्रों में महिला एवं बाल विकास कार्य (DWCRA) प्रारंभ हुआ था **- 1982 में**

*'कपार्ट' का गठन हुआ था - **1 सितम्बर, 1986 को (मुख्यालय-नई दिल्ली)**

*उपभोक्ता की बचत का सिद्धांत दिया **- अल्फ्रेड मार्शल ने**

*बंद अर्थव्यवस्था से आशय है **- आयात-निर्यात के बंद होने से**

*'न्यूनतम समर्थन मूल्य' संबंधित है **- कृषि से**

*न्यूनतम समर्थन मूल्य लागू करने वाली संस्था **- कृषि एवं लागत मूल्य आयोग (CACP)**

*भारत में सबसे पहले चकबंदी कानून लागू की गई थे - **1920 ई० में (बड़ौदा में)**

*ऐच्छिक चकबंदी शुरू हुई थी **- 1921 में (पंजाब से)**

*अनिवार्य चकबंदी शुरू हुई थी **- 1928 में (मध्य प्रदेश से)**

*जोतों का आकार सबसे कम - **केरल में**

*भारत में कृषि वर्ष माना जाता है **- 1 अप्रैल से 31 मार्च को**

*रबी फसल बोयी जाती है **- अक्टूबर-नवम्बर में**

*खरीफ फसल बोई जाती है **- जून-जुलाई में**

*रबी फसल **- गेहूं, जौ, चना, मटर, सरसों**

*खरीफ फसल - **चावल, बाजरा, मक्का**

*जायद फसल **- ककड़ी, तरबूजा, खीरा, सब्जी**

*भारत की मुख्य खाद्य फसल **- चावल**

*हरित क्रांति शब्द के सर्वप्रथम प्रयोगकर्त्ता **- डॉ० विलियम गॉड**

*हरित क्रांति शुरू हुई **- 1966-67 में**

*भारत में हरित क्रांति के जन्मदाता **- एम० एस० स्वामीनाथन**

*हरित क्रांति के विश्व स्तरीय जनक **- डॉ० नॉरमन बोरलॉग**

*हरित क्रांति से सबसे प्रभावित फसल – **गेहूं**
*हरित क्रांति के समय भारत का केंद्रीय खाद्य एवं कृषि मंत्री
– **सी० एस० सुब्रमण्यम**
*हरित क्रांति का जनक देश – **फिलीपीन्स**
*सर्वप्रथम हरित क्रांति आयी – **पंजाब में**
*पीली क्रांति संबंधित है
– **तिलहन उत्पादन से**
*भूरी क्रांति संबंधित है
– **उर्वरक उत्पादन से**
*लाल क्रांति संबंधित है
– **मांस व टमाटर से**

प्रमुख वित्तीय एवं व्यापारिक संस्थाएं

संस्थान	स्थापना
भारतीय औद्योगिक वित्त निगम (IFCI)	1948
राज्य वित्त निगम (SFC)	1951
लघु उद्योग विकास संगठन (SIDO)	1954
भारतीय औद्योगिक ऋण/निवेश निगम (ICICI)	1955
भारतीय युनिट ट्रस्ट (UTI)	1964
भारतीय औद्योगिक विकास बैंक (IDBI)	1964
भारतीय पर्यटन विकास निगम (ITDC)	1966
आवास तथा शहरीय विकास निगम (HUDCO)	1970
भारतीय निर्यात आयात बैंक (EXIM-Bank)	1982
भारतीय औद्योगिक पुनर्निर्माण बैंक (IRBI)	1985
लोक कार्यक्रम एवं ग्रामीण विकास परिषद् (CAPART)	1986
राष्ट्रीय आवास बैंक (NHB)	1988
भारतीय प्रतिभूमि एवं विनिमय बोर्ड (SEBI)	1988
भारतीय पर्यटन वित्त निगम (TFCI)	1989
भारतीय लघु उद्योग विकास बैंक (SIDBI)	1990
भारतीय खाद्य निगम (FCI)	1965
भारतीय चाय व्यापार निगम (TTCI)	1971
धातु एवं खनिज व्यापार निगम (MMTC)	1963
भारत निर्यात संवर्द्धन संगठन (ITPO)	1982
जीवन बीमा निगम (LIC)	1956
साधारण बीमा निगम (GIC)	1972
भारतीय स्टेट बैंक (SBI)	1955
भारतीय इस्पात प्राधिकरण (SAIL)	1974
क्षेत्रीय ग्रामीण बैंक (RRB)	1975
भारतीय रिजर्व बैंक (RBI)	1935
पंजाब नेशनल बैंक (PNB)	1894
गृह विकास वित्त निगम (HDFC)	1977
राष्ट्रीय कृषि तथा ग्रामीण विकास बैंक (NABARD)	1982

*गुलाबी क्रांति संबंधित है
– **झींगा उत्पादन से**
*श्वेत क्रांति संबंधित है – **दूध उत्पादन से**
*रजत क्रांति संबंधित है – **अंडा उत्पादन से**
*बादामी क्रांति संबंधित है
– **मसाला उत्पादन से**
*गोल क्रांति संबंधित है
– **आलू उत्पादन से**
*नीली क्रांति संबंधित है
– **मत्स्य पालन से**
*कृष्ण क्रांति संबंधित है – **पेट्रोलियम से**
*ब्राउन क्रांति का संबंध है
– **गैर परंपरागत ऊर्जा से**
*सुनहरी क्रांति का संबंध है
– **फल उत्पादन से**
*सभी क्रांतियों का सम्मिलन है
– **इंद्रधनुषी क्रांति**
*प्रत्यक्ष कर है – **आयकर, संपत्ति कर, निगम कर, मृत्यु कर, भू-राजस्व कर, उपहार कर**
*अप्रत्यक्ष कर
– **बिक्री, तट, उत्पाद, सीमा शुल्क**
*केंद्र सरकार द्वारा लगाया जाने वाला कर
– **आयकर, निगम कर, संपत्ति कर, धन कर, उपहार कर, सीमा शुल्क, कृषि धन पर कर**
*राज्य सरकार द्वारा लगाया जाने वाला कर
– **भू-राजस्व कर, कृषि आयकर, बिक्री कर, मनोरंजन कर, पथ कर, मोटर वाहन कर**
*कर ढांचे में सुधार के लिए गठित समिति
–**चेलैया समिति (गठन-अगस्त, 1991 में)**
*12वीं योजना का समय एवं विकास दर लक्ष्य है – **क्रमशः 2012-17 एवं 9%**
*'रेखा समिति' गठित की गयी
– **अप्रत्यक्ष कर सुधार के लिए**
*'वांचू समिति' संबंधित थी
– **प्रत्यक्ष कर जाँच से**
*सेवा कर की उगाही करता है
– **आयकर विभाग**
*वह स्थिति जिसमें वस्तुओं के मूल्य बढ़ते हैं
– **मुद्रा स्फीति**
*भारत में मुद्रास्फीति की माप की जाती है
– **थोक-मूल्य-सूचकांक द्वारा**
*वर्तमान में थोक मूल्य सूचकांक का आधार वर्ष – **2004-05**

*नया थोक मूल्य सूचकांक में शामिल वस्तुओं की संख्या

- 676 (पहले-435 वस्तुएं)

*मुद्रास्फीति से हानि होती है - **देनदार को**

*मुद्रास्फीति से लाभ होता है - **ऋणी को**

*भारत में वित्तीय घाटे का मौद्रिकरण प्राप्त किया जाता है - **सरकार द्वारा ऋण लेकर**

*'ग्रेशम का नियम' का संबंध है

- मुद्रा के प्रचलन से

*'कानूनी मुद्रा' को कहा जाता है

- फ्लैट मनी

*'प्लास्टिक मनी' कहा जाता है

- क्रेडिट कार्ड को

*मुद्रा आपूर्ति की सर्वाधिक तरल माप - M_1

*मुद्रा पूर्ति में विस्तृत मुद्रा कहलाता है - M_3

*'गिल्ट एज्ड बाजार' संबद्ध है

- सोना-चांदी से

*भारत में विदेशी मुद्रा का सर्वाधिक व्यय होता है

- पेट्रोलियम उत्पादों के आयात पर

*भारत को सर्वाधिक विदेशी मुद्रा प्राप्त होती है **- रत्न तथा आभूषण से**

*भारत सर्वाधिक आयात करता है

- तेल एवं पेट्रोलियम पदार्थ का

*विश्व में मुद्रा की मीट्रिक प्रणाली सर्वप्रथम अपनायी **- 1790 में (फ्रांस में)**

*भारत में मुद्रा की मीट्रिक प्रणाली को अपनाया गया - **1 अप्रैल, 1957 को**

*मुद्रा अवमूल्यन का उद्देश्य है - **निर्यात को बढ़ावा व आयात को कम करना**

*निर्यातकों एवं आयातकों को वित्तीय सहायता प्रदान करता है- **निर्यात-आयात बैंक**

*निर्यात-आयात बैंक (Exim-Bank) की स्थापना हुई थी - **1 जनवरी, 1982 को**

*भारत में जीवन बीमा देन है - **ब्रिटेन की**

*दीर्घकालिक वित्त उपलब्ध कराने वाली संस्था **- UTI, LIC, GIC**

*सामान्य बीमा निगम (GIC) की स्थापना हुई थी **- 1972 में**

*भारत के सामान्य बीमा व्यवसाय का राष्ट्रीयकरण हुआ था **- 1971 में**

*भारतीय जीवन बीमा (LIC) की स्थापना हुई थी **- 1 सितम्बर, 1956 में**

*सबसे बड़ी म्यूचुअल फंड ट्रस्ट संस्था **- UTI**

बैंकिंग क्षेत्र की प्रचलित शब्दावली

बैंक रेट : जिस सामान्य ब्याज दर पर रिजर्व बैंक वाणिज्यिक बैंकों को पैसा उधार देता है, 'बैंक दर' कहलाती है।

रेपो दर : अल्पकालिक आवश्यकताओं की पूर्ति हेतु जिस ब्याज पर कॉमर्शियल बैंक रिजर्व बैंक से नकदी ऋण प्राप्त करते हैं, 'रेपो-दर' कहलाती है।

रिवर्स रेपो दर : अल्पकालिक अवधि के लिए रिजर्व बैंक द्वारा कॉमर्शियल बैंकों से जिस ब्याज दर पर नकदी प्राप्त की जाती है, 'रिवर्स रेपो दर' कहलाती है।

बचत बैंक दर : बैंक ग्राहकों की छोटी-छोटी बचतों पर बैंक द्वारा दी जाने वाली ब्याज दर को 'बचत बैंक दर' कहा जाता है।

जमा दर : बैंक ग्राहकों की सावधि जमाओं पर दी जाने वाली ब्याज की दर को 'जमा दर' कहा जाता है।

नकद आरक्षित अनुपात (सी.आर.आर) : किसी वाणिज्यिक बैंक में कुल जमा राशि का वह (प्रतिशत) भाग जिसे रिजर्व बैंक के पास अनिवार्य रूप से जमा करना पड़ता है, 'नकद आरक्षित अनुपात' कहा जाता है।

वैधानिक तरलता अनुपात (एस.एल.आर.) : किसी भी वाणिज्यिक बैंक में कुल जमा राशि का वह (प्रतिशत) भाग जो नकद स्वर्ण व विदेशी मुद्रा के रूप में उसे अपने पास अनिवार्य रूप से रखना पड़ता है, 'वैधानिक तरलता अनुपात' कहलाता है।

प्राइम लैंडिंग रेट (पी.एल.आर.) : किसी भी बैंक के लिए 'प्राइम लैंडिंग रेट' वह ब्याज दर है, जिस पर बैंक, उस ग्राहक को जिसके संबंध में जोखिम शून्य है, को ऋण देने को तैयार है। यह दर एक प्रकार से आधारित ब्याज दर के रूप में कार्य करती है।

*भारतीय यूनिट ट्रस्ट (UTI) की स्थापना हुई-**1 जुलाई, 1964 ई० को (मुख्यालय-मुम्बई)**

*भारत का प्रथम म्युचूअल फंड - **U.S.-64**

*U.S.-64 योजना समाप्त की गई- **21 मई, 2003**

*राष्ट्रीय कृषि तथा ग्रामीण विकास बैंक (नाबार्ड) की स्थापना हुई थी

- 12 जुलाई, 1982 को (शिवरामन समिति की रिपोर्ट पर)

*भारत का प्रतिभूति मुद्रणालय, सिक्योरिटी प्रिंटिंग प्रेस व बैंक नोट प्रेस स्थित है

- क्रमशः नासिक, हैदराबाद तथा देवास में

*भारत में सरकारी समितियों का ढाँचा है - **त्रि-स्तरीय**

*नकदी में प्राप्त मजदूरी कहलाती है - **मौद्रिक मजदूरी**

*पूँजी साधन का प्रतिफल होता है - **ब्याज**

*आर्थिक संवृद्धि का अर्थ है - **उत्पादन में वृद्धि**

*भारतीय रिजर्व बैंक की स्थापना की गई - **1 अप्रैल, 1935 को (राष्ट्रीयकरण-1 जनवरी, 1949)**

*भारतीय रिजर्व बैंक की स्थापना की गई - **हिल्टन आयोग की सिफारिश पर**

*देश का सबसे बड़ा सार्वजनिक व्यापारिक बैंक है - **भारतीय स्टेट बैंक (स्थापना-1 जुलाई 1955)**

भारत के प्रमुख औद्योगिक संगठन

संस्थान	स्थान
हिन्दुस्तान मशीन टूल्स निगम	बंगलुरू(कर्नाटक)
इंडियन आयरन एंड स्टील कंपनी	बर्नपुर(पं. बंगाल)
बोकारो स्टील लिमिटेड	बोकारो(झारखंड)
हिन्दुस्तान स्टील लिमिटेड	राउरकेला(उड़ीसा)
हिन्दुस्तान शिपयार्ड लिमिटेड	कोचीन(केरल)
भारत हैवी इलेक्ट्रिकल्स लिमिटेड	भोपाल(म. प्र.)
इंटीग्रल कोच फैक्टरी	पेरम्बुदूर(तमिलनाडु)
करेंसी नोट प्रेस	नासिक(महाराष्ट्र)
हिन्दुस्तान एयरक्राफ्ट संस्थान	बंगलौर(कर्नाटक)

*भारत में बैंकों के राष्ट्रीयकरण की संस्तुति प्रस्तुत की थी - **हजारी समिति ने**

*सबसे पहले 14 बड़े व्यापारिक बैंकों का राष्ट्रीयकरण किया गया था - **19 जुलाई, 1969 को**

*दूसरी बार 6 अन्य व्यापारिक बैंकों का राष्ट्रीयकरण किया गया था - **15 अप्रैल, 1980 को**

*रिजर्व बैंक केंद्र तथा राज्य सरकार को ऋण प्रदान करता है - **90 दिन का**

*भारतीय बैंकों की सर्वाधिक शाखाएं हैं - **UK में**

*'प्रीपेड कार्ड' जारी करने वाला पहला वाणिज्यिक बैंक है - **ओरिएंटल बैंक ऑफ कॉमर्स**

*नरसिंहम् समिति का संबंध है - **बैंकिंग सुधार से**

*गोईपोरिया समिति संबंधित है - **बैंक में ग्राहक सेवा सुधार से**

*देश का पहला मोबाइल बैंक है - **लक्ष्मी वाहनी बैंक (मध्य प्रदेश)**

*देश का पहला तैरता ATM स्थापित किया गया - **कोच्चि में (SBI द्वारा)**

*यू० टी० बैंक लि० का 30 जुलाई, 2007 से नया नाम है - **एक्सिस बैंक लिमिटेड**

*भारत में सहकारी बैंकों की शुरूआत हुई - **1904 में**

*मौद्रिक नीति की घोषणा भारतीय रिजर्व बैंक द्वारा की जाती है - **प्रति छह माह के लिए**

*'भारतीय औद्योगिक विकास बैंक' (IDBI) की स्थापना की गई थी - **1 फरवरी, 1964 को**

*'मानूसन का जुआ' कहा जाता है - **भारतीय बजट को**

*बजट पूर्व आर्थिक समीक्षा प्रस्तुत की जाती है - **केवल लोकसभा में**

*घाटे का बजट कहलाता है - **जब सरकारी आय, व्यय से कम हो**

*'बाजार के नियम' के प्रतिपादक थे - **जे०बी० से**

*'सरकारिया आयोग' का गठन किया गया था - **1983 में संसद द्वारा**

*अर्थशास्त्र की भाषा में निवेश का अर्थ है - **शेयरों की खरीदारी**

*भारत के प्रथम एवं सबसे पुराने बम्बई स्टॉक एक्सचेंज (BSE) की स्थापना हुई थी - **1875 ई० में**

*दलाल स्ट्रीट स्थित है - **मुम्बई में**

*राष्ट्रीय स्टॉक एक्सचेंज (NSE) की स्थापना हुई - **1991 ई० में फेरवानी समिति द्वारा**

*राष्ट्रीय स्टॉक एक्सचेंज का प्रमुख प्रवर्तक (Promotor) है - **आई० डी० बी० आई०**

*राष्ट्रीय स्टॉक एक्सचेंज का मुख्यालय स्थित है - **दक्षिण मुम्बई में वर्ली में**

*NIFTY मूल्य सूचकांक है - **NSE का**

*तेजड़िया (Bull) एवं मंदड़िया (Bear) शब्दावली का संबंध है - **शेयर बाजार से**

*भारत में मान्यता प्राप्त स्टॉक एक्सचेंज की संख्या - **23**

*BSE का संवेदी सूचकांक का आधार वर्ष है - **वर्ष 1978-79 ई०**

*BSE का राष्ट्रीय सूचकांक का आधार वर्ष है - **वर्ष 1983-94 ई०**

*नास्डैक है - **अमेरिका का शेयर बाजार**

*डाउ-जोन्स (Dow Jones) शेयर सूचकांक है - **न्यूयार्क स्टॉक एक्सचेंज का**

*भारत में शेयर बाजारों के लिए मुख्य नियंत्रक का कार्य करता है - **SEBI (मुख्यालय-मुम्बई)**

*भारतीय प्रतिभूति एवं विनिमय बोर्ड

(SEBI) की स्थापना हुई थी
– 12 अप्रैल, 1988 में (एस० ए० दवे समिति की अनुशंसा पर)

*भारतीय खाद्य निगम (FCI) की स्थापना हुई **– 1965 ई० में**

*खाद्य एवं कृषि संगठन (FAO) की स्थापना **– 10 अक्टूबर, 1945 को (इटली में)**

*नई आर्थिक सुधार की रूपरेखा सर्वप्रथम तैयार हुई थी
– 1985 में राजीव गांधी के समय में

*विशेष आर्थिक जोन (SEZ) पारित किया गया **– मई, 2005 ई० में**

*मीरा सेठ समिति का संबंध है
– हथकरघा से

*सत्यम् समिति का संबंध है
– वस्त्र नीति से

*भारतीय लघु उद्योग विकास बैंक (SIDBI) की स्थापना हुई थी- **अक्टूबर, 1990 में**

*लघु उद्योगों में सुधार से संबंधित समिति है **– आबिद हुसैन समिति**

*स्वतंत्र भारत में प्रथम औद्योगिक नीति शुरू की गई थी **– 6 अप्रैल, 1948 को**

*भारत का सबसे बड़ा उद्योग है
– सूती वस्त्र उद्योग

*विश्व का सबसे बड़ा उद्योग है **– पर्यटन**

*भारत में सर्वप्रथम लौह–इस्पात कारखाना स्थापित हुआ था
– 1907 में (सांकची, जमशेदपुर में)

*देश में महारत्न व नवरत्न दर्जा प्राप्त कम्पनियों की संख्या है
– क्रमशः 8 तथा 16

*कोर सेक्टर से आशय है
– चयनित आधारभूत उद्योग

*कोर सेक्टर का उद्योग है
– पेट्रोलियम रिफाइनरी, उर्वरक, सीमेंट, विद्युत, कोयला, इस्पात, कच्चे तेल, प्राकृतिक गैस

NTPC की स्थापना हुई थी **– 1975 में**

*तेल एवं प्राकृतिक गैस आयोग (ONGC) की स्थापना हुई थी **– 1956 ई० में**

*प्रथम राज्य वित्त निगम स्थापित किया गया था **– 1953 में (पंजाब में)**

*भारत में पहला जल विद्युत शक्ति गृह प्रारंभ हुआ था **– 1897 ई० में (दार्जिलिंग में)**

*इलेक्ट्रॉनिक समान की गुणवत्ता को प्रदर्शित करता है **– ISI मार्क**

*ISI प्रमाणन जारी की गई थी
– 7 अप्रैल, 2003 को

*हॉलमार्क संबंधित है **– स्वर्ण–आभूषण से**

*'हॉलमार्क' योजना प्रारंभ की गई
– 12 अप्रैल, 2002 से

*इकोमार्क प्रदान किया जाता है
– ऐसे उत्पाद पर जो पर्यावरण को नुकसान नहीं पहुंचाता है

*सर्वप्रथम इकोमार्क निर्धारित किए गए थे
– साबुन व डिटरजेंट के लिए

*CRISIL Credit Rating Information Service of India Ltd. (क्रिसिल) का पूर्ण रूप है **– क्रेडिट रेटिंग एजेंसी**

*भारतीय मानक ब्यूरो (ISO) अस्तित्व में आया था **– 6 जनवरी, 1947 का (मुख्यालय-दिल्ली में)**

*शीतल पेय, सॉस आदि के प्रमाणन के लिए प्रयुक्त चिह्न है **– एफ० पी० ओ०**

*श्वेत वस्तुओं के अंतर्गत शामिल है
– (टी वी, फ्रिज, जेनरेटर, वाशिंग मशीन आदि बिजली की वस्तुएं

*भारत में कर्मचारी राज्य बीमा योजना प्रारंभ की गई **– 1952 में**

*राष्ट्रीय ग्रामीण विकास संस्थान स्थित है
– हैदराबाद (स्थापना-1977 ई०) में

*भारत का सबसे बड़ा नियोक्ता है **– रेलवे**

*'केंद्रीय वन आयोग' की स्थापना हुई थी
– 1965

मानक प्रमाण पत्र

ISO-9001	:	गुणवत्ता प्रबंधन के लिए
ISO-14001	:	पर्यावरण प्रबंधन के लिए
ISO-22000	:	खाद्य सुरक्षा के लिए
ISO-27001	:	सुरक्षा व्यवस्था के संबंध में
ISO-9202	:	आभूषणों की शुद्धता के लिए
ISO-18001	:	व्यावसायिक, स्वास्थ्य एवं सुरक्षा प्रबंध प्रमाणन पद्धति

केंद्र के प्रत्यक्ष कर- आयकर, निगम कर, धन कर, एस्टेट ड्यूटी, व्यय कर

राज्य के प्रत्यक्ष कर- भू-राजस्व, होटल प्राप्तियों पर कर, कृषि आय पर कर, व्यवसाय कर, रोजगार कर

केंद्र के परोक्ष कर- केंद्रीय उत्पाद शुल्क, सेवा कर, सीमा शुल्क, केंद्रीय बिक्री कर

राज्य के परोक्ष कर

- बिक्री कर, राज्य उत्पाद शुल्क, वाहन कर, प्रवेश कर, विज्ञापन कर, शिक्षा उपकर, कच्चे जूट पर कर, विद्युत कर, स्टाम्प एवं पंजीयन शुल्क, डीजल एवं पेट्रोल पर कर

भौतिक विज्ञान

मात्रक

* **मात्रक (Unit) :** किसी राशि के मापन के निर्देश मानक को मात्रक कहते हैं।
* लम्बाई (Length) – मीटर (Meter)
* द्रव्यमान (Mass) – किलोग्राम
* समय (Time) – सेकंड (Seconds)
* कार्य तथा ऊर्जा – जूल (Joule)
* विधुत धारा – एम्पियर (Ampere)
* ऊष्मागतिक ताप – केल्विन (Kelvin)
* ज्योति तीव्रता – कैण्डेला (Candela)
* कोण (Angle) – रेडियन (Radian)
* बल (Strength) – न्यूटन (Newton)
* क्षेत्रफल (Area) – वर्गमीटर

गति

* **अदिश राशि :** वैसी भौतिक राशि, जिनमें केवल परिमाण होता है, दिशा नहीं। जैसेः चाल, कार्य आदि।
* **सदिश राशि :** वैसी भौतिक राशि, जिनमें परिमाण के साथ-साथ दिशा भी रहती है और जो योग के निश्चित नियमों के अनुसार जोड़ी जाती है।
* **दूरी :** किसी दिए गए समयान्तराल में वस्तु द्वारा तय मार्ग की लम्बाई। यह सदैव +ve होती है।
* **विस्थापन :** एक निश्चित दिशा में दो बिन्दुओं के बीच की लम्बवत् (न्यूनतम) दूरी।
* **चाल :** किसी वस्तु द्वारा प्रति सेकेंड तय की गई दूरी। इसका S.I. मात्रक मी./से. है।
* **वेग :** किसी वस्तु के विस्थापन की दर या एक निश्चित दिशा में प्रति सेकेंड वस्तु द्वारा तय की गई दूरी। इसका S.I. मात्रक मी./से. है।
* **त्वरण :** किसी वस्तु के वेग में परिवर्तन की दर। इसका S.I. मात्रक मी./से.^{2} है।
* **कोणीय वेग :** वृत्ताकार मार्ग पर गतिशील कण को वृत्त के केंद्र से मिलाने वाली रेखा एक सेकंड में जितने कोण से घूम जाती है, उसे उस कण का कोणीय वेग कहते है। रेखीय चाल = काणीय चाल × त्रिज्या

कार्य, शक्ति एवं ऊर्जा

कार्य, बल तथा बल की दिशा में वस्तु के विस्थापन के गुणनफल के बराबर होता है। इसका मात्रक जूल है। कार्य = बल × बल की दिशा में विस्थापन

कार्य करने की दर को **शक्ति** कहते हैं। यह एक अदिश राशि है, इसका मात्रक वाट है।

1 वाट घंटा = 3600 जूल,

1 किलोवाट घंटा = 3.6×10^6 जूल,

1 अश्व शक्ति = 746 वाट

किसी वस्तु की कार्य करने की क्षमता को उस वस्तु की ऊर्जा कहते हैं। ऊर्जा एक अदिश राशि है, इसका मात्रक जूल है।

* किसी ग्रह के चारों ओर परिक्रमा करने वाले पिण्ड का उस ग्रह का **उपग्रह** कहते हैं

न्यूटन के नियम

न्यूटन ने सन् 1687 ई. में 'प्रिंसिपिया' में सबसे पहले गति के नियम को प्रतिपादित किया था।

प्रथम नियम यदि कोई वस्तु विराम अवस्था में है, तो वह विराम अवस्था में रहेगी और यदि एकसमान चाल से चल रही है, तो ऐसे ही चलती रहेगी जब तक उस पर बाह्य बल न लगाया जाए। इस नियम को गैलीलियो का नियम या जड़त्व का नियम भी कहते हैं।

द्वितीय नियम किसी वस्तु पर कार्य करने वाले बल का मान वस्तु के द्रव्यमान तथा वस्तु में उत्पन्न त्वरण के गुणनफल के समानुपाती होता है।

तृतीय नियम प्रत्येक क्रिया के बराबर तथा विपरीत दिशा में एक प्रतिक्रिया होती है। बाह्य बल के अभाव में किसी वस्तु की अपनी विरामावस्था या समान गति की अवस्था को बनाए रखने की प्रवृत्ति को **जड़त्व** कहते हैं।

गुरुत्वाकर्षण

* दो पिण्डों के बीच एक आकर्षण बल कार्य करता है जिसे गुरुत्वाकर्षण कहते हैं।
* गुरुत्व वह आकर्षण बल है जिससे पृथ्वी किसी वस्तु को अपने केंद्र की ओर खींचती है।
* चन्द्रमा पर गुरुत्वीय त्वरण (g) का मान, पृथ्वी के गुरुत्वीय त्वरण मान का 1/6 होता है।

* पृथ्वी से चन्द्रमा पर जाने पर सरल लोलक का आवर्तकाल बढ़ जाता है क्योंकि चन्द्रमा पर गुरुत्वीय त्वरण का मान घट जाता है।
* गुरुत्व के कारण जो त्वरण उत्पन्न होता है उसे गुरुत्व जनित त्वरण (g) कहते हैं तथा इसका मान **9.8 मी/से^{2}** होता है।
* न्यूटन के सिद्धान्त को बाद में अलबर्ट आइंस्टाइन

द्वारा सापेक्षता सिद्धांत से बदला गया। इससे पूर्व वराह मिहिर ने कहा था कि किसी प्रकार की शक्ति ही वस्तुओं को पृथिवी पर चिपकाए रखती है।

* चन्द्रमा, पृथ्वी का प्राकृतिक उपग्रह है।
* उपग्रह की कक्षीय चाल उसके द्रव्यमान पर निर्भर नहीं करती है। एक ही त्रिज्या की कक्षा में भिन्न-भिन्न द्रव्यमानों के उपग्रहों की चाल समान होगी।
* उपग्रह की कक्षीय चाल कक्षीय त्रिज्या पर निर्भर करती है। पृथ्वी तल के अति निकट चक्कर लगाने वाले उपग्रह की कक्षीय चाल लगभग 7.9 या 8 किमी/से होती है।
* पृथ्वी के अति निकट चक्कर लगाने वाले उपग्रह का परिक्रमण काल 84 मिनट होता है।
* भू-स्थायी उपग्रह पृथ्वी तल से लगभग 36000 किमी की ऊंचाई पर रहक पृथ्वी का परिक्रमण करता है।
* यह पृथ्वी के अक्ष के लम्बवत् तल में पश्चिम से पूरब की ओर पृथ्वी की परिक्रमा करता है तथा परिक्रमण काल पृथ्वी के परिक्रमण काल (24 घंटे) के बराबर होता है।
* **नियतांक को पहले माध्यम के सापेक्ष दूसरे माध्यम का अवर्तनांक कहते हैं। इस नियम को स्नेल का नियम कहते हैं।**

दाब

* किसी सतह के एकांक क्षेत्रफल पर लगने वाले बल को दाब कहते हैं।
* इसका मात्रक **न्यूटन/मी^{2}** है। यह **सदिश** राशि है।
* वायुमंडलीय दाब **बैरोमीटर** से नापा जाता है।
* हाइड्रोलिक लिफ्ट, हाइड्रोलिक प्रेस, हाइड्रोलिक ब्रेक आदि पास्कल नियमपर आधारित है।
* दाब बढने पर पदार्थ का गलनांक बढ़ जाता है।
* गर्म करने पर जिन पदार्थों का आयतन घट जाता है, दाब बढ़ाने पर उनका गलनांक भी कम हो जाता है।
* सभी द्रवों का क्वथनांक दाब घटाने पर बढ़ जाता है।

घनत्व

* द्रव्यमान प्रति एकांक आयतन घनत्व कहलाता है।
* आपेक्षिक घनत्व को **हाइड्रोमीटर** से मापा जाता है।
* **समुद्र के जल** का घनत्व **साधारण जल** से अधिक होता है।

पृष्ठ तनाव

* द्रव का ताप बढ़ाने पर पृष्ठ तनाव कम हो जाता है और क्रांतिक ताप शून्य हो जाता है।
* पृष्ठ तनाव का मात्रक न्यूटन/मी होता है।
* **साफ जल** का पृष्ठ तनाव, **साबुन के घोल** के पृष्ठ तनाव से **अधिक** होता है। साबुन के घोल को जल में मिलाकर जल के पृष्ठ तनाव को कम किया जा सकता है।
* एक ही पदार्थ के अणुओं के मध्य लगने वाले आकर्षण बल को **ससंजक बल** कहते हैं जबकि विभिन्न पदार्थों के अणुओं के बीच के आकर्षण बल को **आसंजक बल** कहते हैं।
* आसंजक बल के कारण ही जल किसी वस्तु को भिगोता है, पारा कांच से नहीं चिपकता आदि।

कोशिकत्व

केशनली में द्रव के ऊपर चढ़ने या नीचे दबने की घटना को कोशिकत्व कहते हैं।

बरनौली प्रमेय

* जब कोई आदर्श द्रव किसी नली में धारा रेखीय प्रवाह में बहता है, तो उसके मार्ग के प्रत्येक बिन्दु पर उसके एकांक आयतन की कुल ऊर्जा (दाब ऊर्जा, गतिज ऊर्जा एवं स्थितिज ऊर्जा) का योग नियत रहता है।
* वेन्चुरीमीटर, बुनसन बर्नर, कार्बन फिल्टर पम्प, मैगनस प्रभाव तथा वायुयान की गति बरनौली प्रमेय पर आधारित हैं।

तरंग

* तरंग वह विक्षोम है जो ऊर्जा का एक स्थान से दूसरे स्थान तक संचरण करता है।
* तरंग सामान्यतया दो प्रकार की होती हैं
  – यान्त्रिक तरंगें (अनुदैर्ध्य तरंग तथा अनुप्रस्थ तरंग)
  – विद्युत चुम्बकीय तरंगें

तरंगों के प्रकार

* **अनुदैर्ध्य तरंग** जब तरंग **गति की दिशा** माध्यम के कणों के कम्पन करने की दिशा के **अनुदिश** (या **समान्तर**) होती है, तो ऐसी तरंग को अनुदैर्ध्य तरंग कहते हैं। ध्वनि तरंगें, अनुदैर्ध्य तरंगों के उदाहरण हैं।

* **अनुप्रस्थ तरंग** जब तरंग **गति की दिशा** माध्यम के कणों के कम्पन करने की दिशा के **लम्बवत्** होती है, तो इस प्रकार की तरंगों को अनुप्रस्थ तरंग कहते हैं। पानी की सतह पर उत्पन्न तरंगें, प्रकाश तरंगें अनुप्रस्थ तरंगें हैं।
* **विद्युत चुम्बकीय तरंगें** ये ऐसी तरंगें होती हैं, जिसके संचरण के लिए किसी माध्यम की आवश्यकता नहीं होती। प्रकाश, ऊष्मा, विद्युत चुम्बकीय तरंगों के उदाहरण हैं। ये तरंगें प्रकाश की चाल से संचरण करती हैं।

ध्वनि तरंगें

* ध्वनि एक स्थान से दूसरे स्थान तक तरंगों के रूप में गमन करती है।
* ध्वनि तरंगें **अनुदैर्ध्य यांत्रिक तरंगें** होती हैं।
* यांत्रिक तरंगों के आवृत्ति परिसर मुख्यत: तीन है

  श्रव्य तरंगें 20 हर्ट्ज से 20000 हर्ट्ज के बीच की आवृत्ति वाली तरंगों को श्रव्य तरंगें कहते हैं। इन तरंगों को हमारे कान सुन सकते हैं।

  अपश्रव्य तरंगें 20 हर्ट्ज से नीचे की आवृत्ति वाली ध्वनि तरंगों को अपश्रव्य तरंगें कहते हैं। इसे सुन नहीं सकते।

  पराश्रव्य तरंगें 20000 हर्ट्ज से ऊपर की तरंगों को पराश्रव्य तरंगें कहा जाता है, मनुष्य के कान इसे सुन नहीं सकते हैं। लेकिन बिल्ली, कुत्ता, मच्छर तन तरंगों को सुन सकते हैं। चमगादड़ इन तरंगों को उत्पन्न भी कर सकता है।

  पराश्रव्य तरंगों के उपयोग (1) संकेत भेजने में, (2) समुद्र की गहराई का पता लगाने में, (3) कीमती कपड़ों, वायुयान तथा घड़ियों के पुर्जों को साफ करने में, (4) कल-कारखानों की चिमनियों से कालिख हटाने में, (5) दूध के अंदर के हानिकारक जीवाणुओं को नष्ट करने में, (6) अंधेरे में चमगादड़ का उड़ना, (7) गठिया रोग के उपचार एवं मस्तिष्क के ट्यूमर का पता लगाने में।

ऊष्मा

* ऊष्मा एक ऊर्जा है जिससे हमें वस्तु की गर्माहट का अहसास होता है।
* इसका मात्रक **कैलोरी, किलोकैलोरी** तथा **जूल** है।
* 1 कैलोरी = 4.186 जूल।

ताप

* ताप, किसी वस्तु की गर्माहट तथा ठंडक का मापन है।
* वस्तु के ताप को मापने के लिए जो यंत्र प्रयोग किया जाता है, उसे थर्मामीटर कहते हैं।
* मानव शरीर का सामान्य ताप 37°C या 98.4°F है।
* −40°C पर ताप °C और °F समान होते हैं।
* डॉक्टरी थर्मामीटर 96°F से 110°F तक के ताप को मापता है।

$$\frac{C}{5} = \frac{F-32}{9} = \frac{R}{4} = \frac{K-273}{5}$$

* पारे का हिमांक − 39°C होता है एल्कोहॉल का हिमांक − 25°C होता है।

विशिष्ट ऊष्मा

* किसी पदार्थ की विशिष्ट ऊष्मा, ऊष्मा की वह मात्रा है, जो उस पदार्थ के एकांक द्रव्यमान में एकांक ताप वृद्धि उत्पन्न करती है।
* इसका मात्रक **जूल/किग्रा केल्विन** होता है।
* जल की विशिष्ट ऊष्मा सबसे अधिक होती है।
* ताप बढ़ने पर अधिकतर पदार्थों की विशिष्ट ऊष्मा बढ़ती है।
* जल की विशिष्ट ऊष्मा 0°C से 40°C तक ताप बढ़ने पर घटती है तथा इसके बाद बढ़ती हैं।
* जल की विशिष्ट ऊष्मा 15°C पर 4180 जूल/किग्रा केल्विन होती है।
* पारे की विशिष्ट ऊष्मा कम होती है।
* सोने की विशिष्ट ऊष्मा 130 **जूल/किग्रा-केल्विन** होती है।

गुप्त ऊष्मा

* नियत ताप पर पदार्थ की अवस्था में परिवर्तन के लिए अनावश्यक ऊष्मा की मात्रा को पदार्थ की **गुप्त ऊष्मा** कहते हैं।
* बर्फ की गलन गुप्त ऊष्मा **80 कैलोरी/ग्राम** है।
* वाष्पन की गुप्त ऊष्मा **540 कैलोरी/ग्राम** है।

ऊष्मीय संचरण

* ऊष्मा का एक स्थान से दूसरे स्थान जाने को ऊष्मा का संचरण कहते हैं।
* ठोसों में ऊष्मा का संचरण चालन द्वारा होता है।
* गैसों तथा द्रवों में ऊष्मा का संचरण संवहन द्वारा होता है।
* सूर्य से ऊष्मा पृथ्वी पर संवहन विधि द्वारा पहुंचती है।

प्रकाश

प्रकाश एक प्रकार की ऊर्जा है जो विद्युत-चुम्बकीय तरंगों के रूप में संचारित होती है। प्रकाश, अनुप्रस्थ तरंग होती है।

प्रकाश के वेग की गणना सबसे पहले रोमर ने की थी। वायु तथा निर्वात में प्रकाश की चाल सबसे अधिक (3×10^8 मी/से) होती है।

सूर्य का प्रकाश पृथ्वी पर 8 मिनट 19 सेकण्ड में पहुंचता है।

प्रकाश के चिकने पृष्ठ से टकराकर वापस आने की घटना को प्रकाश का परावर्तन कहते हैं।

आपतित किरण, आपतन बिन्दु पर अभिलम्ब तथा परावर्तित किरण एक ही तल में होते हैं। आपतन कोण सदैव परावर्तन कोण के बराबर होता है।

समतल दर्पण से परावर्तन

* प्रतिबिम्ब काल्पनिक,वस्तु के बराबर व उल्टा होता है।
* यदि कोई व्यक्ति v चाल से दर्पण की ओर चलता है, तो उसे दर्पण में अपना प्रतिबिम्ब $2v$ चाल से अपनी ओर आता प्रतीत होगा।
* समतल दर्पण में वस्तु का पूर्ण प्रतिबिम्ब देखने के लिए दर्पण की लम्बाई, वस्तु की लम्बाई से आधी होनी चाहिए।
* समतल दर्पणों द्वारा बने प्रतिबिम्बों की संख्या, $n = \left(\frac{360°}{\theta} - 1\right)$

गोलीय दर्पण

* गोलीय दर्पण दो प्रकार के होते हैं– अवतल, उत्तल
* उत्तल दर्पण से बना प्रतिबिम्ब वस्तु से छोटा, सीधा एवं आभासी होता है जबकि अवतल दर्पण से बना प्रतिबिम्ब बड़ा व वास्तविक होता है।

अवतल दर्पण के उपयोग (1) दाढ़ी बनाने में, (2) आंख, कान एवं नाक के डॉक्टर के द्वारा उपयोग में, (3) गाड़ी की हेडलाइट में, (4) सोलर कूकर में।

उत्तल दर्पण के उपयोग (1) गाड़ी में चालक की सीट के पास पीछे के दृश्य को देखने में (2) सोडियम परावर्तक लैम्प में।

प्रकाश का अपवर्तन

* जब प्रकाश की किरण एक माध्यम से दूसरे माध्यम में जाती है, तो अपने मार्ग से विचलित हो जाती है। यह घटना **प्रकाश का अपवर्तन** कहलाती है।
* **लाल रंग** का अपवर्तनांक सबसे कम तथा **बैंगनी रंग** का अपवर्तनांक सबसे अधिक होता है।
* जब प्रकाश की किरण एक माध्यम से दूसरे माध्यम में जाती है, तो इसकी **आवृत्ति अपरिवर्तित** रहती है जबकि **तरंगदैर्ध्य** तथा **वेग** बदल जाता है।

$$\text{निरपेक्ष अपवर्तनांक} = \frac{\text{निर्वात में प्रकाश की चाल}}{\text{माध्यम में प्रकाश की चाल}}$$

* ताप बढ़ने पर भी सामान्यत: **अपवर्तनांक** घटता है।

लेन्स

* लेंस दो प्रकार के होते हैं : उत्तल लेंस, अवतल लेंस
* जब लेंस अधिक अपवर्तनांक वाले द्रव में डुबाया जाता है, तो इसकी फोकस दूरी बढ़ जाती है तथा उत्तल लेंस, अवतल लेंस की भांति तथा अवतल लेंस, उत्तल लेंस की भांति होता है।
* वायु का बुलबुला द्रव में अवतल लेन्स की भांति कार्य व्यवहार करता है।

मानव नेत्र

स्पष्ट दृष्टि की न्यूनतम दूरी 25 सेमी होती है।

नेत्र दोष

* **निकट दृष्टि दोष :** इस रोग से ग्रसित व्यक्ति नजदीक की वस्तु तो देख लेता है परंतु दूर स्थित वस्तु को नहीं देख पाता है। इस दोष के निवारण में **अवतल लेंस** का प्रयोग किया जाता है।
* **दूर दृष्टि दोष :** इस रोग में निकट की वस्तु नहीं देख पाता है। इस दोष के निवारण के लिए उत्तल लेंस का प्रयोग किया जाता है।
* **जरा दृष्टि दोष :** इस दोष में व्यक्ति दूर तथा पास की वस्तुओं को नहीं देख पाता है। इस दोष का निवारण द्विफोकसीय लेन्स द्वारा किया जाता है।

* **अबिन्दुकता :** इसमें नेत्र क्षैतिज दिशा में तो ठीक देख पाता है परंतु ऊर्ध्व दिशा में नहीं देख पाता है। इसके निवारण के लिए बेलनाकार लेन्स का उपयोग किया जाता है।

आवेश

* पदार्थों को परस्पर रगड़ने पर उस पर जो आवेश की मात्रा संचित रहती है, **स्थिर विद्युत आवेश** कहते हैं।
* **बेन्जामिन फ्रैंकलिन** ने दो प्रकार के आवेशों को **धनात्मक** तथा **ऋणात्मक** नाम दिया था।
* **समान प्रकार** के आवेश **प्रतिकर्षित** करते हैं तथा **विपरीत प्रकार** के आवेश **आकर्षित** करते हैं।
* किसी खोखले चालक के भीतर **विद्युत क्षेत्र शून्य** होता है।
* **चालक :** जिन पदार्थों से होकर आवो सरलता से प्रवाहित होता है उन्हें **चालक** कहते हैं; जैसे चांदी, तांबा, एल्युमीनियम आदि।
* **अचालक :** जिन पदार्थों से होकर आवेश का प्रवाह नहीं होता है, उन्हें **अचालक** कहते हैं; जैसे-लकड़ी, रबर, कागज आदि।

विद्युत धारा

* किसी चालक में विद्युत आवेश के प्रवाह की दर को विद्युत धारा कहते हैं। इसका मात्रक **एम्पियर** है। यह एक सदिश राशि है।

विभिन्न माध्यमों में प्रकाश की चाल

माध्यम	प्रकाश की चाल
निर्वात	3×10^8
कांच	2×10^8
जल	2.25×10^8
रॉक साल्ट	1.96×10^8
तारपीन तेल	2.04×10^8
नाइलोन	1.96×10^8

ओम का नियम

चालक के सिरों पर लगाया गया विभवान्तर उसमें प्रवाहित धारा के अनुक्रमानुपाती होता है।

$I = \frac{V}{R}$ जहां, R प्रतिरोध है।

* **अर्द्धचालकों** का **ताप बढ़ाने** पर उनका **प्रतिरोध घटता** जाता है।
* विद्युत अपघट्य का **ताप बढ़ाने** पर उनका **प्रतिरोध घट** जाता है।
* धातुओं का विशिष्ट प्रतिरोध केवल धातुओं के पदार्थ पर निर्भर करता है।
* यदि किसी तार को खींचा जाता है या उसकी **लम्बाई को दोगुना** कर दिया जाता है, तो उसका प्रतिरोध बदल जाता है लेकिन उसका **विशिष्ट प्रतिरोध अपरिवर्तित** रहता है।
* किसी चालक के विशिष्ट प्रतिरोध के व्युत्क्रम को चालक की विशिष्ट चालकता कहते हैं। इसका मात्रक **(ओम मीटर)**$^{-1}$ होता है।
* **अमीटर :** विद्युत धारा को ऐम्पियर में मापने के लिए **अमीटर** नामक यंत्र का प्रयोग किया जाता है। इसे सदैव **श्रेणीक्रम** में लगाया जाता है। आदर्श अमीटर का **प्रतिरोध शून्य** होता है।
* **फ्यूज :** विद्युत फ्यूज का प्रयोग परिपथ में लगे उपकरणों की सुरक्षा के लिए किया जाता है। यह टिन व सीसे की मिश्रधातु का बना होता है। इसका गलनांक कम होता है। इसे सदैव श्रेणीक्रम में जोड़ा जाता है।
* बल्ब का फिलामेण्ट **टंगस्टन** का बनाया जाता है, जिसका गलनांक 3110°C होता है।
* विद्युत फ्यूज **कम गलनांक** वाली धातु के बनाए जाते हैं ताकि अधिक धारा बहने पर यह पिघलकर विद्युत परिपथ को तोड़ दे।
* **घरेलू परिपथ** में सभी अवयव **समान्तर क्रम** में जोड़े जाते हैं।

चुम्बक

* चुम्बक लोहे तथा अन्य पदार्थों का एक टुकड़ा होता है जो लोहे के पदार्थों को अपनी ओर आकर्षित करता है और लटकाने पर **उत्तर** तथा **दक्षिण ध्रुव** में ठहरती है।
* समान ध्रुव में प्रतिकर्षण एवं असमान ध्रुव में आकर्षण होता है।

कैथोड किरणें

* कैथोड किरणों की खोज **सर विलियम कुक** ने की।
* कैथोड किरणें पतली धातु की चादर से पार निकल जाती हैं।
* इनका वेग प्रकाश के वेग का 1/10 गुना होता है।

प्रकाश का फोटॉन सिद्धांत : प्रकाश ऊर्जा के छोटे-छोटे बण्डलों या पैकिटों के रूप में चलता है, जिन्हें फोटॉन कहते है।

धन किरणें तथा कैनाल किरणें

* इन किरणों की खोज **गोल्डस्टीन** ने की थी।
* धन किरणों धनावेशित कणों द्वारा बनी होती हैं।
* ये सीधी रेखा में गति करती हैं तथा चुम्बकीय व विद्युत क्षेत्र में निक्षेपित हो जाती है।
* ये गैसों को आयनीकृत कर देती हैं।

X-किरणें

* X-किरणों विद्युतचुम्बकीय तरंगें होती हैं इसकी तरंगदैर्ध्य परास 0.1Å – 100Å तक होती है।
* X-किरणों की खोज **रॉन्टजेन** ने की थी।
* X-किरणों सीधी रेखा में चलती हैं।
* ये किरणें विद्युत तथा चुम्बकीय क्षेत्रों में विक्षेपित नहीं होती हैं।

कण	द्रव्यमानों (किग्रा)	आवेश (कूलॉम)	खोजकर्ता
प्रोटॉन	1.672×10^{-27}	$+1.6 \times 10^{-19}$	गोल्डस्टीन
न्यूट्रॉन	1.675×10^{-27}	0	चैडविक
इलेक्ट्रॉन	9.108×10^{-31}	-1.6×10^{-19}	जे. जे. थामसन

* X-किरणें प्रकाश विद्युत प्रभाव का प्रदर्शन करती हैं।

X-किरणों के उपयोग

* **शल्य चिकित्सा में** X-किरणों का उपयोग मानव शरीर के भीतर टूटी हुई हड्डी, धंसी हुई गोली, पथरी आदि का पता लगाने में किया जाता है।
* **रेडियोग्राफी में** X-किरणों द्वारा कुछ रोगों
अम्ल वे पदार्थ हैं जो नीले लिटमस को

रेडियोसक्रियता

* रेडियोसक्रियता की खोज **फ्रेंच वैज्ञानिक हेनरी बेकुरल, एम क्यूरी** तथा **पी क्यूरी** ने की। इस खोज के लिए इन तीनों को संयुक्त रूप से नोबेल पुरस्कार मिला।
* जिन नाभिकों में प्रोटॉन की संख्या 83 या उससे अधिक होती है, वे अस्थायी होते है।
* अधिक समय तक पड़ने पर X-किरणें मानव शरीर के लिए हानिकारक होती हैं।

कण	द्रव्यमान	आवेश	खोजकर्ता	विशेष
पॉजिट्रॉन	9.108×10^{-27}	$+1.6 \times 10^{-19}$	एण्डरसन	इलेक्ट्रॉन का एंटिकण
न्यूट्रिनो	0	0	पाऊली	
पाई-मैसोन	इलेक्ट्रॉन का 274 गुना	धनात्मक एवं ऋणात्मक दोनों	युकावा	अस्थायी, जीव काल 10^{-8} सेकेण्ड
फोटॉन	0	0	आइन्स्टीन	इसका वेग प्रकाश के वेग के बराबर होता है

α, β एवं γ किरणों के गुण

गुण	α	β	γ
उत्पत्ति	नाभिक से	नाभिक से	नाभिक से
प्रकृति	धनात्मक	ऋणात्मक	उदासीन
रचना	$_2He^4$	$_1e^0$	फोटॉन
द्रव्यमान	6.6×10^{-27}kg	9.1×10^{-31}kg	शून्य
आवेश	+2e	-1.6×10^{-19}C	शून्य
फोटोग्राफिक प्लेट पर प्रभाव	✓	✓	✓
विद्युतीय एवं चुम्बकीय क्षेत्र का प्रभाव	✓	✓	

रसायन विज्ञान

पदार्थ

संसार में कोई भी वस्तुओं स्थान घेरती हो, जिसका द्रव्यमान होता हो और जो अपनी संरचना में परिवर्तन को विरोध करती हो, **पदार्थ** कहलाते हैं।

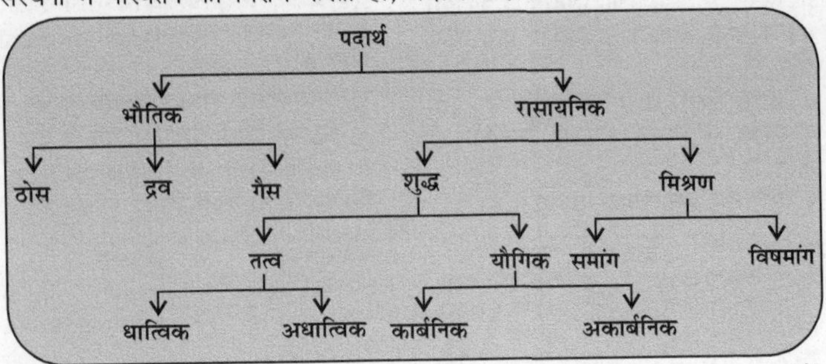

भौतिक एवं रासायनिक परिवर्तन

* वे परिवर्तन जो केवल पदार्थ के भौतिक गुणों जैसे रंग, कठोरता, घनत्व, गलनांक आदि को प्रभावित करते हैं परंतु पदार्थ के रासायनिक संघटन तथा रासायनिक गुणों पर कोई प्रभाव नहीं डालते हैं, **भौतिक परिवर्तन** कहलाते हैं।
* क्रिस्टलन, ऊर्ध्वपातन, क्वथन, गलन, वाष्पीकरण, वृक्षों को काटना, शर्करा, नमक का जल में घुलना आदि सभी भौतिक परिवर्तन हैं।
* **रासायनिक परिवर्तन**, पदार्थ के संघटन तथा रासायनिक गुणों को प्रभावित करते हैं। इन परिवर्तनों के फलस्वरूप नए पदार्थ का निर्माण होता है।
* ईंधन का दहन, मोमबत्ती का जलना, कागज का जलना, जल का विद्युत्-अपघटन, फलों का पकना आदि सभी रासायनिक परिवर्तनों के उदाहरण हैं।

क्वथनांक

* वह तापमान जिस पर किसी द्रव का वाष्पदाब, वायुमण्डलीय दाब के बराबर हो जाता है, उस द्रव का **क्वथनांक** कहलाता है।
* **अशुद्धियों की उपस्थिति में क्वथनांक बढ़ जाता है** यही करण है कि समुद्री जल का क्वथनांक शुद्ध जल की अपेक्षा अधिक होता है।
* **ऊंचाई पर जाने पर, वायुमण्डलीय दाब, समुद्र तल के दाब की अपेक्षा कम हो जाता है।**
* प्रेशर कुकर में दाब अधिक होने के कारण, जल अधिक ताप पर उबलता है जिस कारण भोजन शीघ्रता से पक जाता है।
* ऊंचाई पर जाने पर वायुमंडलीय दाब, फेफड़ों के अंदर, स्थित वायु के दाब से कम हो जाता है। अत: हमें सांस लेने में तकलीफ होने लगती है।

परमाणु, अणु तथा तत्व

* परमाणु किसी तत्व का वह सूक्ष्मतम कण है, जो रासायनिक अभिक्रिया में भाग लेता है, परंतु स्वतंत्र अवस्था में नहीं रह सकता।
* इलेक्ट्रॉन, प्रोटॉन व न्यूटॉन से मिलकर परमाणु बना होता है, जिनमें से प्रोटॉन तथा न्यूटॉन नाभिक में (परमाणु के केंद्र में) उपस्थित रहते हैं जबकि इलेक्ट्रॉन नाभिक के चारों ओर घूमते हैं।
* **अणु** का निर्माण परमाणुओं के संयोग से होता है तथा यह वह सूक्ष्मतम कण है जो स्वतंत्र अवस्था में रह सकता है।
* **तत्व** में केवल एक ही प्रकार के परमाणु उपस्थित होते हैं। **उदाहरण :** कार्बन (C), सल्फर (S), हीरा या डायमण्ड, ग्रेफाइट आदि।
* **समस्थानिकों** में प्रोटॉनों की संख्या (परमाणु क्रमांक) समान होती है जबकि न्यूट्रॉनों की संख्या या द्रव्यमान संख्या (परमाणु क्रमांक + न्यूट्रॉनों की संख्या) भिन्न होती है। उदहारण : ${}_{1}H^{1}$, ${}_{1}H^{2}$, ${}_{1}H^{3}$
* **समभारिकों** में द्रव्यमान संख्या समान तथा परमाणु क्रमांक भिन्न होता है। उदाहरण : ${}_{18}Ar^{40}$, ${}_{19}K^{40}$, ${}_{20}Ca^{40}$
* **समन्यूट्रॉनिक** में न्यूट्रॉनों की संख्या समान होती है, जैसे : ${}_{1}H^{3}$ और ${}_{2}He^{4}$ के नाभिक में न्यूट्रॉनों की संख्या **2** है।

* **समइलेक्ट्रॉनिक :** जिन आयनों और परमाणुओं के इलेक्ट्रॉनिक विन्यास समान होते हैं। जैसे : Ne, Na^+, Mg^{++} और Al^{+++}

नाभिकीय विखण्डन

* नाभिकीय विखण्डन वह प्रक्रम है जिसमें एक भारी नाभिक, दो या अधिक मध्यम आकार के नाभिकों में टूट जाता है। इस प्रक्रम में अत्यधिक मात्रा में ऊष्मा व न्यूट्रॉन उत्पन्न होते हैं।
* **परमाणु बम, अनियंत्रित शृंखला नाभिकीय विखंडन के सिद्धांत पर कार्य करता है।** इसमें ^{234}Pu का प्रयोग ईंधन के रूप में किया जाता है।

नाभिकीय संलयन

* जब दो हल्के नाभिक परस्पर संयुक्त होकर एक भारी तत्व के नाभिक की रचना करते हैं तो इस प्रक्रिया को नाभिकीय संलयन कहते हैं।

पाऊली का अपवर्जन नियम : इसके अनुसार एक दिए गए परमाणु में किन्हीं दो इलेक्ट्रॉनों के लिए चारों क्वाण्टम संख्याओं का मान समान नहीं हो सकता।

हुण्ड का अधिकतम बहुलता का नियम : इसके अनुसार इलेक्ट्रॉन तब तक युग्मित नहीं होते जब तक कि रिक्त कक्षक प्राप्य हैं अर्थात् जब तक संभव है, इलेक्ट्रॉन अयुग्मित रहते हैं।

हाइजेनबर्ग का अनिश्चितता सिद्धांत : इसके अनुसार किसी कण की स्थिति और वेग का एक साथ यथार्थ निर्धारण असंभव है।

ऑफबाऊ नियम : इस नियम द्वारा तत्वों के इलेक्ट्रॉनिक विन्यास लिखने के लिए विभिन्न परमाणु कक्षकों की ऊर्जा बढ़ने का क्रम इस प्रकार है-

$1s < 2s < 2p < 3s < 3p < 4s < 3d < 4p < 5s < 4d < 5p < 6s < 4f < 5d < 6p < 7s$

तारों के अन्दर यह क्रिया निरन्तर जारी है।

ग्राहम का गैसीय विसरण नियम :

$$\frac{r_1}{r_1} = \sqrt{\frac{D_2}{D_1}} = \sqrt{\frac{m_2}{m_1}}$$

* उन्नीसवीं शताब्दी के मध्य में रशियन वैज्ञानिक **डी. आई. मेंडलीफ** ने तत्वों तथा उनके यौगिकों के तुलनात्मक अध्ययन से एक नियम प्रस्तुत किया जिसे **मेंडलीफ का आवर्त नियम** कहते हैं, व **आधुनिक आवर्त-सारणी मोसले** के नियम पर आधारित है। इसके अनुसार तत्वों के गुण उनके परमाणु संख्या के आवर्त फलन होते हैं।

रेडियोकार्बन डेटिंग का प्रयोग कार्बन युक्त पदार्थों के आयु निर्धारण में किया जाता है। यूरेनियम डेटिंग का प्रयोग पृथ्वी, खनिज तथा चट्टानों के आयु निर्धारण में किया जाता है।

अम्लराल : यह 3:1 के अनुपात में सांद्र हाइड्रोक्लोरिक अम्ल एवं सांद्र नाइट्रिक अम्ल का ताजा मिश्रण होता है। यह सोना एवं प्लैटिनम को गलाने में समर्थ होता है।

* **भस्म :** ऐसा यौगिक जो अम्ल से प्रतिक्रिया कर लवण एवं जल देता है, भस्म कहलाता है। ब्रॉन्सटेड लॉरी के सिद्धांत के अनुसार वह यौगिक जिसमें प्रोटॉन ग्रण करने की क्षमता

गुण	ऊपर से नीचे	बायें से दायें
परमाणु का आकार	बढ़ता है	घटता है
विद्युत घनात्मकता	बढ़ती है	घटती है
आयनन ऊर्जा	घटती है	बढ़ती है
विद्युत ऋणात्मकता	घटती है	बढ़ती है
इलेक्ट्रॉन प्रीति	घटती है	बढ़ती है

बॉयल का नियम : स्थिर ताप पर गैस की नियत मात्रा का आयतन उसके दाब का व्युत्क्रमानुपाती होता है।

चार्ल्स का नियम : स्थिर दाब पर किसी गैस की नियत मात्राका आयतन उसके परमताप का सीधा अनुपाती होती है **(परमताप $T = 273° + t°C$)**

आवोगाड्रो का नियम : समान ताप एवं दाब पर सभी गैसों के समान आयतन में अणुओं की संख्या समान होती है। सामान्य ताप एवं दाब पर विभिन्न गैसों के एक ग्राम अणु का आयतन 22.4 लीटर होता है तथा इस 22.4 लीटर में 6.022×10^{23} अणु होते हैं।

* नाभिकीय संलयन के फलस्वरूप जिस नाभिक का निर्माण होता है उसका द्रव्यमान संलयन में भाग लेने वाले दोनों नाभिकों के सम्मिलित द्रव्यमान से कम होता है। द्रव्यमान में यह कमी ऊर्जा में रूपान्तरित हो जाती है। जिसे अल्बर्ट आइंस्टीन के समीकरण E ¾ mc2 से ज्ञात करते हैं।

हो 'भस्म' कहलाता है। लुईस इलेक्ट्रॉनिक सिद्धांत के अनुसार वह यौगिक जिसमें इलेक्ट्रॉन की एक निर्जन जोड़ी प्रदान करने की क्षमता होती है, भस्म कहलाता है।

* **लवण :** अम्ल एवं भस्म की प्रतिक्रिया के फलस्वरूप लवण एवं जल का निर्माण होता है।
* **pH स्केल :** किसी विलयन की अम्लीयता

या क्षारीयता को व्यक्त करने के लिए pH मापदंड का प्रयोग किया जाता है।

* **विलयन :** विलयन दो या दो से अधिक पदार्थों का समांग मिश्रण है जिसमें किसी निश्चित ताप पर विलेय और विलायक की आपेक्षिक मात्राएं एक निश्चित सीमा तक निरंतर परिवर्तित हो सकती है।
* **विलेय और विलायक :** विलयन में जो पदार्थ अपेक्षाकृत अधिक मात्रा में होता है, उसे विलायक कहते हैं तथा जो पदार्थ कम मात्रा में उपस्थित रहते हैं उसे विलेय कहते हैं।
* **परिक्षेपण :** जब किसी पदार्थ के कण दूसरे पदार्थ के कणों के इर्द-गिर्द छितरा दिए जाते हैं तो यह क्रिया परिक्षेपण कहलाती है।
* **निलंबन:** इसमें परिक्षेपित कणों का आकार 10^{-3} सेमी से 10^{-4} सेमी या इससे अधिक होता है। इन्हें आंखों से देखा जा सकता है। ये अस्थायी होते हैं तथा इनके कणों में परिक्षेपण माध्यम से अलग हो जाने की प्रवृत्ति पायी जाती है।

कोलॉइड

* ये विषमांगी विलयन होते हैं जिनमें दो प्रावस्थाएं होती हैं—परिक्षिप्त प्रावस्था तथा परिक्षेपण माध्यम।
* ये विलयन, टिण्डल प्रभाव (अर्थात् कोलाइडी कणों द्वारा प्रकाश का प्रकीर्णन) तथा ब्राउनियन गति दर्शाते हैं।
* जब कोलॉइडी कण, परिक्षेपण माध्यम के प्रति आकर्षण रखते हैं, तो उन्हें द्रव-स्नेही कोलॉइड कहते हैं तथा जब कोलॉइडी कण, परिक्षेपण माध्यम के प्रति कोई आकर्षण नहीं रखते हैं, तो उन्हें द्रव-विरोधी कोलॉइड कहते हैं। द्रव-स्नेही कोलॉइड अधिक स्थायी तथा उत्क्रमणीय होते हैं।
* अपोहन (कोलॉइडी के शुद्धिकरण की एक विधि) का प्रयोग कृत्रिम गुर्दा मशीन की सहायता से रक्त (खून) के शोधन में किया जाता है।
* एलम (फिटकरी) का प्रयोग जल के शोधन में किया जाता है क्योंकि यह जल में उपस्थित अशुद्धियों को स्कन्दित कर देती है अर्थात् उन्हें नीचे तली में बैठा देती है।
* $FeCl_3$ का प्रयोग रक्त को रोकने के लिए किया जाता है क्योंकि यह रक्त को स्कन्दित कर देता है।

कार्बन एवं उसके यौगिक

* **अपरूपता :** वैसे पदार्थ जिनके रासायनिक गुण समान एवं भौतिक गुण भिन्न हों 'अपरूप' कहलाते हैं, और इस घटना को 'अपरूपता' कहते हैं।
* कार्बन के दो मुख्य अपरूप हैं : हीरा एवं ग्रेफाइट।
* **हाइड्रोकार्बन :** कार्बन एवं हाइड्रोजन के यौगिक को हाइड्रोकार्बन कहते हैं।
* हाइड्रोकार्बन तीन प्रकार के होते हैं—संतृप्त हाइड्रोकार्बन, असंतृप्त हाइड्रोकार्बन एवं ऐरोमैटिक हाइड्रोकार्बन।
* **समावयवता :** जब दो या दो से अधिक यौगिकों के अणुसूत्र समान होते हैं, परंतु उनके गुणों में अंतर होता है, तब इस विशेष गुण को समावयवता कहते हैं और प्राप्त यौगिक एक-दूसरे के समावयवी कहलाते हैं। इसके दो मुख्य प्रकार हैं— संरचनात्मक, त्रिविम समावयवता।

ब्राउनी गति : कोलॉइडी विलयन के कण लगातार इधर-उधर भागते रहते हैं, इसे ब्राउनी गति कहते हैं।

टिंडल प्रभाव : जब किसी कोलॉइडी विलयन में तीव्र प्रकाश गुजारते हैं और इसके लम्बवत् रखे सूक्ष्मदर्शी से देखते हैं तो कोलॉइड कण काली पृष्ठभूमि में आलपिन की नोक की भांति चमकने लगते हैं। इसे टिंडल प्रभाव कहते हैं।

कोलॉइड के प्रकार

सोल, जेल, एरोसोल, पायस, झाग

* **बहुलकीकरण :** जब एक ही यौगिक के दो अथवा अधिक अणु आपस में संयोग करके एक बड़ा अणु बनाते हैं, तब इस अभिक्रिया में भाग लेने वाले अणु को मोनोमर और उत्पाद को पॉलीमर (बहुलक) कहते हैं।
* प्राकृतिक बहुलक के उदाहरण हैं—स्टार्च, सेल्यूलोज।
* **वल्कनीकरण :** प्राकृतिक रबड़ को सल्फर के साथ मिलाकर गर्म करने की क्रिया वल्कनीकरण कहलाता है।

बैटरी

* बैटरी वह युक्ति है जो रासायनिक ऊर्जा को विद्युत ऊर्जा में परिवर्तित कर देती है। ये दो प्रकार की होती हैं

  प्राथमिक बैटरी (जिन्हें पुनः आवेशित नहीं किया जा सकता) गैल्वेनी सेल की भांति व्यवहार करती हैं। उदाहरण—शुष्क सेल, मर्करी सेल आदि।

  द्वितीयक बैटरी (जिन्हें आवेशित किया जा सकता है), गैल्वेनी सेल तथा विद्युत

अपघटनी सेल दोनों की भांति व्यवहार करती हैं। उदाहरण–सीसा संचायक बैटरी, निकैल–कैडमियम बैटरी आदि।

ऊर्जा के स्रोत

* नवीकरणीय स्रोत असीमित मात्रा में उपलब्ध होते हैं तथा कभी भी समाप्त नहीं होते हैं; जैसे–वायु, सूर्य का प्रकाश आदि।
* अनवीकरणीय स्रोत सीमित मात्रा में उपलब्ध होते हैं तथा एक लम्बे समय तक लगातार प्रयोग किए जाने पर समाप्त हो जाते हैं; जैसे–खनिज, कोयला, पेट्रोलियम, प्राकृतिक गैस आदि।

ईंधन

* किसी भी ईंधन का उष्मीय मान अधिक होना चाहिए। ईंधन का उष्मीय मान उसकी कोटी का निर्धारण करता है।
* सभी ईंधनों मे हाइड्रोजन का उष्मीय मान सबसे अधिक होता है, परंतु सुरक्षित भण्डारण की सुविधा नहीं होने के कारण इसका उपयोग नही किया जाता है।
* हाइड्रोजन का उपयोग राकेट ईंधन के रूप मे तथा उच्च ताप उत्पन्न करने वाले ज्वलकों मे किया जाता है।
* हाइड्रोजन को भविष्य का ईंधन कहा जाता है।
* किसी ईंधन की आक्टेन संख्या जितनी अधिक होती है,उसका अवस्फोटन उतना ही कम होता है तथा वह उतना ही उत्तम ईंधन माना जाता है।
* **पीट कोयला :** इसमे कार्बन की मात्रा 50% से 60% होती है। इसे जलाने पर अधिक राख एवं धुआं निकलता है। यह सबसे निम्न कोटि का कोयला होता है।
* **लिग्नाइट कोयला :** इसमे कार्बन की मात्रा 65% से 70% तक होती है। इसका रंग भूरा होता है। इसमे जल वाष्प की मात्रा अधिक होती है।
* **बिटुमिनस कोयला :** इसमे कार्बन की मात्रा 70% से 85% तक होती है। इसको मुलायम कोयला भी कहा जाता है इसका उपयोग घरेलू कार्यों में किया जाता है।
* **एंथ्रासाइट कोयला :** यह सबसे उच्च कोटी का कोयला होता है। इसमे कार्बन की मात्रा 85% से भी अधिक होती है।
* **प्राकृतिक गैस :** यह पेट्रोलियम कुआं से निकलती है। इसमें 95% हाइड्रो कार्बन होता है, जिसमे 80% मेथेन रहता है। प्राकृतिक गैस का उपयोग रसोई गैस के रूप मे किया जाता है। घरों मे प्रयुक्त होने वाली प्राकृतिक गैस को एल.पी.जी.कहते हैं। यह ब्यूटेन एवं प्रोपेन का मिश्रण होता है, जिसे उच्च दाब पर द्रवित कर सिलिण्डरों मे भरा जाता है।
* एल.पी.जी.अत्यधिक ज्वलनशील होती है, अत: इससे होने वाली दुर्घटना से बचने के लिये इसमें सल्फर के यौगिक (मिथाइल मरकाप्टेन) को मिला दिया जाता है ताकि इसके रिसाव को इसके गंध से पहचाना जा सके।

निरापद दियासलाई

निरापद दियासलाई में, तिल्ली के सिरे पर ऐन्टिमनी सल्फाइड तथा पोटैशियम क्लोरेट का मिश्रण लगा रहता है तथा दियासलाई की डिब्बी पर चूर्णित कांच तथा लाल फॉस्फोरस का मिश्रण लगा होता है।

धातुएं

* ऐसे तत्व (हाइड्रोजन के अतिरिक्त) जो इलेक्ट्रॉन को त्याग कर धनायन प्रदान करते हैं, धातु कहलाते हैं। धातुएं कहलाते हैं। धातुएं सामान्यत: चमकदार, अधातवर्ध्य तथा तन्य होती है।
* **खनिज :** भूपर्पटी में प्राकृतिक रूप से पाए जाने वाले तत्वों या यौगिक को खनिज कहते हैं।
* **अयस्क :** वे खनिज जिनसे धातुओं को सुगमतापूर्वक तथा लाभकारी रूप में निष्कर्षित किया जा सकता है, अयस्क कहलाते हैं।
* **धातुकर्म :** अयस्कों से धातुओं के निष्कर्षण तथा परिष्करण में सम्मिलित विभिन्न प्रक्रमों को धातुकर्म कहते हैं।
* **गैंग :** अययस्क में मिले अशुद्ध पदार्थ को गैंग कहते हैं।
* **फ्लक्स :** अयस्क में मिले गैंग को हटाने के लिए बाहर से मिलाए गए पदार्थ को फ्लक्स कहते हैं।
* **धातुमल :** गैंग एवं फ्लक्स के मिलने से बने पदार्थ धातुमल कहलाता है।
* **निस्तापन :** इस प्रक्रिया में धातु के अयस्क को उसके द्रवणांक से नीचे के ताप पर गर्म करते हैं, ताकि अयस्क में मिले वाष्पशील अशुद्धियां दूर हो जाए।
* **भर्जन :** इस प्रक्रिया में धातु के अयस्क को गर्म हवा की उपस्थिति में उसके द्रवणांक से नीचे के ताप पर गर्म करते हैं ताकि इसमें मिले अशुद्धि ऑक्सीकृत हो जाए।
* **एसमेल्टिंग :** इस प्रक्रिया में धातु, कोक एवं फ्लक्स की उपस्थिति में उसके द्रवणांक से ऊपर के ताप पर गर्म करते हैं जिससे शुद्ध धातु प्राप्त होती है।

संक्षारण

* धातुओं का उनकी सतह पर वायु एवं आर्द्रता के प्रभाव द्वारा नष्ट होना संक्षारण कहलाता है। यह एक विद्युत रासायनिक प्रक्रम है।
* वायु के संपर्क में आने पर लोहे की सतह फेरिक ऑक्साइड ($Fe_2O_3 . xH_2O$) के निर्माण के कारण भूरी हो जाती है। यह भूरी परत जंग कहलाती है।
* चांदी भी वायु में सिल्वर सल्फाइड (Ag_2S) के निर्माण के कारण काली पड़ जाती है तथा तांबे की सतह, बेसिक कॉपर कार्बोनेट, $Cu(OH)_2 . CuCO_3$ के निर्माण के कारण हरी हो जाती है।
* **लोहे के संक्षारण को जंग लगना कहते हैं।**
* विद्युत-लेपन, तेल, ग्रीस, पेन्ट, वार्निश आदि के लेपन तथा गैल्वेनीकरण (अर्थात् लोहे की वस्तुओं पर जिंक की पर्त के लेपन) द्वारा संक्षारण से बचाव किया जा सकता है।

अधातुएं एवं मानव निर्मित पदार्थ

* **अधातुएं :** आधुनिक आवर्त सारणी के अनुसार 22 अधात्वीय तत्व है, जिनमें 11 गैसें–एक द्रव है तथा शेष 10 ठोस हैं। (द्रव अधातु–ब्रोमीन)
* **सीमेन्ट :** चूना पत्थर या खड़िया को मृत्तिका (लाल मिट्टी) या शैल के साथ खूब गर्म करने से प्राप्त होने वाले पदार्थ को सीमेन्ट कहते हैं।
* **कांच :** साधारण कांच, सिलिका, सोडियम सिलिकेट और कैल्शिय सिलिकेट, का ठोस विलयन होता है। कांच अक्रिस्टलीय ठोस के रूप में एक अतिशीतित द्रव है। कांच की क्रिस्टलीय संरचना नहीं होती और नहीं उसका कोई निश्चित गलनांक होता है।
* **साबुन :** सभी साधारण साबुन उच्चवसीय अम्लों के सोडियम अथवा पोटैशियम लवणों के मिश्रण होते हैं। साबुन बनाने की क्रिया को साबुनीकरण कहते हैं।
* **डिटरजेन्ट :** इसमें लम्बी श्रृंखला का हाइड्रोकार्बन होता है एवं श्रृंखला के अंत में एक ध्रुवीय समूह; परंतु ये साबुन से इस मामले में उत्तम है कि Ca^{+2}, Mg^{+2} तथा Fe^{+3} आयन के साथ अघुलनशील लवण नहीं प्रदान करता है।

अम्ल तथा क्षारक

* अम्ल वे पदार्थ हैं जो नीले लिटमस को लाल कर देते हैं तथा सामान्यतः जल में प्रोटॉन दान करते हैं।
* क्षारक वे पदार्थ हैं जो लाल लिटमस को नीला कर देते हैं। ये प्रोटॉन (H^+) को ग्रहण करते हैं।

कठोर जल

* जल, जिसमें कैल्सियम के बाइकार्बोनेट घुले होते हैं, अस्थायी कठोर जल कहलाता है। स्थायी कठोर जल में कैल्सियम व मैग्नीशियम के विलेय क्लोराइड व सल्फेट उपस्थित होते हैं।
* साबुन, कठोर जल के साथ सल्फेट क्लोराइट व बाइकार्बोनेट के निर्माण के कारण झाग नहीं देता है।
* जल की अस्थायी कठोरता को उबालकर अथवा कैल्सियम हाइड्रॉक्साइड ($Ca(OH)_2$) मिलाकर (**क्लॉर्क प्रक्रम**) दूर किया जाता है।
* जल की स्थायी कठोरता को दूर करने के लिए इसमें, सोडियम कार्बोनेट (Na_2CO_3) मिलाया जाता है।

भारी जल

* यह भारी हाइड्रोजन अर्थात् ड्यूटीरियम का ऑक्साइड है। (**भारी जल का अणु भार = 20**)
* इसका प्रयोग नाभिकीय रिएक्टर में किया जाता है।

तेल का कठोरीकरण

* तेल (असंतृप्त वसा) को निकैल उत्प्रेरक तथा हाइड्रोजन के साथ गर्म करने पर, यह एक ठोस पदार्थ, घी (संतृप्त वसा) में परिवर्तित हो जाता है। यह प्रक्रम तेल का कठोरीकरण कहलाता है।

औषधियां

औषधियां, वे रासायनिक पदार्थ हैं जिनका प्रयोग रोगों के निदान तथा दर्द को कम करने के लिए किया जाता है।

पेस्टिसाइड

ये पदार्थ फसलों को हानि पहुंचाने वाले जीवों को नष्ट कर देते हैं। ये निम्न प्रकार के होते हैं।

कीटनाशी उदाहरण डीडीटी, गैमेक्सेन, एल्युमीनियम।

कवकनाशी उदाहरण बोर्दो मिश्रण, ऑर्गेनोमर्करी यौगिक।

शाकनाशी उदाहरण बेन्जीपॉम, सोडियम क्लोरेट, सोडियम ऑर्सेनेट।

दन्तनाशी उदाहरण एल्युमीनियम फॉस्फाइड।

* **उत्प्रेरण :** ऐसे रासायनिक पदार्थ जो अपनी उपस्थिति मात्र से किसी रासायनिक अभिक्रिया के वेग को परिवर्तित करने की क्षमता रखते हैं तथा स्वयं अभिक्रिया के अंत में रासायनिक रूप से अप्रभावित रहते हैं, उत्प्रेरक कहलाते हैं तथा यह क्रिया उत्प्रेरण कहलाती है।

जीव विज्ञान

जीव विज्ञान, (**लैमार्क एवं ट्रेविरेनस**; 1802) विज्ञान की वह शाखा है, जिसके अंतर्गत सजीवों का अध्ययन किया जाता है। इसकी मुख्यत: तीन शाखाएं–जंतु विज्ञान, वनस्पति विज्ञान तथा सूक्ष्मजीव विज्ञान हैं। **जीवधारियों का पांच-जगत वर्गीकरण– मोनेरा, प्रोटिस्टा, पादप, कवक, जंतु**। वर्गीकरण की आधारभूत इकाई जाति है।

कोशिका सिद्धांत

* कोशिका सिद्धांत माल्थियस शेलेडेन (Malthias Sheleiden) और थिओडोर श्वान (Theodor Schwann) द्वारा प्रस्तुत किया गया। इसके अनुसार कोशिका जीवन की कार्यात्मक, संरचनात्मक और वंशागत इकाई है।

वैज्ञानिक	वर्ष	खोज
फोन्टाना	1781	केंद्रिका
रॉबर्ट ब्राउन	1833	केंद्रक
पुरकिन्जे	1839	जीवद्रव्य नाम दिया
कोलीकर	1857	माइटोकॉण्ड्रिया
डब्ल्यू फ्लेमिंग	1877	समसूत्री कोशिका विभाजन की खोज की
डब्ल्यू फ्लेमिंग	1879	गुणसूत्रों का विभाजन एवं क्रोमेटिन शब्द का प्रतिपादन
बेन्डर्न एवं बोवेरी	1887	जाति में गुणसूत्रों की संख्या निश्चित होती है
कैमेलियो गॉल्जी	1891	गॉल्जीकाय
सी बेण्डा	1898	माइटोकॉण्ड्रिया नाम दिया
डब्ल्यू एस सटन	1902	न्यूनकारी विभाजन का महत्त्व

कोशिका विज्ञान

* जीवद्रव्य का नामकरण पुरकिंजे के द्वारा सन् 1839 ई. में किया गया। यह एक तरल गाढ़ा रंगहीन, पारभासी, लसलसा, वजनयुक्त पदार्थ है, जीव की सारी जैविक क्रियाएँ इसी के द्वारा होती हैं। इसीलिए **जीवद्रव्य** को जीवन का भौतिक आधार कहते हैं।

* जीवद्रव्य के दो भाग–कोशिका द्रव्य एवं केंद्रक द्रव्य।

* कोशिका के दो प्रकार–प्रोकैरियोटिक एवं यूकैरियोटिक।

* कोशिका विभाजन को सर्वप्रथम 1855 ई. में विरचाऊ ने देखा। यह मुख्यत: तीन प्रकार से होते है–असूत्री विभाजन, समसूत्री विभाजन (वाल्थेर फ्लेमिंग 1879), अर्द्धसूत्री विभाजन (वीजमैन)।

आनुवंशिकी

* आनुवंशिकी लक्षणों के पीढ़ी-दर-पीढ़ी संचरण की विधियों और कारणों के अध्ययन को आनुवंशिकी कहते है। इसकी जानकारी सर्वप्रथम आस्ट्रिया निवासी ग्रेगर जोहान मेंडल (1822-1884) ने दी। इन्हें आनुवंशिकता का पिता कहा जाता है।

मेंडल के नियम

1. प्रभाविता का नियम
2. पृथक्करण का नियम
3. स्वतंत्र अपव्यूहन का नियम

* जीवधारी के जो लक्षण प्रत्यक्ष रूप से दिखाई पड़ते है, उसे **फीनोटाइप** कहते हैं।

* जीवधारी के आनुवंशिक संगठन को उसका

जीव/जाति	गुणसूत्र	जीव/जाति	गुणसूत्र
मच्छर	6	घरेलू मक्खी	12
मटर	14	प्याज	16
टमाटर	24	मेंढ़क	26
नींबू	18,36	बिल्ली	38
चूहा	40	गेहूं	42
खरगोश	44	मनुष्य	46
आलू, चिम्पैंजी, तम्बाकू	48		

DNA एवं RNA में मुख्य अंतर

DNA	RNA
इसमें डीऑक्सीराइबोज शर्करा होती है।	इसमें शर्करा राइबोज होती है।
इसमें बेस एडिनीन, ग्वानीन, थायमिन एवं साइटोसीन होती हैं।	इसमें बेस थायमिन की जगह यूरेसिल आ जाता है।
यह मुख्यत: केंद्रक में पाया जाता है।	यह केंद्रक एवं कोशिकाद्रव्य दोनों में पाया जाता है।

कोशिका के मुख्य भाग

1.कोशिका भित्ति, 2. कोशिका झिल्ली, 3. तारककाय, 4. अंत:प्रद्रव्य जालिका, 5. राइबोसोम, 6. माइटोकॉण्ड्रिया 7. गोल्जीकाय, 8. लाइसोसाम, 9. लवक (हरित, अवर्णी, वर्णी) 10. रसधानी, 11. केंद्रक

जीनोटाइप कहते हैं, जो **जीन** का बना होता है।

मानव-आनुवंशिकी

* गुणसूत्र का नामकरण डब्ल्यू वाल्टेस ने 1888 ई. में किया था। गुणसूत्रों में पाए जाने वाले आनुवंशिक पदार्थ को **जीनोम** कहते हैं।
* गुणसूत्रों के बाहर जीन यदि कोशिका द्रव्य के कोशिकांगों में होती है, तो उन्हें **प्लाज्माजीन** कहते हैं।

जैव-विकास

* प्रारंभिक, निम्न कोटि के जीवों से क्रमिक परिवर्तनों द्वारा अधिकाधिक जीवों की उत्पत्ति को **जैव-विकास** कहा जाता है।
* **समजात अंग :** ऐसे अंग जो विभिन्न कार्यों के लिए उपयोजित हो जाने के कारण काफी असमान दिखायी दे सकते हैं, परंतु मूल रचना भ्रूणीय परिवर्द्धन में समान होते हैं, **समजात अंग** कहलाते हैं।
* **समरूप अंग :** ऐसे अंग जो समान कार्य के लिए उपयोजित हो जाने के कारण समान दिखाई देते हैं, परंतु मूल रचना एवं भ्रूणीय परिवर्धन में भिन्न होते हैं, **समरूप अंग** कहलाते हैं।
* **अवशेषी अंग :** ऐसे अंग जो जीवों के पूर्वजों में पूर्ण विकसित होते हैं, परंतु वातावरणीय परिस्थितियों में बदलाव से इनका जमहत्व समाप्त हो जाने के कारण विकास-क्रम में इनका क्रमिक लोप होने लगता है, **अवशेषी अंग** कहलाते हैं।
* **जीवाश्म :** अनेक ऐसे प्राचीन कालीन जीवों एवं पादपों के अवशेष, जो हमारी पृथ्वी पर विद्यमान थे, परंतु बाद में समाप्त अर्थात् विलुप्त हो गए, भू-पटल की चट्टानों में परिरक्षित मिलते हैं, उन्हें **जीवाश्म** कहते हैं एवं इनके अध्ययन को **जीवाश्म विज्ञान** कहा जाता है।
* हमारे चारों ओर अनेक जीव पाए जाते हैं, जीव विज्ञान की वह शाखा जिसमें जीवों का वर्गीकरण किया जाता है **वर्गिकी** कहलाती है।
* **कैरोलस लिनियस** ने जीवों के नामकरण की **द्विनाम पद्धति** प्रतिपादित की, इसके अनुसार वैज्ञानिक नाम **वंश** तथा **जाति** से मिलकर बना होता है।
* लीनियस ने वर्गीकरण की जो प्रणाली शुरू की उसी से आधुनिक वर्गीकरण प्रणाली की नींव पड़ी।
* **विषाणु** अत्यंत सूक्ष्म, पूर्ण परजीवी, न्यूक्लिओप्रोटीन के कण होते हैं, जो केवल जीवित कोशिका के अंदर सक्रिय होते हैं। विषाणु की खोज इवानोवस्की ने 1892 में तम्बाकू में की।
* **जीवाणु** नाम एहरेनबर्ग द्वारा 1829 में दिया गया।

वनस्पति विज्ञान

* विभिन्न प्रकार के पेड़, पौधों तथा उनके क्रियाकलापों के अध्ययन को वनस्पति विज्ञान कहते हैं। **थियोफ्रेस्टस** को वनस्पति विज्ञान का जनक कहा जाता है।
* थैलोफाइटा वनस्पति जगत का सबसे बड़ा समूह है।
* शैवाल के अध्ययन को फाइकोलॉजी कहते हैं।
* कवक पर्णहरित रहित, संकेन्द्रीय, संवहन ऊतकरहित थैलोफाइटा है। इनकी कोशिकाभित्ति **काइटिन** की बनी है।
* जीवाणु की खोज 1683 में हॉलैंड के एण्टोनीवान ल्यूवेनहॉक ने की। जीवाणु विज्ञान का पिता ल्यूवेनहॉक को कहा जाता है।

पादप आकारिकी

* विभिन्न पादप भागों जैसे—जड़, तना, पत्ती, पुष्प, फल आदि के रूपों तथा गुणों के अध्ययन को आकारिकी कहते हैं।
* जड़ पौधों का अवरोधी भाग है, जो

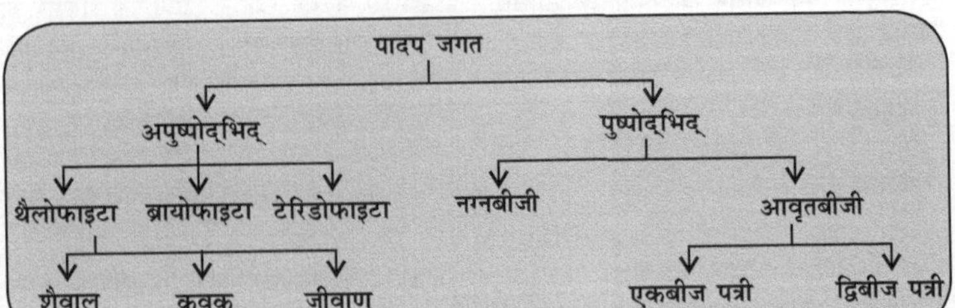

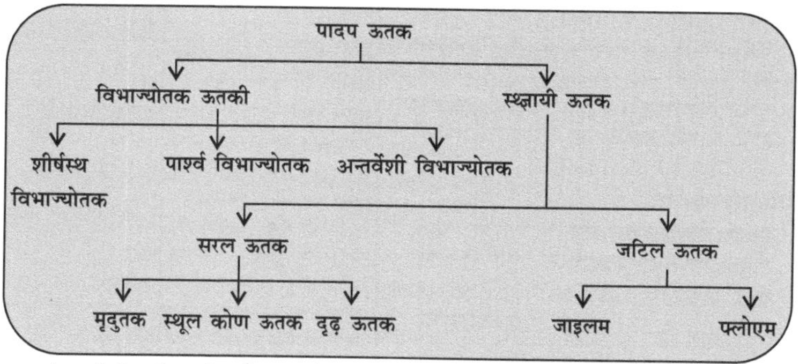

मूलांकुर से विकसित होता है। यह दो प्रकार की होती है—मूसला जड़, अपस्थानिक जड़।

* पुष्प में बाह्य दलपुंज, दलपुंज, पुमंग और जायांग पाए जाते हैं। इनमें से पुमंग नर जननांग तथा जायांग मादा जननांग हैं।
* पुमंग में एक या एक से अधिक पुंकेसर होते हैं। पुंकेसर में परागकण पाए जाते है।
* अण्डप के तीन भाग होते हैं—अण्डाशय, वर्त्तिका एवं वर्तिकाग्र।
* परागकोष से निकलकर अण्डप के वर्त्तिकाग्र पर परागकणों के पहुँचने की क्रिया को परागण कहते हैं। परागण दो प्रकार से होते हैं— स्व-परागण, पर-परागण।
* परागनली बीजाण्ड में प्रवेश करके बीजाण डकाय को भेदती हुई भ्रूणकोष तक पहुँचती है और परागकणों को वहाँ छोड़ देती है। इसके बाद एक नर युग्मक एक अंडकोशिका से संयोजन करता है। इसे **निषेचन** कहते है।

प्रकाश संश्लेषण

* पौधों मे जल, प्रकाश, पर्णहरित तथा कार्बनडाइ- ऑक्साइड की उपस्थिति में कार्बोहाइड्रेट के निर्माण को प्रकाश-संश्लेषण कहते हैं।

$$6CO_2 + 12H_2O \xrightarrow[\text{क्लोरोफिल}]{\text{प्रकाश}} \underset{\text{ग्लूकोज}}{C_6H_{12}O_6} + \underset{\text{जल}}{6H_2O} + \underset{\text{ऑक्सीजन}}{6O_2}$$

* क्लोरोफिल के केंद्र में मैग्नीशियम का एक परमाणु होता है।
* क्लोरोफिल प्रकाश में बैंगनी, नीला तथा लाल रंग को ग्रहण करता है।
* प्रकाश-संश्लेषण क्रिया की दो अवस्थाएं होती हैं— प्रकाश रासायनिक, रासायनिक प्रकाशहीन।
* पादप हार्मोन—1. ऑक्सिन्स, 2. जिबरेलिन्स, 3. साइटोकाइनिन, 4. एबसिसिक एसिड, 5. एथिलीन, 6. फ्लोरिजेन्स, 7. ट्राउमैटिन।

मानव शरीर तंत्र

शरीर की संरचनात्मक एवं क्रियात्मक इकाई **कोशिका** है। समान कोशिकाएं मिलकर ऊतक बनाती हैं। **ऊतक** मिलकर अंग तथा अंग मिलकर **अंग-तंत्र** बनाते हैं। मानव के शरीर में विभिन्न प्रकार के अंग-तंत्र जैसे—**पाचन, श्वसन परिसंचरण, तंत्रिका** तथा **अंत:स्रावी तंत्र** उपस्थित होते हैं।

पोषण

* कार्बोहाइड्रेट्स, विटामिन, प्रोटीन आदि पोषण के प्रमुख तत्त्व हैं।
* वह आधार, जिसमें सभी पोषक तत्त्व उचित अनुपात में होते हैं **सन्तुलित आहार** कहलाता है।
* जल मानव शरीर का 70-80% भाग बनाता है।

श्वसन

श्वसन एवं ऑक्सीकारक एवं ऊर्जा प्रदान करने वाली प्रक्रिया है, जिसमें जटिल कार्बनिक यौगिकों के टूटने से सरल कार्बनिक यौगिक बनते हैं।

रुधिर

* रुधिर एक हल्का क्षारीय (pH 7.4) अपारदर्शी, चिपचिपा, प्लाज़्मा तथा रुधिर कणिकाओं का बना द्रव है।
* **प्लाज़्मा** में 90-92% जल, 1-2% अकार्बनिक लवण, 6-7% प्लामा प्रोटीन तथा 1-2% कार्बनिक यौगिक पाए जाते हैं।
* स्तनधारियों के अतिरिक्त सभी कशेरुकियों मे लाल **रुधिर कणिकाएं** अण्डाकार, द्वि उत्तल एवं केंद्रकीय होती हैं।
* इनमें श्वसन वर्णक **हीमोग्लोबिन** होता है, जो ऑक्सीजन के परिवहन का कार्य करता है।

* **श्वेत रुधिर कणिकाएं** केंद्रकयुक्त, वर्णकविहीन कोशिकाएं है, ये रोगाणुओं से शरीर की रक्षा करती हैं।
* **रुधिर प्लेटलेट्स** रंगहीन तथा केंद्रकहीन होती हैं और **रुधिर का थक्का** जमाने में महत्त्वपूर्ण भूमिका निभाती हैं।

परिसंचरण-तंत्र

* **खुला परिसंचरण-तंत्र** तिलचट्टा, प्रान, कीट तथा मकड़ी आदि में पाया जाता है।
* **बन्द परिसंचरण-तंत्र** एनीलिडा, मोलस्क तथा सभी कशेरुकियों में पाया जाता है।
* **हृदय** एक मोटा पेशीय संकुचनशील, स्वतः पम्पिंग अंग है।
* मछलियों में हृदय दो कोष्ठीय, उभयचरों तथा सरीसृपों में तीन कोष्ठीय तथा पक्षियों व स्तनियों में चार कोष्ठीय होता है।
* सामान्य मनुष्य का रुधिर दाब 120/80 mmHg होता है।
* नवजात शिशु की हृदय स्पन्दन लगभग 140 बार प्रति मिनट होती है।
* **रुधिर का थक्का** जमाने में प्रोथ्रॉम्बिना, फाइब्रिनोजन, Ca^{+2} तथा विटामिन K भाग लेते हैं।

उत्सर्जन-तंत्र

* विभिन्न जंतु भिन्न-भिन्न प्रकार के नाइट्रोजनी पदार्थ उत्सर्जित करते हैं।
* मानव शरीर का प्रमुख उत्सर्जी अंग **वृक्क** है। यह अनेक छोटी-छोटी संरचनात्मक एवं क्रियात्मक इकाइयों का बना होता है, इन्हें **नेफ्रॉन** कहते हैं।

तंत्रिका-तंत्र

* यह केंद्रीय, परिधीय तथा स्वायत्त तंत्रिका तंत्र से मिलकर बना होता है।
* केंद्रीय तंत्रिका तंत्र मस्तिष्क तथा मेरुरज्जु का बना होता है।
* मस्तिष्क तीन भागों अग्र-मस्तिष्क, मध्य-मस्तिष्क तथा पश्च-मस्तिष्क का बना होता है।

कंकाल-तंत्र

* मनुष्य का कंकाल तंत्र दो भागों का बना होता है: अक्षीय कंकाल–खोपड़ी, कशेरुक दंड उपांगीय कंकाल–पाद अस्थियाँ, मेखलाएँ

मानव शरीर तंत्र

तथ्य	स्थिति/मात्रा
अस्थियों की कुल संख्या	206
सबसे छोटी अस्थि	स्टेपीज (मध्य कर्ण में)
सबसे लम्बी अस्थि	फीमर (जंघा में)
कशेरुकाओं की कुल संख्या	33
पेशियों की कुल संख्या	639
सबसे लम्बी पेशी	सारटोरियस
बड़ी आंत की लम्बाई	1.5 मी
छोटी आंत की लम्बाई	6.25 मी
यकृत का भार (पुरुष में)	1.4-1.8 किग्रा
यकृत का भार (महिला में)	1.2-1.4 किग्रा
सबसे बड़ी ग्रंथि	यकृत
सर्वाधिक पुनरुद्भवन की क्षमता	यकृत में
सबसे कम पुनरुद्भवन की क्षमता	मस्तिष्क में
शरीर का सबसे कठोर भाग	दांत का इनेमल
सबसे बड़ी लार ग्रंथि	पैरोटिड ग्रंथि
शरीर का सामान्य तापमान	98.4°F (37°C)
शरीर में रुधिर की मात्रा	5.5 लीटर
हीमोग्लोबिन की औसत मात्रा (पुरुष में)	13.16g/dl
हीमोग्लोबिन की औसत मात्रा (महिला में)	11.5-14g/dl
श्वेत रुधिर कोशिकाओं (WBCs) की संख्या	5000-10000/cu mm
सबसे छोटी श्वेत रुधिर कोशिका	लिम्फोसाइट
सबसे बड़ी शेवत रुधिर कोशिका	मोनोसाइट
श्वेत रुधिर कोशिकाओं का जीवनकाल	5-21 दिन
लाल रुधिर कोशिकाओं (RBCs) का जीवनकाल	120 दिन
रुधिर का थक्का बनने का समय	3-6 मिनट
सर्वग्राही रुधिर वर्ग	AB
सर्वदाता रुधिर वर्ग	O
सामान्य रुधिर दाब	120/80 Hg
वयस्क में हृदय गति	72 बार प्रति मिनट
सबसे बड़ी धमनी	एब्डोमिनल एरोटा
वृक्क का भार	150 ग्राम
मस्तिष्क का भार	1220 से 1400 ग्राम
मेरुदण्ड की लम्बाई	42-45 सेमी
क्रेनियल तंत्रिकाओं की संख्या	12 जोड़ी
स्पाइनल तंत्रिकाओं की संख्या	31 जोड़ी
सबसे लम्बी तंत्रिका	सिएटिक
सबसे पतली एवं छोटी तंत्रिका	ट्रॉक्लियर
सबसे बड़ी तंत्रिका	ट्राइजेमिनल
सबसे बड़ी कोशिका	तंत्रिका कोशिका
सबसे बड़ी अंतःस्रावी ग्रंथि	थायरॉइड

विटामिनों के स्रोत, कार्य एवं कमी के प्रभाव

नाम	स्रोत	कार्यिकी प्रभाव	कमी का प्रभाव
विटामिन-A (रेटिनॉल)	दूध, मक्खन, अंडा, जिगर तथा मछली का तेल	दृष्टि रंगाओं का संश्लेषण, एपिथीलियमी स्तरों की वृद्धि एवं विकास	कॉर्निया व त्वचा की कोशिकाओं का शल्कोष्ट रतौंधी, कुण्ठित वृद्धि सूखा रोग, ऑस्टियोमैलेसिया
विटामिन-D (कैल्सीफेरॉल)	मक्खन, जिगर, मछली का तेल, गुर्दों, अंडे, त्वचा और यीस्ट में सूर्य-प्रकाश में संश्लेषण	कैल्सियम व फॉस्फोरस का उपापचय, हड्डियों और दांतों की वृद्धि	सूखा रोग, ऑस्टियोमैलेसिया
विटामिन-E (टोकोफेरॉल)	तेल, गेहू, अण्डे की जर्दी तथा सोयाबीन	कोशिकाकला की सुरक्षा, जननिक एपिथीलियम की वृद्धि, पेशियों की क्रियाशीलता	जनन क्षमता की कमी, जननांग तथा पेशी कमजोर
विटामिन-K (नैफ्थोक्विनोन)	हरी पत्तियां, अंडा, जिगर, टमाटर, गोभी सोयाबीन, आंत के बैक्टीरिया	जिगर में प्रोथ्रॉम्बिन का संश्लेषण	चोट पर रुधिर का थक्का न जमने से अधिक रुधिर स्राव
जल में घुलनशील विटामिन			
विटामिन-B_1 (थायमीन)	अनाज, फलियां, सोयाबीन, दूध, यीस्ट, अण्डा तथा मांस	कार्बोहाइड्रेट एवं अमीनो अम्ल उपापचय के लिए आवश्यक, एन्जाइमों का सहएन्जाइम	बेरी-बेरी
विटामिन-B_2 (राइबोफ्लैविन)	पनीर, अण्डे, यीस्ट, हरी पत्तियां, मांस तथा जिगर	उपापचय में महत्त्वपूर्ण सहएन्जाइमों, FAD तथा FMN का घटक	कीलोसिस
विटामिन-B_3 (निकोटिनिक अम्ल)	यीस्ट, मांस, जिगर, मछली, अंडा दूध, मटर, मेवा तथा फलियाँ	उपापचय में महत्त्वपूर्ण सहएन्जाइमों NAD तथा NADP का घटक	पेलाग्रा
विटामिन-B_5 (पैन्टोथीनिक अम्ल)	अंडा, जिगर, मांस, दूध, टमारटर मूँगफली तथा गन्ना	अपचय के सहएन्जाइम-A का घटक	चर्म रोग, वृद्धि कम, बाल सफेद तथा जनन क्षमता कम
विटामिन-B_6 (पाइरोडॉक्सिन)	दूध, यीस्ट, अनाज, मांस, जिगर तथा मछली	प्रोटीन उपापचय में आवश्यक एन्जाइमों का सहएन्जाइम	रुधिरक्षीणता, चर्म रोग तथा पेशीय ऐंठन
विटामिन-H (बायोटीन)	मांस, गेहूं, अंडा, मूंगफली, चाकलेट, सब्जी, फल तथा यीस्ट	वसीय एवं अमीना अम्लों सहित कई अन्य पदार्थों का संश्लेषण अभिक्रियाओं में सहएन्जाइम	चर्म रोग, बालों का झड़ना
फोलिक अम्ल समूह	हरी पत्तियां, जिगर, सोयाबीन, यीस्ट गुर्दे, फलियां, आंत के जीवाणु	वृद्धि, रुधिराणुओं का निर्माण, डीएनए का संश्लेषण	रुधिरक्षीणता, कुण्ठित वृद्धि
विटामिन-B_{12} (सायनोकोबाल-एमीन)	मांस, मछली, जिगर, अंडा, दूध, आंत के जीवाणु	वृद्धि रुधिराणुओं का निर्माण, न्यूक्लिक अम्लों का संश्लेषण	रुधिरक्षीणता, तंत्रिका तंत्र की गड़बड़ियां
विटामिन-C (एस्कॉर्बिक अम्ल)	नींबू वंश के फल, टमाटर, सब्जियां आलू अन्य फल	अंत:कोशिकीय सीमेन्ट, कोलेजन तंतुओं, हड्डियों के मैट्रिक्स, दांतों के डेन्टीन का निर्माण	स्कर्वी रोग

मुख्य चिकित्सीय उपकरण

पेसमेकर	हृदय गति	इलेक्ट्रोएन्सेफैलोग्राफ	मस्तिष्क
ऑटो एनालाइजर	ग्लूकोस, यूरिया, कोलेस्टेरॉल की जांच	कम्प्यूटेड टोमोग्राफी स्कैन (CT Scan)	संपूर्ण शरीर
		इलेक्ट्रोकार्डियोग्राफ	हृदय

जीवाणुओं द्वारा मनुष्यों में होने वाले प्रमुख रोग

रोग	प्रभावित अंग	लक्षण	जीवाणु
निमोनिया	फेफड़े	फेफड़ों में संक्रमण, फेफड़ों में जल भर जाना, तीव्र ज्वर, श्वास लेने में पीड़ा होना	डिप्लोकोकस न्यूमोनी (Diplococcus pneumoniae)
बॉट्यूलिज्म या भोजना विषाक्तता	तंत्रिका तंत्र, श्वास लेने में पीड़ा	वमन (Vomiting), दोहरी दृष्टि	क्लॉस्ट्रीडियम बॉट्यूलिनम (Clostridium botulinum)
कुष्ठ रोग	त्वचा तथा तंत्रिकाएं	व्रणों तथा गांठों का बन जाना, हाथ तथा पैर की उंगलियों के ऊतकों का धीरे-धीरे नष्ट होना	माइकोबैक्टीरियम लेप्री (Mycobacterium leproae)
क्षय रोग	शरीर का कोई भी अंग, विशेषकर फेफड़े	ज्वर, खांसी, दुर्बलता, श्वास फूलना, बलगम आना तथा थूक में रुधिर का आना	माइकोबैक्टीरियम ट्यूबरकुलोसिस (Mycobacterium tuberculosis)
हैजा	आंत या आहार नाल	निर्जलीकरण, वमन (Vomiting)	विब्रिओ कोमा (Vibrio comma)
डिफ्थीरिया	श्वास नली (Trachea)	तीव्र ज्वर, श्वांस लेने में पीड़ा, दम घुटना	कोरीनेबैक्टीरियम डिफ्थेरी (Corynebacterium diphtherae)
काली खांसी	श्वसन तंत्र	निरन्तर आने वाली तेज खांसी, खांसी के साथ वमन	हीमोफिलस परटूसिस (Hemophilus pertussis)
प्लेग	बगलें या कांखे, फेफड़े, लाल रुधिर कणिकाएं	तीव्र ज्वर, कांखों में गिल्टी का निकलना, बेहोशी	पाश्चूरेला पेस्टिस (Treponemapestis)
मेनिनजाइटिस	मस्तिष्क के ऊपर की झिल्लियां, मस्तिष्क	तीव्र ज्वर, बेहोशी, मस्तिक की झिल्ली में शोथ या सूजन	नीशेरिया मेनिनजाइटिडिस (Neisseria meningitidis)
टिटेनस	तंत्रिका तथा मांसपेशियां	शरीर में झटके लगना, जबड़ा न खुलना, बेहोशी	क्लॉस्ट्रीडियम टिटैनी (Clostridium tetani)
मियादी बुखार	आंत का रोग	ज्वर दुर्बलता, अधिक प्रकोप होने पर आंतों में छेद हो जाना	सालमोनेला टाइफी (Salmonella typhi or Eberthella typhosa)
सिफिलिस	जनन अंग, मस्तिष्क, तंत्रिका तंत्र	जननांगों पर चकते बनना, लकवा, त्वचा पर दाने, बालों का झड़ना	ट्रेपोनेमा पैलिडम (Treponema pallidum)

प्रोटोजोआ द्वारा मनुष्य में होने वाले प्रमुख रोग

रोग	प्रभावित अंग	लक्षण	परजीवी
पायरिया	दांतों की जड़े तथा मसूड़े	मसूड़ों में सूजन, रुधिर-स्राव तथा मवाद का निकलना	एन्टअमीबा जिन्जवेलिस (Entamoeba gingivalis)
दस्त	बड़ी आंत	बड़ी आंत में सूजन व दर्द, बार-बार दस्त का होना	ट्राइकोमोनास होमिनिस (Trichomonas hominis)
अमीबियेसिस	बड़ीआंत (कोलोन)	कोलोन में सूजन, दस्त के साथ आंव (mucous) का आना	एन्टअमीबा हिस्टोलिटिका (Entamoeba histolytica)
घातक अतिसार या पेचिश	आंत के अगले भाग	दस्त, सिर-दर्द तथा कभी-कभी पीलिया रोग का जनक	जिआरडिया लैम्बलिया (Giardia lamblia)
सूजाक (पुरुषों में) तथा श्वेत प्रदर (स्त्रियों में)	पुरुषों में मूत्रमार्ग तथा स्त्रियों में योनि	मूत्र-त्याग में जलन व दर्द, स्त्रियों में श्वेत द्रव का निकलना तथा दर्द	ट्राइकोमोनास वेजाइनेलिस (Trichomonas vaginalis)
दस्त	छोटी आंत	पेट में ऐंठन तथा दस्त	आइसोस्पोरा होमीनिस (Isospora hominis)
काला-अजार	रुधिर, लसिका, प्लीहा तथा अस्थि मज्जा	ज्वर, एनीमिया, प्लीहा तथा यकृत में सूजन	
निद्रा रोग	रुधिर, सेरीब्रोस्पाइनल द्रव तथा केंद्रीय तंत्रिका तंत्र	तीव्र ज्वर, बेहोाी, रोगी को लम्बी निद्रा	ट्राइपैनोसोमा गैम्बियन्स (Trypanosoma gambiens)
मलेरिया	लाल रुधिराणु, प्लीहा तथा यकृत	तीव्र ज्वर, सिर-दर्द, कमर में दर्द	प्लाज्मोडियम (Plamodium)

कवक जनित मानव रोग

रोग	प्रभावित अंग	रोगकारक कवक
ऐस्पर्जिलस -आर्ति	कान तथा फेफड़े	ऐस्पर्जिलस फ्लेवस, ऐ. फ्यूमिगेटस
छाले होना	गला व मुंह	ऐ. नाइजर तथा मोनीलिया
क्रिप्टोकॉकसता	स्नायु तंत्र	क्रिप्टोकॉकस नियोफार्मेन्स
परागज ज्वर	समस्त शरीर	आल्टरनेरिया, हेल्मिन्थोस्पोरियम फोमा तथा ट्राइकोडर्मा जाति
दाद	त्वचा	माइक्रोस्पोरम लेनोसन

विषाणु जनित मानव रोग

रोग	प्रभावित अंग
गलसुआ	पैरोटिड लार ग्रंथियाँ
रोहे या ट्रेकोमा	नेत्र
डेंगू	माँसपेशी एवं जोड़
फ्लू या इन्फ्लुएंजा	श्वसन तंत्र
रेबीज या हाइड्रोफोबिया	तंत्रिका तंत्र
खसरा	संपूर्ण शरीर
चेचक	संपूर्ण शरीर, विशेषकर चेहरा तथा हाथ-पाँव
पीलिया (भोजन व पानी के साथ शरीर में प्रवेश करने वाला विषाणु)	तंत्रिका तंत्र (स्पाइनल कॉर्ड के मोटर तंत्रिका की क्षति)
हरपीस	त्वचा, श्लेष्मकला
मस्तिष्क शोध या एन्सेफेलाइटिस	तंत्रिका तंत्र

पदार्थ	जीवाणु
बटर मिल्क	लैक्टोबैसिलस वल्गेरिकस (Lactobacillus vulgaricus)
योगहर्ट	लैक्टोबैसिलस वल्गेरिकस + स्ट्रेप्टोकोकस थर्मोफिलस (Lactobacillus thermophillus)
दही	स्ट्रेप्टोकोकस लैक्टिक (Stretococcus lactis) लैक्टोबैसिलस (Lactobacillus)
पनीर	लैक्टोबैसिलस लैक्टिस (Lactobacillus) तथा स्ट्रेप्टोकोकस क्रिमोरिस (Streptococcus cremoris)
एसीटोन-ब्यूटेनॉल	क्लॉस्ट्रीडियम एसिटोब्यूटाइलिकम (Clostridium acetobutylicum)
लैक्टिक एसिड	लैक्टोबैसिलस डेलब्रकी (Lactobacillus delbrueckii)
लाइसिन	माइक्रोकोकस ग्लूटैमिकस (Micrococcus glutamicus)

शरीर के रोग तथा उनसे प्रभावित अंग

रोग	स्थिति/मात्रा
आर्थ्राइटिस	जोड़ों की सूजना
डिफ्थीरिया	गला, श्वास नली
एग्जीमा	त्वचा
पीलिया	यकृत
प्लूरिसी	छाती
पायरिया	दांत तथा मसूड़े
गठिया या र्‍यूमैटिज्म	जोड़ों में
टिटनेस	तंत्रिका तंत्र, मांसपेशी
कुष्ठ	त्वचा, तंत्रिकाएं
हैजा	आंत, आहारनाल
काली खांसी	श्वसन तंत्र
प्लेग	फेफड़े, लाल रुधिर कणिकाएं
केटरेक्ट, ग्लाइकोमा	आंखें
दाद	त्वचा
क्रिप्टोकॉक्सिस	स्नायु तंत्र
हेपेटाइटिस-बी	यकृत
ट्रेकोमा	अग्न्याशय, गुर्दे तथा आंखें
डायबिटीज	अग्न्याशय, गुर्दे तथा आंखें
घेंघा	थायरॉइड ग्रंथि
पर्किन्सन्स	मस्तिष्क
निमोनिया	फेफड़े
टायफॉइड	आंत
रिकेट्स	हड्डियां
सिफिलिस	जनन अंग
दस्त	बड़ी आंत
अतिसार	आंत का अग्रभाग
सुजाक, श्वेत प्रदर	मूत्र मार्ग
काला-अजार	रुधिर, प्लीहा व अस्थि मज्जा
एथलीट फुट	पैर
छाले होना	गला व मुंह
मेनिनजाइटिस	स्पाइनल कॉर्ड (रीढ़ की हड्डी) तथा मस्तिष्क

पदार्थ	जीवाणु
इन्सुलिन तथा इन्टरफेरॉन	रिकोम्बीनेन्ट डीएनए वैराइटीज ऑफ ई. कोलाई
स्ट्रेप्टोकाइनेस	स्ट्रेप्टोकोकस इक्वीसीमिलिस (Streptococcus equisimilis)
सिट्रिक अम्ल	एस्परजिलस नाइगर
फ्यूमेरिक अम्ल	राइजोपस नाइग्रीकन्स
लैक्टिक अम्ल	राइजोपस ओराइजी
जिबरैलिक अम्ल	फ्यूसेरियम मोनिलीफॉर्म
जाइमेस	सैकेरोमाइसिस प्रजातियां
पेक्टीनेस	एस्परजिलस वंटाई
बीयर, रम, स्कॉच, शराब	सैकेरोमाइसिस प्रजातियां

महत्त्वपूर्ण प्रतिजैविक, उनके स्रोत तथा कार्य

प्रतिजैविक का नाम	सूक्ष्मजीवी का नाम	कार्य
पैनिसिलिन	पेनिसिलियम नोटेटम	टोन्सलिटिस, रह्यूमेटिक बुखार से बचाव
ग्राइसिओफुल्विन	पेनिसिलियम ग्राइसिओफुल्विम	दाद से बचाव
स्ट्रेप्टोमाइसिन	स्ट्रेप्टोमाइसीज ग्राइसियस	टीबी, मेनिनजाइटिस, न्यूमोनिया से बचाव
क्लोरेमफेनिकोल	स्ट्रेप्टोमाइसीज वेनेजुएली	टायफॉइड, आंत के संक्रमण से बचाव
ट्रेटासाइक्लीन	स्ट्रेप्टोमाइसीज ऑरियोफेसिएन्स	वायरल न्यूमोनिया, काली खांसी तथा आंख के संक्रमण से बचाव
टेरामाइसिन	स्ट्रेप्टोमाइसीज रिमोसस	सामान्य न्यूमोनिया, टायफॉइड, आंत के संक्रमण से बचाव
इरिथ्रोमाइसिन	स्ट्रेप्टोमाइसीज इरीथियस	काली खांस, डिफ्थीरिया से बचाव
बेसिट्रेसिन	बैसिलस लाइकेनीफॉरमिस	रेटिकुलेसिया तथा लिम्फोनीमा से बचाव

औषधियां प्रदान करने वाले पौधे

सामान्य नाम	वनस्पति नाम	कुल	पौधे का मुख्य भाग
सर्पगधा	राउवोल्फिया सरपेनटाइना	एपोसाइनेसी	जड़
अफीम	पैपैवर सोम्नीफेरम	पेपेवरेसी	कैप्सूल फल
बैलाडोना	एट्रोपा बैलाडोना	सोलेनेसी	सूखी पत्तियां एवं जड़ें
धतूरा	धतूरा स्ट्रोमोनियम	सोलेनेसी	फल का रस
आंवला	एम्बिका ऑफिसिनेलिस	यूफोर्बिएसी	फल
कुचला	स्ट्रिक्नोस मिक्स वोमिका	लेग्युमिनोसी	बीज

वनस्पति विज्ञान से संबंधित प्रमुख तथ्य

विशेषता	नाम
सबसे छोटा विषाणु	मुख और खुरपका विषाणु (20nm)
सबसे बड़ा विषाणु सुपर परजीवी	TMV (300nm) पॉक्स (280nm)
सबसे छोटा जीवाणु	डायलिस्टर (2m)
सबसे बड़ा जीवाणु	बैगियाटोआ मिराबिलिस
सबसे छोटा ब्रायोफाइटा	जूपसिस
सबसे बड़ा ब्रायोफाइटा	डाऊसोनिया
सबसे बड़ा टेरिडोफाइटा	साइऐथिया
सबसे छोटा अनावृतबीजी	जेमिया पिगमिया
सबसे बड़ा अनावृतबीजी	सिकोया गाइगेन्टिया
सबसे छोटा आवृतबीजी	वुल्फिया
सबसे बड़ा आवृतबीजी	युकेलिप्टस रेगनेन्स
सबसे छोटा पुष्प	वुल्फिया माइक्रोस्पर्मिया
सबसे बड़ा पुष्प	रेफ्लेशिया आर्नोल्डी
सबसे छोटा बीज	ऑर्किड
सबसे बड़ा पुष्प	रेफ्लेशिया आर्नोल्डी
सबसे छोटा बीज	ऑर्किड
सर्वाधिक चौड़ी पत्ती	विक्टोरिया रेजिया
सर्वाधिक भारी लकड़ी	ग्वेकम ऑफिसिनेली
सबसे बड़ा एककोशिकीय पादप	एसीटेबुलेरिया
पादप जगत के उभयचर	ब्रायोफाइटा
वैस्कुलर क्रिप्टोगेम्स	टेरिडोफाइटा
वाकिंग फर्न	एडिएन्टम
मेडिन हेयर फर्न	एडिएन्टम
मेडिन हेयर ट्री	जिंगो बाइलोबा
सर्वाधिक प्रोटीनयुक्त शैवाल	स्पाइरूलिना

फल तथा उसके खाए जाने वाले भाग

फल	भाग
पपीता	मध्य फलभित्ति
नारियल	भ्रूणपोष
टमाटर	फलभित्ति एवं बीजाण्डासन
सेब	पुष्पासन
नाशपाती	पुष्पासन
आम	मध्य फलभित्ति
केला	मध्य एवं अंत:भित्ति
अमरूद	फलभित्ति एवं बीजाण्डासन
अंगूर	फलभित्ति एवं बीजाण्डासन
नारंगी	रसीले हेयर
कटहल	परिदल पुंज एवं बीज
मूंगफली	बीजपत्र एवं भ्रूण
गेहूं	भ्रूणपोष एवं भ्रूण
काजू	पुष्पवृन्त एवं बीजपत्र
चना	बीजपत्र एवं भ्रूण
लीची	एरिल
शहतूत	रसीले परिदलपुंज

कुछ महत्त्वपूर्ण तथ्य

* जीवन की उत्पत्ति के समय ऑक्सीजन नहीं था।
* हड्डियाँ कंक्रीट जैसी मजबूत और ग्रेनाइट जैसी कठोर होती हैं।
* शरीर के भीतर प्रति सेकेंड लगभग 150 लाख कोशिकाएँ नष्ट होती हैं।
* गुर्दे का भार लगभग 140 ग्राम होता है।
* मनुष्य के शरीर में लगभग 50 लाख बाल होते हैं।

कम्प्यूटर

* कम्प्यूटर एक मशीन है– **इलेक्ट्रॉनिक**
* आधुनिक कम्प्यूटर के पिता हैं **– चार्ल्स बैवेज (गणितज्ञ)**
* Abacus (अबेकस) नामक यंत्र का आविष्कार (1946) किया– **चीनियों ने**
* कैलकुलेटर का आविष्कार 1642 में किया **– पास्कल (फ्रांसीसी) ने**
* प्रथम इलेक्ट्रॉनिक कम्प्यूटर का आविष्कार (1946) किया– **जे० पी० एकर्ट ने**
* पहला इलेक्ट्रॉनिक कम्प्यूटर था– **ENIAC**
* IBM PC का आविष्कार 1981 में किया **– विलियम सी लॉ ने**
* एनालिटिकल इंजन (Analitical Engine) का आविष्कार हुआ **– 1833 में**
* कम्प्यूटर अपने परिणामों को भविष्य हेतु सुरक्षित रखता है **– मेमोरी में**
* कम्प्यूटर में मेमोरी होती है **– CPU में**
* CPU का पूर्णरूप है **– Central Processing Unit**
* Memory होती है– **2 प्रकार की**
* Primary Memory होती है–**2 प्रकार की**
* कम्प्यूटर स्क्रीन पर छोटी टिमटिमाती रेखा कहलाता है **– कर्सर (Cursor)**
* Secondary Memory होता है **– 3 प्रकार की**
* RAM का विस्तृत रूप **– Randam Access Memory**
* ROM का विस्तृत रूप है **– Read Only Memory**
* की-बोर्ड (Key Board) में बटन की संख्या होती है **– 101**
* की-बोर्ड (Key Board) का दूसरा नाम है **– कुंजी का पटल**
* कम्प्यूटर बंद करने की प्रक्रिया कहलाती है **– शट डाउन (Shut-down)**
* कम्प्यूटर चालू करने की प्रक्रिया कहलाती है **– बूट-अप (Boot-up)**
* कम्प्यूटर का Brain कहलाता है– **CPU**
* मॉनीटर को कहा जाता है **– VDU**
* फंक्शन कीज की संख्या होती है **– 12**
* FORTRAN का सर्वप्रथम प्रयोग किया गया **– मेनफ्रेम हेतु**
* MCIR का शाब्दिक अर्थ है **– Magnetic Character Ink Recognisation**
* ऐनालॉग सिग्नल (Analog Signal) को डिजिटल सिग्नल (Digital Singal) में बदलने की विधि कहलाता है **– डिजिटलाईजेशन**
* भारत में निर्मित प्रथम कम्प्यूटर है **– सिद्धार्थ**
* मदरबोर्ड पर चिप (chip) के कनेक्टिंग प्वाइंट्स को कहते हैं **– सॉकेट्स**
* चुम्बकीय डिस्क पर परत होती है **– आयरन ऑक्साइड की**
* Binary Number System में प्रयोग होता है **– 0 और 1**
* 1KB बराबर होता है–**1024 बाइट्स के**
* सामान्य उद्देश्य के लिए पहला इलेक्ट्रॉनिक कम्प्यूटर था **– यूनीवेक**
* नॉरटन है **– एंटी वायरस टूल**
* वायरस **– एक प्रोग्राम**
* कम्प्यूटर Dump होने का कारण– **वायरस**
* कम्प्यूटर का IC चिप्स बना होता है **– सिलिकॉन**
* WWW का पूर्णरूप है–**World Wide Wave**
* वर्ल्ड वाइड वेब (www) का आविष्कार हुआ था **– 1989-90**
* भारत की सिलिकॉन वैली (Sillicon Valley) स्थित है **– बंगलोर में**
* वर्ल्ड वाइड वेब (www) है **– इंटरनेट सर्विस**
* जॉन नेपियर ने लघुगणक का आविष्कार किया था **– 1614 में**
* सी० डी० रोम (CD-ROM) का शब्दिक अर्थ है– **Compact Disk Read Only Memory**

* हार्ड डिस्क (Hard Disk) होता है – **Secondary Memory**
* विश्व का सबसे बड़ा कम्प्यूटर नेटवर्क है – **इंटरनेट**
* CPU और Main Memory की गति को एक समान रखने के लिए उपयोग होता है – **Chache Memory**
* कम्प्यूटर नेटवर्क में संपर्क तोड़ने की क्रिया कहलाती है – **लॉग आउट**
* LAN का पूर्णरूप है – **Local Area Network**
* कम्प्यूटर की प्रोसेसिंग गति को मापा जाता है– **मेगाहर्टज में**
* WAN का पूर्ण रूप है – **Wide Area Network**
* भारत का सर्वाधिक शक्तिशाली सुपर कम्प्यूटर है – **परम पद्म**
* 'परम' पद संबंधित है – **कम्प्यूटर से**
* पैकमेन नामक प्रसिद्ध कम्प्यूटर किसके लिए निर्मित हुआ था – **खेल**
* कम्प्यूटर के मशीनरी उपकरण है – **हार्डवेयर**
* 'LAN' प्रयुक्त होता है – **स्थायी क्षेत्र के नेटवर्क के लिए**
* 'DOS' का अर्थ होता है – **डिस्क संचालन प्रणाली**
* कम्प्यूटर गणितीय क्रिया कलाप करता है – **रजिस्टर्स (Registers) में**
* डाटा को सुरक्षित रखने का तरीका है – **Backup Plan**
* 'वायरस' होता है– **डिस्ट्रक्टीव प्रोग्राम**
* Ms Word का एक्सेंटशन है – **.doc**
* फैट (FAT) का अर्थ है – **फाइल एलोकेशन टेबल**
* वर्कशीट (Work Sheet) पर अधिकतम कॉलम्स और रोज (Rows) की संख्या होती है – **1024 और 1025**
* लाईन प्रिन्टर की गति की इकाई है – **लाइन प्रति मिनट**
* वैक्यूम ट्यूब का प्रयोग हुआ था – **प्रथम पीढ़ी के कम्प्यूटर**
* मैन (MAN) का पूर्णरूप है – **मेट्रोपोलिटन एरिया नेटवर्क**
* इंटरनेट (Internet) पर भेजा जाने वाला संदेश कहलाता है – **ई-मेल (E-mail)**
* पावर प्वाइंट (Power Point) का निर्माण किया है – **माइक्रोसॉफ्ट कम्पनी ने**
* कम्प्यूटर अशुद्धि कहलाती है– **बग (Bug)**
* सोर्स प्रोग्राम – **एक उच्चस्तरीय भाषा में लिखे हुए प्रोग्राम का मशीनी भाषा में रूपांतरण है**
* हार्डडिस्क (Hard Disk) की स्पीड होती है – **3600 चक्र प्रति मिनट**
* HTTP का पूरा नाम – **हाइपर टेक्स्ट ट्रान्सफर प्रोटोकॉल है**
* HTML का पूरा नाम है – **हाइपर टेक्स्ट मार्कअप लैंग्वेज**
* फ्लॉपी डिस्क की घूर्णन गति होती है – **150-250 चक्र प्रति मिनट**
* COBOL भाषा का उपयोग होता है – **व्यावसायिक कार्य में**
* कम्प्यूटर का मुख्य पृष्ठ कहा जाता है – **डेस्क टॉप**
* जॉयस्टिक का प्रयोग होता है – **Game खेलने में**
* पी० सी० (PC) का अर्थ है – **Personal Computer**
* कम्प्यूटर Data का अर्थ है– **Information**
* सबसे पहला Calculating Device था – **ABACUS (एबाकस)**
* **ALU** का पूर्णरूप है – **Arithmetic Logical Unit**
* Mouse, Key-Board, Joy-Stick, Light Pen है – **Input Device**
* IBM का पूर्णरूप है – **International Business Machine**
* Hard disk की गति मापी जाती है – **R.P.M.**
* पहली कम्प्यूटर Language थी – **FORTRAN**
* Compiler का प्रयोग होता है – **High Level Language को Machine Language में बदलने हेतु**
* द्विआधारी अंकन पद्धति के दो अंक हैं – **0 और 1**

* Dos और Windows है

– **Operating System**

* File का नाम अधिकतम हो सकता है

– **8 करेक्टर का**

* File के Extention में होते हैं

– **3 करेक्टर**

* 'LOTUS' है– **Computer Software**

* Y2K समस्या संबंधित है – **कम्प्यूटर से**

* 1 बाइट में होते हैं – **8 बिट्स**

* कम्प्यूटर 'परम-1000' को विकसित किया है – **'C-DAC' ने**

* कम्प्यूटर की असेंबली भाषा है

– **द्विआधारी संख्या**

* फ्लॉपी है – **एक मेमोरी डिवाइस**

* वह कम्प्यूटर जो गणितीय गणना करता है

– **डिजिटल कम्प्यूटर**

* इन्टीग्रेटेडे सर्किट चिप का विकास किया था – **जे. एस. किल्बी**

* कम्प्यूटर डाटा की सबसे छोटी इकाई

– **बिट**

* चौथी श्रेणी का कम्प्यूटर है– **माइक्रोप्रोसेसर**

* कम्प्यूटर की कितनी श्रेणियां विकसित की गई है? – **5**

* आधुनिक कम्प्यूटर की खोज सर्वप्रथम हुई

– **1946 ई. में**

* विश्व का सर्वाधिक शक्तिशाली सुपर कम्प्यूटर है – **तिअन्हे-2**

* विश्व का प्रथम इलेक्ट्रॉनिक डिजिटल कम्प्यूटर का नाम – **एनीयक**

* कम्प्यूटर बोर्ड में कुल संयोजक की संख्या

– **8**

* कम्प्यूटर साक्षरता दिवस मनाया जाता है

– **2 दिसंबर**

* चुम्बकीय डिस्क पर परत चढ़ी होती है

– **आयरन ऑक्साइड**

* भारत का प्रथम कम्प्यूटरीकृत डाकघर

– **नई दिल्ली**

* KIPS किस देश की योजना है –जापान

* KIPS किस पीढ़ी के कम्प्यूटर्स से सम्बंधित है **-पांचवी**

* पहला डिजिटल कम्प्यूटर का नाम क्या था

-युनिवेक

* गणना के लिए सर्वप्रथम मशीन किस फ्रांसीसी वैज्ञानिक ने बनाई **-पास्कल**

* मिनी कम्प्यूटर्स किस पीढ़ी के कम्प्यूटर्स है **-तीसरी**

* आधुनिक कम्प्यूटर्स किस पीढ़ी के है

-चतुर्थ

* माइक्रोप्रोसेसर किस पीढ़ी के कम्प्यूटर्स में आया **-चतुर्थ**

* भारत में सर्वप्रथम वाइरस कहां प्रगट हुआ

-चेन्नई

* भारत में साइबराबाद किस शहर को कहते है **-हैदराबाद**

* दुनिया की सबसे बड़ी सॉफ्टवेयर कम्पनी कौन सी है **-माइक्रोसोफ्ट**

* माइक्रोसोफ्ट की स्थापना किसने की

-बिल गेट्स

* पहला भारतीय कम्प्यूटर सर्वप्रथम कब लगा

–1955

* पहला भारतीय कम्प्यूटर सर्वप्रथम कहा लगा –**भारतीय सांख्यिकीय संस्थान, कोलकाता**

* सबसे पहला कम्प्यूटर बाजार में बेचने के लिए किस कम्पनी ने बनाया

-रेमिंगटन रैंड कॉर्पोरेशन

* भारत का सिलिकोन राज्य किसे कहते है

-कर्नाटक

* इलेक्ट्रॉनिक कंपोनेन्ट वाले थिन प्लेट या बोर्ड को कहते हैं – **सर्किट बोर्ड**

* वह सर्किट बोर्ड जिसमें सीपीयू और अन्य चिप होते हैं, उसे कहा जाता है

– **मदरबोर्ड**

* विशेष प्रकार के संगीत उपकरणों को साउंड कार्डों से कौन-सा पोर्ट जोड़ता है?

– **MIDI**

* पास्कल है – **कंप्यूटर की एक भाषा**

* प्रोग्रामन हेतु विकसित की गई सर्वप्रथम भाषा कौन है? – **फोरट्रॉन**

* वे वर्ड्स जिन्हें प्रोग्रामिंग लैंग्वेज ने अपने स्वयं के उपयोग हेतु अलग रखा है

– **रिजर्वड वर्ड्स**

सोशल साइट्स के संस्थापक

* **ट्विटर:** बिज स्टोन, इवान विलियम्स, नूह ग्लास, जैक डोर्सी
* **फेसबुक:** क्रिस ह्यूजेस, डस्टिन मॉस्कोविट्ज, एडुआर्डो सैवेरिन, मार्क जकरबर्ग
* **गूगल:** लैरी पेज, सेर्गेई ब्रिन
* **यूट्यूब:** जावेद करीम, चाड हर्ली, स्टीव चेन

विविध सामान्य ज्ञान

विश्व के प्रमुख देश राजधानियाँ एवं मुद्राएँ

देश	राजधानी	मुद्रा
भारत	नई दिल्ली	रुपया
पाकिस्तान	इस्लामाबाद	रुपया
नेपाल	काठमाण्डू	रुपया
श्रीलंका	कोलम्बो	रुपया
बांग्लादेश	ढाका	टका
भूटान	थिम्पू	गुलटुम
म्यांमार(बर्मा)	रंगून(यांगून)	क्यात
मालदीव	माले	रुपया
अफगानिस्तान	काबुल	अफगानी
चीन	बीजिंग	युआन
जापान	टोकियो	येन
थाइलैंड	बैंकाक	थाईबहत
वियतनाम	हनोई	डांग
उत्तरी कोरिया	प्योंगयांग	वॉन
दक्षिणी कोरिया	सियोल	वॉन
सिंगापुर	सिंगापुर	सिंगापुर डॉलर
इण्डोनेशिया	जकार्ता	रुपया
सं.अ.अमीरात	आबूधाबी	दिरहम
सऊदी अरब	रियाद	सऊदी रियाल
सीरिया	डमासकस	सीरियन पाउण्ड
मिस्त्र	काहिरा	पाउण्ड
दक्षिण अफ्रीका	प्रिटोरिया	रैण्ड
लीबिया	हून(त्रिपोली)	दीनार
कांगो	किंशासा	कांगो फ्रैंक
ग्रीस	एथेन्स	यूरो
बेल्जियम	ब्रुसेल्स	यूरो
डेनमार्क	कोपेनहेगन	क्रोन
फ्रांस	पेरिस	यूरो
स्पेन	मेड्रिड	यूरो
पुर्तगाल	लिस्बन	यूरो
इटली	रोम	यूरो
बुल्गारिया	सोफिया	लेवा
ग्रेट ब्रिटेन	लन्दन	पाउण्ड स्टर्लिंग
रूस	मास्को	रूबल
पोलैण्ड	वारसा	ज्लोटी
हंगरी	बुडापेस्ट	फ्लोरिंट
नार्वे	ओस्लो	क्रोन
जर्मनी	बर्लिन	यूरो
फिनलैंड	हेलसिंकी	यूरो
नीदरलैंड	एमस्टरडम	यूरो
चेक गणराज्य	प्राग	चेक क्राउन
स्विट्जरलैंड	बर्न	फ्रैंक
यूक्रेन	कीव	हिरविनिया
आयरलैंड	डबलिन	यूरो
सं.राज्य अमेरिका	वाशिंगटन डी सी	डॉलर
कनाडा	ओटावा	डॉलर
अर्जेण्टीना	ब्यूनस आयर्स	पेसो
ब्राजील	रियो डि	जनेरो
ऑस्ट्रेलिया	कैनबरा	डॉलर
फिजी	सूवा	डॉलर
न्यूजीलैंड	वेलिंग्टन	डॉलर

विश्व सर्वाधिक बड़ा, लम्बा, ऊंचा, छोटा

बड़ा महाद्वीप	एशिया
छोटा महाद्वीप	ऑस्ट्रेलिया
बड़ा देश	रूस (क्षे. की दृष्टि से)
विशाल मंदिर	अंकोरवाट का मंदिर
विशाल जलप्रपात	एंजिल (वेनेजुएला)
विशाल ज्वालामुखी	मौनालोआ (हवाई द्वीप)
ऊंचा ज्वालामुखी	माउंट कोटोपैक्सी, इक्वेडोर
लंबी पर्वतश्रृंखला	एण्डीज (दक्षिण अमेरिका)
बड़ा एवं गहरा महासागर	प्रशांत महासागर
लंबी सीमा वाला देश	कनाडा
छोटी सीमा वाला देश	जिब्राल्टर
पड़ोसियों वाला देश	रूस एवं चीन(14 देश)
बड़ी रेलवे लाइन	ट्रांस साइबेरियन रेलमार्ग (लंबाई 9438 किमी)
बड़ी चिड़ियाघर	एटोजा रिजव(नामीबिया)
ऊंचा हवाई अड्डा	बेंगडा हवाई अड्डा (तिब्बत)
लम्बी नदी	नील नदी
चौड़ी नदी	अमेजन (द. अमेरिका)
बड़ी खारे पानी की झील	कैस्पिन सागर (रूस)
बड़ी मीठे पानी की झील	लेक सुपीरियर(अमेरिका)
गहरी झील	बैकाल झील (साइबेरिया)
बड़ा मरुस्थल	सहारा मरुभूमि (अफ्रीका)

सबसे बड़ा राजमार्ग	ट्रांस कैनेडियन राजमार्ग (सेंट जांस से बैंकूवर)
सबसे लंबी रेलवे सुरंग	सिंपलन II टनेल (स्विट्जरलैंड)
सबसे बड़ा नदी बाँध	हीराकुंड बाँध (महानदी, भारत)
सबसे विशाल दलदल	प्रीपेट दलदल माउंट
सबसे ऊंची पर्वत चोटी	एवरेस्ट (नेपाल हिमालय,ऊंचाई-8850मी)
सबसे बड़ा द्वीप समूह	इण्डोनेशिया
सबसे बड़ी खाड़ी	मैक्सिको की खाड़ी
सबसे ऊंचा पठार	तिब्बत का पठार
लंबा रेलवे प्लेटफार्म	गोरखपुर (उत्तर प्रदेश)
सबसे बड़ा रेलवे स्टेशन	ग्रैंड सेंट्रल टर्मिनल,
सबसे बड़ा डेल्टा	सुन्दरवन
सबसे ऊंचा झरना	साल्टो एंजेल्स फॉल
सबसे बड़ा पार्क	यलोस्टोन पार्क
सबसे बड़ी धूप-घड़ी	सम्राट यंत्र, जयपुर,
सबसे छोटी नदी	डी नदी (यूएसए)
सबसे छोटा देश	वेटिकन सिटी
सबसे ऊंची सड़क	लेह-मनाली मार्ग (भारत)
सबसे ऊंची मीनार	कुतुबमीनार (भारत)
सबसे बड़ा प्लैनेटोरियम	मियाझाकी (जापान)
सबसे ऊंचा पशु	जिराफ
सबसे विशालकाय पक्षी	ऑस्ट्रिच (शुतुरमुर्ग)
सबसे छोटा पक्षी	हमिंग बर्ड
सर्वाधिक बुद्धिमान पशु	चिम्पैंजी
सबसे लंबी दीवार	चीन की दीवार
सबसे बड़ा स्टेडियम	स्टारहोव स्टेडियम प्राग,
सबसे बड़ा इनडोर स्टेडियम	सुपरडोम लुसियाना (सं.रा. अमेरिका)
सर्वाधिक वर्षा का स्थान	मासिनराम (मेघालय, भारत)
सबसे बड़ा बंदरगाह	न्यूयार्क (सं.रा. अमेरिका)
सबसे बड़ा संग्रहालय	ब्रिटिश संग्रहालय (लंदन)
सबसे बड़ा पुस्तकालय	कांग्रेस पुस्तकालय (लंदन)
सबसे बड़ा महाकाव्य	महाभारत
सबसे बड़ा प्रायद्वीप	अरब प्रायद्वीप
सबसे बड़ा द्वीप-समूह	इण्डोनेशिया
सबसे बड़ा नदी-द्वीप	माजुली (ब्रह्मपुत्र नदी, असोम)
सबसे लंबा मुहाना	ओब नदी का मुहाना(रूस)
सबसे बड़ी नहर	स्वेज नहर
सबसे व्यस्त नहर	कील नहर
सर्वाधिक ऊंचाई पर स्थित झील (नौकायन)	टिटिकाका (द. अफ्रीका)
सबसे बड़ा लैगून	लैगोआ डॉस पैटोस (ब्राजील)
सबसे चौड़ा जलप्रपात	खोन जलप्रपात (लाओस)
सबसे बड़ा जलडमरूमध्य	डेविस जलडमरूमध्य (ग्रीनलैंड एवं बैफिन द्वीप)

विश्व के प्रमुख देशों की संसद

देश	**संसद का नाम**
भारत	संसद (राज्यसभा एवं लोकसभा)
मिस्र	पीपुल्स असेम्बली
पोलैण्ड	सेज्म
पाकिस्तान	नेशनल असेम्बली
फ्रांस	नेशनल असेम्बली व सीनेट
रूस	ड्यूमा
द. अफ्रीका	पार्लियामेंट (नेशनल असेम्बली व सीमेट)
स्पेन	कोर्टेस
मालदीव/ईरान	मजलिस
नेपाल	राष्ट्रीय पंचायत
चीन	नेशनल पीपुल्स कौन्सिल
जर्मनी	बुन्डेस्टाग बुन्डेस्राट
सं.रा. अमेरिका	कांग्रेस (हाउस ऑफ रिप्रेजेन्टेटिव व सीनेट)
इराक	नेशनल असेम्बली
तुर्की	ग्रैंड नेशनल असेम्बली
अफगानिस्तान	शोरा
ब्रिटेन	पार्लियामेंट
डेनमार्क	फोल्कटिंग
कनाडा	पार्लियामेन्ट
बांग्लादेश	जातीय संसद

भारत में प्रथम

अंतर्राष्ट्रीय दूरसंचार सेवा	मुम्बई से लंदन (1851)
तार लाइन	डायमण्ड हार्बर से कलकत्ता (1853)
फुटबॉल क्लब	मोहन बागान, 1899 में
जलविद्युत् परियोजना	शिवसमुद्रम् 1902
समाचार-पत्र	बंगाल गजट (जेम्स हिक्की)
भाषायी दैनिक	समाचार दर्पण
हिन्दी समाचार-पत्र	उदन्त मार्तंड
दूरदर्शन केंद्र	नई दिल्ली(1959)
मूक फिल्म	राजा हरिश्चन्द्र
बोलती (टॉकी) फिल्म	आलमआरा
उपग्रह	आर्यभट्ट (19 अप्रैल, 1975)
स्वदेश निर्मित उपग्रह	इन्सैट 2 ए (1992)
आण्विक भूमिगत परीक्षण	पोखरण (18 मई, 1974)
परखनली शिशु	1986 में जन्मी बेबी हर्षा
स्वदेशी प्रक्षेपास्त्र	पृथ्वी (1988)
कोयले की खान	रानीगंज (प. बंगाल)
विमान वाहक युद्धपोत	आईएनएस विक्रांत
स्वदेशी परमाणु पनडुब्बी	आईएनएस चक्र

भारत के रिसर्च संस्थान

भारतीय सर्वेक्षण संस्थान - देहरादून
भारतीय मौसम विज्ञान विभाग - नई दिल्ली
भारतीय मौसम वैधशाला - पुणे
केन्द्रीय भवन निर्माण अनुसंधान संस्थान- रूड़की (उत्तराखण्ड)
केन्द्रीय सड़क अनुसंधान संस्थान - नई दिल्ली
केन्द्रीय ईंधन अनुसंधान संस्थान- जादूगोड़ा (झारखण्ड)
केन्द्रीय खाद्य प्रौद्योगिकी अनुसंधान संस्थान- मैसूर
केन्द्रीय औषधि अनुसंधान- लखनऊ
केन्द्रीय चमड़ा अनुसंधान संस्थान - चेन्नई
राष्ट्रीय वानस्पतिक अनुसंधान संस्थान - लखनऊ
उपग्रह नियंत्रण केन्द्र - हासन (कर्नाटक)
राष्ट्रीय धातु विज्ञान प्रयोगशाला - जमशेदपुर
केन्द्रीय खनन अनुसंधान केन्द्र - धनबाद (झारखण्ड)
केन्द्रीय पर्यावरण इन्जीनियरिंग अनुसंधान संस्थान- नागपुर
राष्ट्रीय समुद्र विज्ञान संस्थान - गोवा
केन्द्रीय नमक समुद्रीय रसायन अनुसंधान संस्थान- भावनगर

भारत सर्वाधिक बड़ा, लम्बा, ऊंचा, छोटा

सबसे ऊंची मीनार	कुतुबमीनार (दिल्ली)
सबसे लंबा सड़क पुल	भूपेन हजारिका सेतु
सबसे बड़ा पशुओं का मेला	सोनपुर (बिहार)
सबसे ऊंची चोटी	गॉडविन ऑस्टिन (K-2)
सबसे ऊंचा बांध	भाखड़ा नांगल बांध (पंजाब)
सबसे बड़ा रेगिस्तान	थार (राजस्थान)
सबसे बड़ा गुफा मंदिर	कैलाश मंदिर (एलोरा)
सबसे बड़ा चिड़ियाघर	जूलोजिकल गार्डन
सबसे लंबी सुरंग	जवाहर सुरंग
सबसे बड़ा डेल्टा	सुंदरवनम् डेल्टा (पं. बग)
सबसे अधिक वनों का राज्य	मध्य प्रदेश
सबसे बड़ा कॉरीडोर	रामेश्वर मंदिर (तमिलनाडु)
सबसे ऊंचा जलप्रपात	जोग या गरसोप्पा (कर्नाटक)
सबसे बड़ा गुम्बज	गोल गुम्बज (बीजापुर)
सबसे ऊँची मूर्ति	वीरा अभय अंजाने हनुमान स्वामी (आंध्र प्रदेश)
सर्वाधिक वर्षा का स्थान	मासिनराम (मेघालय)
सर्वाधिक बड़ा लीवर पुल	हावड़ा ब्रिज (कोलकाता)
सबसे लम्बी नहर	इंदिरा गांधी नहर
सबसे लंबा रेलवे प्लेटफॉर्म	गोरखपुर (उ.प्र.)
सबसे विशाल स्टेडियम	युवा भारती (साल्ट लेक)
सबसे बड़ा सूर्य मंदिर	कोणार्क सूर्य मंदिर, पुरी
सबसे लंबा रेल मार्ग	डिब्रूगढ़ से कन्याकुमारी
सबसे लंबी सहायक नदी	यमुना नदी
दक्षिण भारत की सबसे लम्बी नदी	गोदावरी
सर्वोच्च सम्मान	भारत रत्न
सर्वोच्च शौर्य सम्मान	परमवीर चक्र
सबसे बड़ा गुरुद्वारा	स्वर्ण मंदिर (अमृतसर)
सबसे बड़ा गिरजाघर	सैन्ट-कैथेड्रल (गोवा)
सबसे ऊंचा टी.वी. टावर	पीतमपुरा (नई दिल्ली)
सबसे लंबा समुद्र तट	मैरिना बीच (चेन्नई)
सबसे बड़ी कृत्रिम झील	गोविन्द सागर
सबसे गहरी नदी घाटी	भागीरथी व अलकनन्दा
सबसे बड़ा नदी द्वीप	माजुली (ब्रह्मपुत्र नदी,
सबसे बड़ा तारामंडल	बिड़ला प्लैनेटोरियम
सबसे ऊंचा हवाई पत्तन	लेह (लद्दाख)
सबसे बड़ा निवास	राष्ट्रपति भवन
सबसे लंबी सड़क	ग्राण्ड ट्रंक रोड
सबसे ऊंचा दरवाजा	बुलंद दरवाजा
सबसे लंबी नदी	गंगा नदी
सबसे बड़ा न्यूज पेपर कारखाना	नेपानगर (म. प्र.)

समाधि-स्थल

राजघाट	महात्मा गांधी
महाप्रयाण घाट	डॉ. राजेन्द्र प्रसाद
शांति वन	जवाहरलाल नेहरू
विजय घाट	लालबहादुर शास्त्री
किसान घाट	चौधरी चरण सिंह
शक्ति स्थल	इंदिरा गांधी
वीर भूमि	राजीव गांधी
चैत्य भूमि	बी आर अम्बेडकर
नारायण घाट	गुलजारी लाल नन्दा
अभय घाट	मोरारजी देसाई
समता स्थल	जगजीवन राम

संयुक्त राष्ट्र संघ

* संयुक्त राष्ट्र संघ की स्थापना 24 अक्टूबर, 1945 को हुई थी।
* इसका प्रधान कार्यालय न्यूयार्क में है और इसके सदस्यों की वर्तमान संख्या 193 हैं।
* संयुक्त राष्ट्र संघ के ध्वज की पृष्ठभूमि हल्की नीली है और उस पर श्वेत रंग से राष्ट्र संघ का प्रतीक बना हुआ है। इसमें दो जैतून की वक्राकार शाखाएं हैं जो ऊपर खुली हैं और उनके बीच विश्व का मानचित्र बना है।
* अंग्रेजी, फ्रेंच, चीनी, अरबी और स्पेनिश संयुक्त राष्ट्र संघ के कार्यालय की भाषाएं हैं जबकि कार्यकारी भाषाएं अंग्रेजी और फ्रेंच हैं।

संयुक्त राष्ट्र संघ द्वारा घोषित अंतर्राष्ट्रीय वर्ष

2002	प्रकृति पर्यटन तथा पर्वतों का अंतर्राष्ट्रीय वर्ष
2003	स्वच्छ पानी का अंतर्राष्ट्रीय वर्ष
2004	धान (चावल) का अंतर्राष्ट्रीय वर्ष
2005	भौतिक विज्ञान वर्ष तथा माइक्रो क्रेडिट का अंतर्राष्ट्रीय वर्ष
2007	अंतर्राष्ट्रीय डॉल्फिन वर्ष
2008	अंतर्राष्ट्रीय पृथ्वी वर्ष
2009	विश्व सद्भावना वर्ष
2010	विश्व जैव-विविधता वर्ष
2011	विश्व वन वर्ष
2012	सहकारिता वर्ष
2013	अंतर्राष्ट्रीय जल सहयोग वर्ष
2014	फिलिस्तीनी लोगों के साथ एकता का अंतर्राष्ट्रीय वर्ष
2015	अंतर्राष्ट्रीय मिट्टी वर्ष
2016	अंतर्राष्ट्रीय दलहन वर्ष
2017	विकास के लिए सतत पर्यटन का अंतर्राष्ट्रीय वर्ष
2019	अंतर्राष्ट्रीय स्वदेशी भाषा वर्ष
2022	अंतर्राष्ट्रीय मत्स्य पालन और एक्वाकल्चर वर्ष
2024	अंतर्राष्ट्रीय कैमलिड्स वर्ष

संयुक्त राष्ट्र संघ द्वारा स्वीकृत अंतर्राष्ट्रीय दशक

2001-2010	उपनिवेशवाद उन्मूलन
2003-2012	साक्षरता दशक
2005-2015	जीवन के लिए जल हेतु कार्यवाही दशक
2006-2016	बालिका उत्तरजीविता दशक
2008-2017	गरीबी उन्मूलन के लिए दूसरा संयुक्त राष्ट्र दशक
2010-2020	रेगिस्तान और रेगिस्तान के खिलाफ लड़ाई के लिए संयुक्त राष्ट्र दशक
2011-2020	जैव विविधता पर संयुक्त राष्ट्र दशक
2014-2024	सभी के लिए सशक्त ऊर्जा का संयुक्त राष्ट्र दशक
2015-2024	अफ्रीकी वंश के लोगों के लिए अंतर्राष्ट्रीय दशक
2016-2025	पोषण पर कार्रवाई के लिए संयुक्त राष्ट्र दशक
2018-2028	"सतत विकास के लिए पानी" हेतु कार्रवाई के लिए संयुक्त राष्ट्र दशक
2019-2028	पारिवारिक खेती का संयुक्त राष्ट्र दशक
2021-2030	सतत विकास के लिए महासागर विज्ञान का अंतर्राष्ट्रीय दशक

संयुक्त राष्ट्र विशिष्ट अभिकरण एवं अन्य संगठन

अंतर्राष्ट्रीय दूरसंचार संघ	1865	जेनेवा
अंतर्राष्ट्रीय श्रम संगठन	1919	जेनेवा
विश्व बैंक	1945	वाशिंगटन डीसी
खाद्य एवं कृषि संगठन	1945	रोम (इटली)
अंतर्राष्ट्रीय मुद्रा कोष	1945	वाशिंगटन डीसी
यूनेस्को	1946	पेरिस (फ्रांस)
अंतर्राष्ट्रीय सामुद्रिक संगठन	1948	लंदन (ब्रिटेन)
विश्व स्वास्थ्य संगठन	1948	जेनेवा
अंतर्राष्ट्रीय वित्त निगम	1956	वाशिंगटन डीसी
विश्व बौद्धिक सम्पदा संगठन	1967	जेनेवा
संयुक्त राष्ट्र पर्यावरण कोष	1972	कीनिया
संयुक्त राष्ट्र जनसंख्या विकास कोष	1989	न्यूयार्क (यूएसए)
विश्व व्यापार संगठन	1995	जेनेवा

संयुक्त राष्ट्र संघ के प्रमुख अंग

महासभा यह संयुक्त राष्ट्र का एकमात्र अंग है, जिसमें संघ के सभी सदस्य देशों को सदस्यता प्राप्त है एवं उन्हें समान मताधिकार दिया गया है। इसका अधिवेशन वर्ष में कम-से-कम एक बार अवश्य बुलाया जाता है, जो सामान्यत: सितम्बर माह में न्यूयार्क में होता है।

सुरक्षा परिषद् सुरक्षा परिषद् विश्व शांति एवं सुरक्षा से संबंधित राष्ट्र संघ के दायित्वों को पूरा करने वाली आदेशात्मक संस्था है। इसके पांच स्थायी सदस्य हैं—अमेरिका, ब्रिटेन, चीन, फ्रांस तथा रूस। जब तक सुरक्षा परिषद् का अस्तित्व है तब तक इन पांचों की स्थायी सदस्यता बनी रहेगी। सुरक्षा परिषद् के प्रत्येक स्थायी सदस्य को निषेधाधिकार (Veto) प्राप्त होता है। इस इस व्यवस्था के अनुसार यदि पांच सदस्यों में से कोई एक भी किसी महत्त्वपूर्ण निर्णय के विपक्ष में वोट दे देता है तो वह विषय अस्वीकृत समझा जाएगा। सुरक्षा परिषद् के दस अस्थायी सदस्य भी होते हैं जिन्हें महासभा द्वारा दो वर्ष के लिए चुना जाता है। अंग्रेजी वर्णमाला के अक्षरों के क्रम में सभी देश एक-एक मास के लिए सुरक्षा परिषद् की अध्यक्षता करते है।

आर्थिक एवं सामाजिक परिषद् इस परिषद् में 54 सदस्य हैं।
इसके कार्यों में युद्ध एवं शस्त्र की राजनीति को छोड़कर अंतर्राष्ट्रीय महत्त्व के विषय आते हैं। यह आर्थिक, सामाजिक, शिक्षा तथा स्वास्थ्य से संबंधित विभिन्न समस्याओं का अध्ययन कर उन पर रिपोर्ट तैयार करती है तथा उनसे संबंधित सुझाव महासभा एवं अन्य संबंधित संस्थाओं को भेजती है।

अंतर्राष्ट्रीय न्यायालय इस न्यायालय में 15 सदस्य होते हैं जो महासभा एवं सुरक्षा परिषद् द्वारा निर्वाचित किए जाते हैं।
अंतर्राष्ट्रीय विधि के क्षेत्र में मान्यता प्राप्त व्यक्ति ही न्यायाधीश के रूप में चुने जाते हैं। न्यायाधीशों कार्यकाल 9 वर्ष का होता है एवं उनके दोबारा चुने जाने पर कोई प्रतिबंध नहीं है।

न्यास परिषद् इस परिषद् के माध्यम से संयुक्त राष्ट्र का उन राष्ट्रों के प्रशासन एवं सुरक्षा से संबंधित दायित्व स्पष्ट होता है, जो द्वितीय विश्व युद्ध के पश्चात् भी स्वतंत्र नहीं हो पाए।
इसमें 11 राज्य रखे गए, जिनमें ब्रिटिश टोबोलैण्ड, फ्रांसीसी टोबोलैण्ड, कैमरून, सोमालीलैण्ड, टैगानिका, पश्चिम समाओं आदि को स्वतंत्रता प्राप्त हो चुकी है।

सचिवालय यह संयुक्त राष्ट्र का प्रशासनिक अंग है।
सचिवालय में एक महासचिव तथा अन्य कर्मचारी होते हैं। महासचिव की नियुक्ति 5 वर्ष के लिए सुरक्षा परिषद् की सिफारिश पर महासभा द्वारा की जाती है।

अन्य अंतर्राष्ट्रीय संगठन : एक परिचय

राष्ट्रमंडल	1931	लंदन (ब्रिटेन)
अरब लीग	1945	काहिरा (मिस्र)
एमनेस्टी इंटरनेशनल	1961	लंदन (ब्रिटेन)
रेडक्रॉस	1863	जेनेवा
अफ्रीकी संघ	1963	वियना (ऑस्ट्रिया)
समूह-77	1964	जेनेवा
एशियाई विकास बैंक	1966	मनीला
दक्षिण-पूर्वी एशियाई राष्ट्रों का संगठन	1967	जकार्ता (इण्डोनेशिया)
दक्षिण एशियाई क्षेत्रीय सहयोग संगठन	1985	काठमाण्डू (नेपाल)
एशिया प्रशांत आर्थिक सहयोग संगठन	1989	सिंगापुर
समूह-15	1989	जेनेवा

भारत की आंतरिक सुरक्षा व्यवस्था

संगठन का नाम	स्थापना	मुख्यालय
इंटेलीजेंस ब्यूरो	1920	नई दिल्ली
राष्ट्रीय कैडेट कोर	1948	–
प्रादेशिक सेना	1948	–
केंद्रीय रिजर्व पुलिस बल	1939	नई दिल्ली
असम रायफल्स	1835	शिलांग
केंद्रीय जांच ब्यूरो	1953	नई दिल्ली
इंडो-तिब्बत सीमा पुलिस	1962	नई दिल्ली
होम गार्ड्स	1962	–
सीमा सुरक्षा बल	1965	नई दिल्ली
केंद्रीय औद्योगिक सुरक्षा बल	1969	नई दिल्ली
तट रक्षा बल	1978	नई दिल्ली
राष्ट्रीय सुरक्षा गार्ड	1984	नई दिल्ली
नेशनल क्राइम रिकॉर्ड्स ब्यूरो	1986	नई दिल्ली
रैपिड एक्शन फोर्स	1992	नई दिल्ली

भारत के प्रमुख सैन्य प्रशिक्षण संस्थान थल सेना

*नेशनल डिफेन्स एकेडमी (NDA), खड्कवासला (पुणे के निकट)

*नेशनल डिफेन्स कॉलेज, नई दिल्ली

*इंडियन मिलिट्री एकेडमी (IMA), देहरादून

*इंडियन सर्विस स्टॉफ कॉलेज, वेलिंग्टन (तमिलनाडु)

*इन्फेण्ट्री स्कूल, मऊ

*आर्म्ड सेण्टर, अहमदनगर (महाराष्ट्र)

*आर्टीलरी स्कूल, देओलाली

नौ सेना

*आई. एस. एस. 'चिल्का', भुवनेश्वर

*आई. एन. एस. 'तिसरकार्स' विशाखापट्टनम

*आई. एन., एस. गरुड़, कोच्चि

*आई. एन. एस. 'शिवाजी', लोनावला

*जल सेना अकादमी, गोवा

वायु सेना

*एयर फोर्स एडमिनिस्ट्रेटिव कॉलेज, कोयम्बटूर

*एयर फोर्स एकेडमी, हैदराबाद

*एयर फोर्स टेक्निकल कॉलेज, जलाहाली (बंगालुरु)

*पैराटूपर ट्रेनिंग स्कूल, आगरा

भारत के प्रमुख शास्त्रीय नृत्य

भरत नाट्यम	तमिलनाडु
कुचिपुड़ी	आंध्र प्रदेश
ओडिसी	ओडिशा
मणिपुरी	मणिपुर
कथकली, मोहिनीअट्टम	केरल
कत्थक	उ.प्र तथा राजस्थान

भारत के प्रमुख लोक नृत्य

असोम- बिहु, खेलगोपाल, कलिगोपाल, बोई साजू

पंजाब- नटपूजा, कीकली, भांगड़ा, गिद्दा

हिमाचल प्रदेश- जद्दा, नाटी, चम्बा, छपेली

हरियाणा- धमाल, खोरिया, फाग, डाहीकल

महाराष्ट्र- लेझिजम, तमाशा लावनी, कोली

जम्मू-कश्मीर- दमाली, हिकात, दण्डी नाच, राऊ

राजस्थान- गणगौर, झूमर, घूमर, झूलन लीला

गुजरात- गरबा, डांडिया रास, पणिहारी, रासलीला

बिहार- जट-जाटिन, घुमकड़िया, कीर्तनिया, पंवारिया

उत्तर प्रदेश- डांगा, झींका, छाऊ, लुझरी, झोरा

केरल- भद्रकली, पायदानी, कुड़ीअट्टम, कालीअट्टम

मध्य प्रदेश- दीवाली, चैत, रीना, टपाड़ी, सैला हुल्को

पश्चिम बंगाल- करणकाठी, गम्भीरा, जलाया, बाउल

तमिलनाडु- कोल्लटम, करागम, कावड़ी कुम्मी

अरुणाचल प्रदेश- मुखौटा नृत्य, युद्धनृत्य

नागालैण्ड- कुमीनागा, रेंगमनागा, लिम, चोंग,खैवा

पुरस्कार एवं सम्मान

राष्ट्रीय पुरस्कार

* **भारत रत्न :** यह देश का सर्वोच्च सम्मान है। इसकी स्थापना 1954 में की गई थी। यह कला, साहित्य विज्ञान तथा विविध क्षेत्रों में उत्कृष्ट योगदान के लिए दिया जाता है। इसके नीचे भारत रत्न शब्द खुदे होते हैं और इसके पिछले भाग पर राष्ट्रीय चिह्न और इसके नीचे सत्यमेव जयते लिखा होता है।
* **पद्म पुरस्कार :** यह देश का दूसरा सबसे बड़ा सम्मान है। इसकी स्थापना वर्ष 1954 में हुई थी। पद्म पुरस्कार तीन प्रकार है–पद्म विभूषण, पद्म भूषण एवं पद्म श्री।

वीरता पुरस्कार

* **परमवीर चक्र :** वीरता के लिए दिया जाने वाला सर्वोच्च सम्मान।
* महावीर चक्र
* वीर चक्र
* **अशोक चक्र :** देश का सर्वोच्च शांतिकालीन शौर्य पुरस्कार।
* कीर्ति चक्र
* शौर्य चक्र

साहित्य पुरस्कार

* **अकादमी पुरस्कार :** साहित्य अकादमी पुरस्कार, ललित कला अकादमी पुरस्कार, संगीत नाटक अकादमी पुरस्कार।
* इकबाल सम्मान मध्य प्रदेश सरकार द्वारा यह सम्मान उर्दू साहित्य के लिए दिया जाता है।
* कबीर सम्मान
* **ज्ञानपीठ सम्मान :** यह भारत का सबसे प्रतिष्ठित पुरस्कार है। ज्ञानपीठी पुरस्कार, भारतीय ज्ञानपीठ संस्था द्वारा प्रायोजित किया जाता है। इस सांस्कृतिक संस्था को 1949 ई. में शांति प्रसाद जैन द्वारा स्थापित किया गया था।

विज्ञान एवं प्रौद्योगिक पुरस्कार

* **शांतिस्वरूप भटनागर पुरस्कार :** यह पुरस्कार भारत की वैज्ञानिक एवं औद्योगिक अनुसंधान परिषद् द्वारा दिया जाता है।
* **भाभा पुरस्कार :** यह पुरस्कार परमाण्विक अनुसंधान के क्षेत्र में उत्कृष्ट सहयोग के लिए दिया जाता है। इसका परियोजन 'सोसायटी ऑफ न्यूक्लियर मेडिसन' द्वारा किया जाता है।
* **बोरलॉग पुरस्कार :** यह पुरस्कार कोरोमण डल फर्टिलाइजर्स लिमिटेड द्वारा प्रतिवर्ष दिया जाता है।
* **साराभाई पुरस्कार :** यह पुरस्कार 12 अगस्त को डॉ. साराभाई के जन्मदिवस पर दिया जाता है।
* **कलिंग पुरस्कार :** ओडिशा के पूर्व मुख्यमंत्री बीजू पटनायक ने विज्ञान को लोकप्रिय बनाने के लिए आरंभ किया।

फिल्म एवं संगीत पुरस्कार

* **दादासाहेब फाल्के पुरस्कार :** यह सूचना एवं प्रसारण मंत्रालय द्वारा दिया जाता है।
* **कालिदास सम्मान :** रूपंकर कलाओं व रंगकर्म के क्षेत्र में श्रेष्ठता हेतु यह पुरस्कार मध्य प्रदेश सरकार द्वारा दिया जाता है।
* लता मंगेशकर सम्मान
* राष्ट्रीय फिल्म पुरस्कार

अन्य पुरस्कार

* **भारतेन्दु हरिश्चन्द्र पुरस्कार :** भारत के सूचना और प्रसारण मंत्रालय ने 1983 में प्रारंभ किया।
* जमनालाल बजाज पुरस्कार
* **धनवन्तरि पुरस्कार :** यह पुरस्कार चिकित्सा के क्षेत्र में दिया जाता है।
* **इंदिरा गांधी शांति पुरस्कार :** यह अंतर्राष्ट्रीय शांति, निशस्त्रीकरण, जातीय समानता और सद्भाव के क्षेत्र में उल्लेखनीय योगदान के लिए दिया जाता है।
* अंतर्राष्ट्रीय सूझबूझ के लिए पं. जवाहरलाल नेहरू पुरस्कार

अंतर्राष्ट्रीय पुरस्कार

* **नोबेल पुरस्कार :** नोबेल पुरस्कार का प्रारंभ वर्ष 1901 में डाइनामाइट के आविष्कारक अल्फ्रेड नोबेल की वसीयत के अनुरूप किया गया। यह पुरस्कार प्रतिवर्ष 10 दिसम्बर को दिया जाता है।
* **रैमन मैग्सेसे पुरस्कार :** फिलिपीस के पूर्व राष्ट्रीय रैमन मैग्सेसे की स्मृति में सन् 1958 से प्रारंभ किए गए। इसे एशिया का नोबेल पुरस्कार भी कहा जाता है।

साहित्य/पत्रकारिता पुरस्कार

* **पुलित्जर पुरस्कार :** इस पुरस्कार का आरंभ अमेरिकी प्रकाशक जोसेफ पुलित्जर ने वर्ष 1971 में किया था।
* **ई. एम. फॉस्टर अवार्ड :** यह भारतीय साहित्यकार को अंग्रेजी साहित्य में योगदान के लिए दिया जाता है।
* **द बुकर प्राइज :** यह सबसे अच्छे उपन्यास के लिए प्रतिवर्ष दिया जाता है।
* **मान बुकर :** साहित्य के क्षेत्र में नोबेल पुरस्कारों के बाद यह सबसे बड़ा पुरस्कार माना जाता है।

फिल्म पुरस्कार

* **ऑस्कर अवार्ड :** यह पुरस्कार वर्ष 1929 से नेशनल एकेडमी ऑफ मोशन पिक्चर एंड साइंसेज, सं. रा. अमेरिका द्वारा दिया जाता है।
* ग्रैमी अवार्ड

खेल-कूद

* **ओलम्पिक खेल :** इन खेलों का आरंभ 776 ई. पू. हुआ था। आधुनिक ओलम्पिक खेलों का आरंभ 1896 ई. एंथेस (यूनान) में हुआ था। इनका आयोजन प्रत्येक चार वर्ष के अंतराल पर होता है। भारत ने सर्वप्रथम 1900 ई. में भाग लिया था।
* **राष्ट्रमंडल खेल :** पहले ये 'ब्रिटिश एम्पायर गेम्स' के नाम से जाने जाते थे। पहले राष्ट्रमंडल खेलों का आयोजन अगस्त 1930 में हैमिल्टन (कनाडा) में हुआ था तथा पहली बार टीवी पर प्रसारण वैंकुवर (1954) में हुआ था। वर्ष 1942 और 1946 में विश्वयुद्ध के कारण ये खेल आयोजित नहीं हुए। इन खेलों का आयोजन दो ओलम्पिक खेलों के मध्य किया जाता है। जिसे **ओलम्पिक वर्ष** कहा जाता है।
* **एशियाई खेल :** पहले एशियाई खेल का आयोजन मार्च, 1951 (नई दिल्ली) में हुआ था। इसका प्रतीक चिह्न चमकता सूर्य है।
* **दक्षेस खेल :** इनका पहली बार आयोजन 1986 में काठमाण्डू (नेपाल) में हुआ था। दक्षिण एशिया में क्षेत्रीय खिलाड़ियों में सहयोग एवं मैत्रीभाव को विकसित करने के उद्देश्य से 'दक्षेस खेल' का शुभारंभ किया गया था।

हॉकी

यह भारत का राष्ट्रीय खेल है।

भारत का सबसे ऊंचा हॉकी का स्ट्रोटर्फ (रबड़ मैदान) सिलारू (हिमाचल प्रदेश) में बनाया गया है।

परिमाप : इसके मैदान का आकार-लम्बाई 91.44 मी व चौड़ाई 50 से 55 मी होती है।

संबधित शब्दावली : राइट बैक, लेफ्ट बैक, आउट साइड राइट, सेंटर फारवर्ड, सेंटर हाफ, सेंटर लाइन, कार्नर स्ट्रोक, टाइ ब्रेकर, सडन डेथ।

प्रमुख ट्रॉफियां : हॉकी विश्व कप, रंगास्वामी कप, बेटन कप, ध्यानचन्द ट्रॉफी, आगा खां कप, अजलान शाह कप, लालबहापुर शास्त्री कप, महाराजा रंजीत सिंह गोल्ड कप

बैडमिन्टन

यह मैदान (कोर्ट) पर खेला जाता है।

परिमाप : इसका सिंगल के लिए कोर्ट 44 फीट लम्बा व 17 फीट चौड़ा और डबल्स के लिए 44 फीट लम्बा व 20 फीट चौड़ा होता है।

संबधित शब्दावली : कोर्ट, शटज, रैकिट, सेन्अर लाइन, साइड लाइन, नेट, फाल्ट, डबल फाल्ट, बैक हैण्ड स्मैश, क्रॉस शॉट, लेट ड्रॉप, मैच प्वाइन्ट

प्रमुख ट्रॉफियां : उबेर कप, रहमतुल्ला कप, सुदीरमन कप, अब्दुल रहमान कप, नारंग कप, मेयर्स कप, चाइना कप

फुटबॉल

विश्व की सबसे बड़ी फुटबॉल संस्था 'इंटरनेशनल फुटबॉल एसोसिएशन' (फीफा) है भारत का पहला फुटबॉल क्लब **'डलहौजी क्लब'** था।

परिमाप : इसके मैदान का आकार-लम्बाई 91 से 120 मी व चौड़ाई 45 से 91 मी होती है।

संबंधित शब्दावली : सेंटर, मिडफिल्ड, स्ट्राइक, बैक, फारवर्ड, गोली, किक, फ्री किक, डायरेक्ट किक, इनडायरेक्ट किक, कर्नर किक, ऑफ साइड, सेकिन्ड हॉफ, हैंडबॉल, ट्राइ ब्रेकर, सडन डेथ, सीजर्स किक।

प्रमुख ट्रॉफियां : फीका कप (विश्व कप), यूरो कप, कोपा अमेरिका कप, यूरोपियन चैम्पियन क्लब कप, संतोष ट्रॉफी, डूरंड कप, रोवर्स कप, सुब्रतो कप

महत्वपूर्ण खेल स्थल : वैम्बले (लंदन, इंग्लैंड); साल्ट लेक स्टेडियम (कोलकाता)

फुटबॉल का जन्म इंग्लैंड में हुआ। 1857 ई. में इंग्लैंड में विश्व का पहला फुटबॉल क्लब **'शेफील्ड फुटबॉल क्लब'** का गठन हुआ।

टेनिस

टेनिस का कोर्ट आयताकार होता है। सिंगल के लिए इसका आकार 78 गुणा 27 फीट और डब्ल्स के लिए 78 गुणा 36 फीट होता है। सफेद रंग द्वारा सर्विस रेखा, मध्य रेखा, सीमा रेखाएं, दाया कोर्ट, बायां कोर्ट आदि निशान लगाए जाते हैं। कोर्ट के बीचोंबीच मध्य रेखा के ऊपर जाल बांधा जाता है, जो कोर्ट को दो भागों में विभाजित कर देता है। जाल की ऊंचाई 3 फीट 6 इंच होती है। यह कोर्ट के दोनों ओर से 3 फीट बाहर की ओर होता है। जाल के दोनों सिरे एक-एक खंभे से बांध दिए जाते हैं। इन खंभों की ऊंचाई 3 फीट 6 इंच होती है। पुरूषों के रैकेट 13.5 से 14 औंस तथा महिलाओं के लिए 13 से 13.5 औंस तक भारी होते हैं।

टेनिस से संबद्ध शब्दावली- लाइंसमैन, ड्यू, वैकहैड, स्मैश, सर्विस लाइन, फोरहैड, बाल बाय, लेट, सेट, क्लेकोर्ट, हार्डकोर्ट, लव, सीड, लॉन

कप व ट्राफियाँ- डेविस कप (पुरूष, विश्व), फेडरेशन कप (महिलाएं, विश्व), आस्ट्रेलियन ओपन, फ्रेंच ओपन, हेनेकेन कप, होपमैन कप, टाटा ओपन, यू.थांट कप, यूएस ओपन, डॉ राजेन्द्र प्रसाद कप

बास्केटबॉल

इस खेल का आविष्कार जेम्स स्मिथ ने सन् 1891 में अमेरिका में किया।

परिमाप : इसका कोर्ट 28 × 15 मी, रिंग का व्यास-45 सेमी, बास्केट की लंबाई-40 सेमी, जमीन से बास्केट की ऊंचाई-3.05 मी, बॉल का भार-600-650 ग्राम होता है।

संबंधित शब्दावली : फाउल आउट, गार्ड, गोल प्वाइन्ट, टाइम वाच, स्टॉप वाच, सेंटर लाइन, साइट लाइन, ड्रिबल, डबल फाउल, सेंटर, फ्रन्ट कोर्ट, फ्री थ्रो, फील्ड गोल, हेड गोल, रेफरी, टाइमकीपर, सकोरर, जंपवाल, प्लेइंग, टाइम, रिंग, इन्टरमिशन, शिफ्टिंग जोन, कॉन्टिन्यूटी पास, डेड बॉल, बास्केट हैनिंग, पर्सनल कान्टेक्ट, बैक बोर्ड, लीड पास, फ्लोटिंग साइडवेज।

प्रमुख ट्रॉफियां : अमेरिका कप, मुनिस्वाम कप, विलियम टॉड मेमोरियल ट्रॉफी, प्रिन्स वसालत झा ट्रॉफी, गोल्डन ईगल ट्रॉफी, यूरोपीय चैम्पियनशिप,राष्ट्रीय चैम्पियनशिप।

वॉलीबॉल

इस खेल को एक अमेरिकी विलियम जी. मॉर्गन ने 1895 ई. में शुरू किया था। इंटरनेशल वॉलीबॉल फेडरेशन का गठन 1947 ई. में पेरिस में हुआ था जिसे 1984 ई. में स्विट्जरलैंड के लुसाने में ले जाया गया।

परिमाप : वॉलीबॉल के कोर्ट की लंबाई 18 मी व चौड़ाई 9 मी होती है। नेट की लंबाई 243 सेमी होती है।

संबंधित शब्दावली : रोटेसन, डबल हिट, ब्लाकिंग, डिग, नैट, डबल हिट, नेट फाल्ट, सर्विस।

प्रमुख ट्रॉफियां : विश्व कप, ग्रांड चैम्पियन्स कप, शिवांथी गोल्ड कप।

* **पोलो :** पोलो का मैदान 275 मी लंबा व 183 मी चौड़ा होता है। गोलपोस्ट की चौड़ाई 7.32 मी व ऊंचाई 3.05 मी तथा प्रत्येक टीम में घोड़ों पर सवार 4 खिलाड़ी होते हैं। इसकी शब्दावली में चकर, बॉल, गोल, हुक, बंकर, मैलेट, गैलोपिंग, फ्री हिट तथा प्रमुख ट्रॉफियां एजरा कप, पृथ्वीपाल सिंह कप, राधा मोहन कप क्लासिक कप है।
* **खो-खो :** इसका मैदान 27 मी लंबा और चौड़ा होता है। प्रमुख खेल-शब्दावली : चेंज, एक्टिव, चेजर, रनर्स फ्रीजो पोन, कॉसलेन आदि है।
* **बिलियर्ड्स :** इस खेल का टेबल सामान्यत: 3.7 मी लंबा तथा 1.85 मी चौड़ा व 3 फीट ऊंचा होता है। प्रमुख शब्दावली : क्यू, जिगर, ब्रेक पॉट, हैजर्ड।
* **राइफल शूटिंग :** प्रमुख शब्दावली : टारगेट, बुल्सआई, ट्रेंच शूटिंग, स्कीट शूटिंग, मजलफलग आदि।

क्रिकेट

क्रिकेट का पहला टेस्ट मैच 1877 ई. व एक दिवसीय अंतर्राष्ट्रीय क्रिकेट मैच 1971 ई. में आस्ट्रेलिया एवं इंग्लैंड के बीच मेलबर्न में आयोजित किया गया था।

परिमाप : क्रिकेट के पिच की लम्बाई 22 गज (20. 11 मी) होती है। स्टम्प की ऊंचाई 28 इंच होती है।

संबंधित शब्दावली : ओवर, स्टम्पड आउट, बोल्ड, रबर, स्पिन, गुगली, बाउण्डरी, चायनामैन, फ्लाइट, स्विंग, फुलटॉस, शार्ट पिच, फालोआन, पिच, क्रीज, अम्पायर, इनिंग्स, ग्लब्स, फील्डर, शॉर्ट रन, ओवर दि विकेट, राउण्ट दि विकेट, कवर, एक्सट्रा कवर, मिडऑन, मिडऑफ, मिडविकेट, स्लिप, प्वाइंट।

प्रमुख ट्रॉफियां : विश्व कप, टी-20 विश्व कप, आई. सी. सी. ट्रॉफी, दिलीप ट्रॉफी, रणजी ट्रॉफी, देवधर ट्रॉफी, विजय हजारे ट्रॉफी, ईरानी ट्रॉफी, एशेज (ऑस्ट्रेलिया-इंग्लैंड टेस्ट श्रृंखला)

महत्त्वपूर्ण खेल स्थल : वानखेड़े स्टेडियम (मुंबई), लार्ड्स (लंदन, इंग्लैंड), मेलबोर्न (ऑस्ट्रेलिया), फिरोजशाह कोटला स्टेडियम (दिल्ली), ईडन गार्डन (कोलकाता)।

गोल्फ

आधुनिक गोल्फ का खेल सर्वप्रथम स्कॉटलैंड में शुरू हुआ। इसके बॉल का वजन 45.9 ग्राम और परिधि 4.27 सेमी तथा छिद्र का व्यास 4 इंच होता है।

परिमाप : गोल्फ कोर्स की लम्बाई 5500 से 6000 मी (125 से 175 एकड़) होती है। गोल्फ कोर्स को अधिकतम 18 होल में विभाजित किया जा सकता है।

संबंधित शब्दावली : बेस्टबॉल, डोर्मी, फेयर वेग, फोरबॉल, ग्रीड होल्स, लिंक्स, पुट, रफ,टी, वैफी, बंकर, वाई, क्लब, बैगल, डफ, स्टाइमी, डिवोट, मैशी।

प्रमुख ट्रॉफियां : सर्किट कप, बाकर कप, राइडर कप, डनहिल कप।

प्रमुख खेल व खिलाड़ियों की संख्या

खेल	संख्या
बेसबॉल	9
रग्बी फुटबॉल	15
पोलो	4
वाटर पोलो/नेटबॉल/कबड्डी	7
खो-खो	9
हॉकी/फुटबॉल/क्रिकेट	11
वॉलीबॉल	6
टेनिस	1 या 2
बास्केटबॉल	5
जिमनास्टिक	8